im DETAIL Mikroarchitektur

im **DETAIL**

Mikroarchitektur

Kleine Bauten
Temporäre Strukturen
Raumzellen

Christian Schittich (Hrsg.)

Edition DETAIL – Institut für internationale
Architektur-Dokumentation GmbH & Co. KG
München

Herausgeber: Christian Schittich
Redaktion: Cornelia Hellstern, Cosima Strobl, Melanie Weber
Redaktionelle Mitarbeit: Carola Jacob-Ritz, Michaela Linder,
Daniela Steffgen

Zeichnungen: Ralph Donhauser, Michael Folkmer,
Daniel Hajduk, Martin Hämmel, Nicola Kollmann,
Elisabeth Krammer, Dejanira Ornelas

DTP: Roswitha Siegler

Ein Fachbuch aus der Redaktion DETAIL
Institut für internationale Architektur-Dokumentation GmbH & Co. KG

Bibliografische Information der Deutschen Nationalbibliothek
Die Deutsche Nationalbibliothek verzeichnet diese Publikation
in der Deutschen Nationalbibliografie; detaillierte bibliografische Daten
sind im Internet über
<http://dnb.d-nb.de> abrufbar.

Dieses Buch ist auch in englischer Sprache erhältlich
(ISBN: 978-0346-0283-9).

Gedruckt auf säurefreiem Papier, hergestellt aus chlorfrei gebleichtem Zellstoff (TCF∞).

Printed in Germany
Reproduktion:
ludwig:media, Zell am See
Druck und Bindung:
Kösel GmbH & Co. KG, Altusried-Krugzell

ISBN: 978-3-920034-36-2

9 8 7 6 5 4 3 2 1

Inhalt

Die Faszination des Kleinen

Christian Schittich

Temporäre Pavillons aus Bambus, die für ein Kulturprojekt durch China touren, ein kleiner Andachtsraum mitten im Wald, ein auf das absolute Minimum reduzierter Würfel zum Wohnen oder eine spektakulär über die Felsen kragende Aussichtsplattform: Architektur in kleinem Maßstab ist für den Planer gleichermaßen herausfordernd wie faszinierend. Denn auf minimiertem Raum muss jedes Detail, jeder Funktionsablauf besonders durchdacht sein, jeder Zentimeter gehört ausgenutzt. Eine intensive Durcharbeitung und oftmals eine besondere Präzision sind deshalb erforderlich. Auf der anderen Seite aber bieten kleine Bauaufgaben dem Architekten meist noch die Möglichkeit, von Anfang an den gesamten Planungs- und Bauprozess selbst zu steuern, also eine direkte Einflussnahme bis hinein ins kleinste Detail auszuüben, wie sie bei größeren Projekten immer weniger gegeben ist. Gleichzeitig ist der Bezug zur Nutzung, vor allem aber zu den Nutzern hier besonders intensiv. Entsprechend direkt fällt dann auch das Feedback aus, vorhandene Fehler und Schwächen offenbaren sich meist sofort. Wegen ihrer geringen Größe sind Mikroarchitekturen eine typische Aufgabe für Berufsanfänger, aber auch Studenten.
Nicht selten werden sie für temporäre Nutzungen entwickelt. Aus diesem Grund, aber auch wegen ihres überschaubaren Kostenrahmens eignen sie sich besonders zum Experimentieren – dazu, unkonventionelle Raumsituationen auszuprobieren, neuartige Konstruktionen und Materialien zu testen, aber auch um mit visuellen Reizen zu spielen.

Auf der anderen Seite sind viele Mikroarchitekturen ausgeklügelte Hochleistungsobjekte, manchmal für extreme Umgebungen entwickelt – für den Urwald, die Wüste oder das Hochgebirge. Der Übergang zum Produktdesign ist hier fließend. Sie sind wandelbar, flexibel und auf Effizienz getrimmt. »Diese Art der Mikroarchitektur«, meint Richard Horden, »ist von Mobilität inspiriert, von Bionik und Mikroelektronik. Sie folgt dem Verlangen nach Licht und Leichtigkeit, nach neuen Erfahrungen und einer besseren und engeren Verbindung zur Natur. Ein Ziel ist dabei Material und Energie zu minimieren und Transport und Wohnen zu verbinden.« (DETAIL 12/2004, S. 1422)
In der vorliegenden Publikation ist der Begriff weiter gefasst. Mikroarchitektur meint hier alles, was klein ist, vom ruppigen Baumhaus bis hin zum High-Tech-Zelt, vom Architekturmöbel über den Kiosk und das Buswartehäuschen bis hin zum Wohnen auf kleinstem Raum, wobei für den Begriff Minihaus durchaus unterschiedliche Maßstäbe gelten zwischen München und Tokio.

Mikroarchitektur – raumoptimierte Experimente

Lydia Haack, John Höpfner

Unsere Gesellschaft befindet sich mitten in einem Paradigmenwechsel, an einer Wende, in der ökologische und ökonomische Kriterien einen neuen Stellenwert erhalten. Themen wie Klimaschutz und Nachhaltigkeit führen zu einem veränderten Selbstbild der Architektur, das unter Berücksichtigung der Verfügbarkeit unserer Rohstoffe und Ressourcen auf eine langfristige Nachhaltigkeit abzielt. Die Herausforderung unserer Zeit ist es, Lösungen und Konzepte für die gebaute Umgebung zu entwickeln, die mit diesen Anforderungen und Einschränkungen umgehen, ohne die Qualität unserer Bauten zu mindern. Das Ziel dabei ist, neben der technisch-konstruktiven auch eine methodisch-konzeptionelle Aktualität zu formulieren.
Einen wichtigen Beitrag können hier die Mikroarchitekturen leisten[1], da ihr Zweck die Selbstbeschränkung ist, mit so wenig wie möglich so viel wie benötigt zu erreichen. Wenn die selbst auferlegte Minimierung – beispielsweise die Reduzierung der Wohnfläche – nicht zur Verschlechterung des Wohnkomforts, also zu Nutzungseinschränkungen, führen soll, dann müssen wir zwangsläufig zu einem neuen räumlichen Verständnis, zu einem anderen Umgang mit Raum kommen. Räumliche Konzepte für diese kleinmaßstäbliche Architektur können nicht wie gewohnt über die Begrenzung des freien fließenden Raums allein formuliert werden, sondern müssen als passgenaue Skulpturen entwickelt werden. Um aus dem »maßgeschneiderten Raumanzug« keine Zwangsjacke zu generieren, darf die Minimierung von Raum allerdings nicht als abgepacktes Volumen statisch verstanden werden, sondern muss als eine abwechslungsreiche Abfolge zu räumlicher Qualität führen. Wenn dies gelingt, dann entstehen aus dem Arbeitsansatz der Selbstbeschränkung Chancen für eine Neuorientierung und Bereicherung, dann wird das Experiment des raumoptimierten Modellierens zum treibenden Motor für Innovation.

Mikro
Mikro bedeutet, übersetzt aus dem Griechischen, schlicht »klein«. Mikro-Architektur, »kleine Architektur«, könnte demzufolge als die Miniaturisierung von Architektur verstanden werden und wäre in einem Prozess des »downscaling«, einer Verkleinerung von Strukturen unter Beibehaltung der Funktion und möglicherweise auch der Form, zu erreichen. So wie kleinformatige Malereien ihren Namen ändern und Miniaturen genannt werden, wäre dann kleinformatige Architektur Mikroarchitektur.
Ist sie also die Verzwergung von Architektur, abgeleitet aus der maßstäblichen Veränderung oder der Verringerung des baulichen Volumens? Oder verhält es sich eher so wie bei einem Bonsai. Was auf den ersten Blick schlicht als Miniaturbaum erscheint, ist eine Metapher. Die Verkleinerung des Objekts ist hier mit einer Vergrößerung seines Sinngehalts verbunden. Der Bonsai steht für die Kunst, eine Harmonie zwischen den Naturelementen und dem Menschen in symbolischer Form herzustellen. Ähnlich verhält es sich mit Mikroarchitektur, die – zumindest potenziell – mehr als nur das Gleiche mit kleineren Abmessungen darstellen kann.

Mikroarchitektur
Während Mikroarchitekturen aufgrund ihres gewöhnungsbedürftigen und teilweise spektakulären Erscheinungsbilds gelegentlich als oberflächliche Spielereien oder als modische architektonische Formen missverstanden werden, liegt ihnen, gleich dem Bild des Bonsai, eine eigene Haltung zugrunde. Was auf den ersten Blick vielleicht exzentrisch wirken mag, ist ein für uns noch ungewohnter Ausdruck, sich im natürlichen Kontext standortbezogen, aber auch gleichzeitig unabhängig zu zeigen. Als Vermittler zwischen äußerer und innerer Welt, oftmals mit einem besonderen Bezug zum naturräumlichen Umfeld, muss Raum zunächst über Grenzen definiert, aber gleichzeitig aufgrund der räumlichen Enge auch geöffnet werden. Im verdichteten Volumen sind die sonst üblichen Pufferzonen kaum unterzubringen. Architekten müssen für den Übergang zwischen innen und außen Strategien für die Be- und Entgrenzung entwickeln, die als gebaute Filter gleichzeitig Trennungen und Verknüpfungen visuell wahrnehmbar werden lassen. Diese mehrdimensionale Komplexität der Raumwahrnehmung ist ein zentrales Thema der Raumoptimierung.
So sind Mikroarchitekturen keineswegs Minitaturausgaben von Architektur, dem Zufallsprinzip oder Rationalisierungsmaßnahmen geschuldete Gebäude, »kleingehungerte Mangelstrukturen«, sondern räumlich komprimierte Innovationen, die, von unterschiedlichen Fragestellungen geprägt, einen gestalterischen Einklang nicht in den Teilaspekten ihrer Gestalt suchen, sondern im Zusammenspiel aller Komponenten. Raumoptimierung entsteht ganz im Sinne von Mies van der Rohes Aussage »less is more«, nicht in der Reduzierung auf Weniges, sondern in der Reduzierung auf Wesentliches.[2]

Raumgrenzen
An der Schnittstelle, der Gebäudegrenze, wird der Raum in zwei Welten unterteilt und so architektonisch definiert. Während außen die Naturkräfte am Werk sind, die Schwankungen bedingt durch Sonne, Wind und Wetter verursachen,

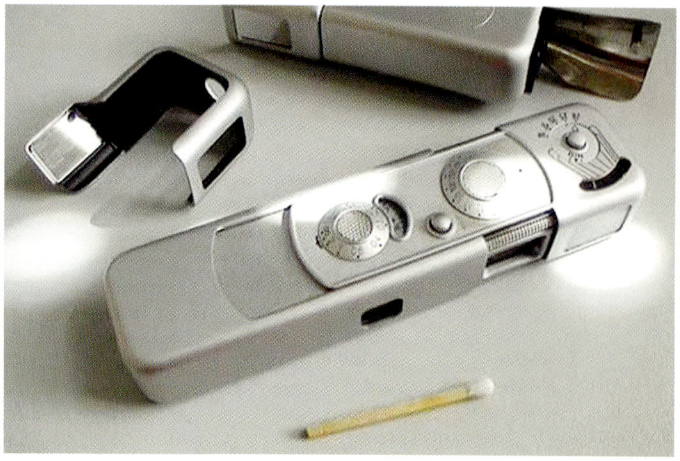
2

muss im Inneren eine Behaglichkeit erzeugt werden. Durch die Miniaturisierung erhöhen sich die Anforderungen sowohl an die Hülle wie auch an die Organisation des Inneren. Den unterschiedlichen physikalischen Bedingungen auf wenigen Zentimetern Rechnung zu tragen, um dem menschlichen Wohlbefinden auf engstem Raum zu entsprechen, ist eine umfangreiche Planungsaufgabe, die nicht mehr nur die Gebäudehülle betrifft, sondern aufgrund der räumlichen Enge maßgeblich auch das Gebäudeinnere bestimmt.

Aspekte zur räumlichen Planung

Dreidimensionalität

Da es bei der Suche nach einer räumlichen Neuordnung für kleinmaßstäbliche Architektur in besonderem Maße um die optimale Ausnutzung aller zur Verfügung stehenden Flächen geht, ist das gesamte bauliche Volumen in die Planung mit einzubeziehen.

Den Rauminhalt wie bisher mit horizontalen Ebenen zu füllen, auf diesen Ebenen ein Raumprogramm zu verteilen, um es anschließend mit Mobiliar auszustatten, würde im Ergebnis zwangsläufig dazu führen, dass wir unsere Anforderungen an die Raumqualität stark zurücknehmen müssten. Die Veränderbarkeit von gesamträumlichen Zusammenhängen wird zum zentralen Thema, mit einer Verschiebung von der flächigen Einteilung hin zur dreidimensionalen Aufteilung. Die eigentliche Aufgabe liegt nicht im Kürzen, sondern in der Neuinterpretation von Zusammenhängen, der Komprimierung der räumlichen Abfolge.

Komprimierung

Die Komprimierung der baulichen Umgebung erfordert ein präzises Verständnis der menschlichen Aktivität im Raum mit dem Ziel der Neuordnung von interräumlichen funktionalen Zusammenhängen.

In der Technik ist der Prozess der Verkleinerung ein gängiger Weg auf der Suche nach verbesserter Effizienz eines Produkts. Ergonomische Verbesserungen, Verringerung von Gewicht und Reduzierung von Energieverbrauch sowie steigende Leistungsfähigkeit sind Entwicklungsschritte, die auf diesem Ansatz begründet sind. Walter Zapp lotete beispielsweise die Grenzen des technisch Möglichen aus und entwickelte 1938 eine Kamera, die Minox, die trotz konventioneller Mechanik laut Hersteller kleiner als eine Zigarre und leichter als ein Feuerzeug war (Abb. 2). Aufgrund seiner reduzierten Abmessungen und der daraus resultierenden neuartigen Handhabung veränderte der Apparat zum damaligen Zeitpunkt die Welt des Fotografierens und leitet die Entwicklung der heutigen Kleinstkameras ein. Gleichzeitig bereitete er einen Prozess vor, in dem Computerchips und Nanotechnologie an Stelle der zuvor baugleich minimierten Mechanik treten können.

Wie sehr Kompaktheit nicht nur unser Benutzerverhalten beeinflusst, sondern auch konkrete Auswirkungen auf unsere bauliche Umgebung hat, zeigt sich in der Generation der Multifunktionsgeräte. Wird Minimierung als Chance zur multifunktionalen Gestaltung verstanden, hebt sie die physischen Distanzen auf und verändert damit auch räumliche Zusammenhänge, verändert den Platzbedarf. Benötigte man früher als Architekt noch einen Zeichentisch von 2 × 1 m (2 m^2), reicht heute für die gleiche Arbeit ein Monitor von 30" auf einem Tisch von 1,20 × 0,80 m (0,96 m^2), wenn nicht gar ein Laptop ohne Tisch. Der Platzbedarf ist also um mindestens 50 % geschrumpft, ganz zu schweigen von den Veränderungen der Randbedingungen. Es ist daher nicht erstaunlich, dass die erfolgreichsten Produkte unserer Zeit vielfach innovative Kleinstausgaben sind, wie z. B. das Apple iPhone oder der smart von Daimler, weil sie durch den veränderten Gebrauch auch einen neuen Lebensstil kreiert haben. Kleinheit und Multifunktionalität werden zum neuen Statussymbol. Funktionale Kompaktheit führt zu verändertem Gebrauch sowie zu einer veränderten Wahrnehmung, in deren Konsequenz eine komprimierte Raumnutzung stehen kann.

Ergonomie »within reach – in action«

»Perfektion ist nicht dann erreicht, wenn man nichts mehr hinzufügen, sondern wenn man nichts mehr weglassen kann.«[3] Es ist nicht verwunderlich, dass dieses Zitat, das ein Hauptmerkmal des Komprimierungsvorgangs beschreibt, von Antoine de Saint-Exupéry stammt. Als gelernter Pilot wusste er, dass Reduktion ein komplexer Vorgang ist, der nur unter Kenntnis aller technischen Aspekte und deren Zusammenspiel sowie unter Einbeziehung der benutzerspezifischen Eigenschaften, beispielsweise ergonomischen Anforderungen, einen Sinn ergibt.

Schon seit Jahrtausenden dient der menschliche Körper als Vorbild, ist maßstäbliche Referenz für Längen-, Breiten- und Höhenverhältnisse. Im gegenseitigen Vergleich stellt sich heraus, was groß und was klein ist. Mit den Fingerspitzen und den Fußsohlen berührt der vitruvianische Mensch ein ihn umgebendes Quadrat bzw. einen Kreis als statisches Ideal. Le Corbusiers Modulor sitzt, stützt sich auf, ist in einer Abfolge von Bewegungen dargestellt. Für die Bewohnbarkeit eines kleinen Raums bedingt sich beides, die direkte Berührung mit dem räumlichen Volumen »within reach« ebenso wie die bewegte Benutzung »in action«. In dem Maß, wie der Raum kontinuierlich umgeformt wird, beeinflusst die veränderte Handhabung auch das Benutzerverhalten. So weicht im Mikrohaus die starre Zuweisung in Wohnräume zugunsten einer Einteilung in Nutzungsbereiche. Dabei ist die räumliche Zonierung umso sorgfältiger zu planen, je höher die Dichte ist und umso weniger Platz für Übergänge von der einen in die andere Zone zur Verfügung steht. Die Nutzungsbereiche, jeder für sich optimiert, werden konzeptabhängig als gesamträumliche wandelbare Abfolge oder als in Teilbereichen veränderbar gestaltet. An die Stelle des konventionellen Raumverständnisses tritt eine dynamische und dreidimensionale Auffassung von Raum, in dem die physische Nähe in Kombination mit aktivem Benutzerverhalten zu einer intensiven wechselwirksamen Nutzung führt.

Überlegungen zum Innenraum
Die Benutzbarkeit von Räumen ist von der Interaktion zwischen dem Bewohner und dem Raumgefüge geprägt und mit zunehmendem technologischen Fortschritt von wechselseitigen Anforderungen bestimmt. Bereits bekannte historische Vorbilder oder auch Beispiele aus anderen Fachgebieten dienen dem noch jungen Bautypus der Mikroarchitektur dabei als Referenz.

Funktionsoptimiert
Die 1926 von Margarete Schütte-Lihotzky entworfene Kompaktküche, die sogenannte Frankfurter Küche, stellt den Startpunkt der Einbauküche dar, wie wir sie heute kennen. Durch effiziente Planung ist eine neue, andersartige Benutzung entstanden (Abb. 3). Die kleine, voll eingerichtete Arbeitsküche war in ihren Funktionsabläufen so optimiert, dass man sie als Kommandozentrale bezeichnen könnte. Nur eine einzige Person hatte darin Platz, die Hausfrau. Die Rationalisierungsbestrebung[4] bestand in dem »betriebsmäßig« vor dem Hintergrund des nach Frederick Winslow Taylor benannten Taylorismus organisierten Haushalt, der sowohl eine architektonische wie auch eine gesellschaftliche Neuordnung darstellte. Die kompakte Organisation als normierte Funktionsküche sollte die Leistungsfähigkeit und Arbeitsfreude der Hausfrau steigern und die bei der unschöpferischen Arbeit im Haushalt gewonnene Zeit sollte für schöpferische Tätigkeiten frei werden. Die Rolle der Hausfrau erhielt durch die sichtbar geregelte Arbeitszeit in der »Kommandozentrale« einen anderen Stellenwert. Ein neues Lebensgefühl mit mehr Freiheit nach getaner Arbeit sollte sich einstellen.[5]

Funktionsüberlagert
In dem Maß, in dem die Emanzipation der Frau weiter voranschritt, veränderte sich das räumliche Konzept von der Schaltzentrale hin zu einer Werkstattküche, in der auch der Mann kochen durfte.[6] Als räumliche Optimierung bietet sich somit ein Konzept der funktionalen Überlagerung von Wohnraum und Küche an. Schon heute zeichnet sich ab, dass die einst fest verteilten Zuständigkeiten innerhalb eines Haushalts nur noch bedingt existieren und dass eine auf einen Benutzertyp festgelegte Planung nicht mehr sinnvoll ist. Zu unterschiedlich sind die gewählten Lebensformen vom Einpersonenhaushalt bis zur Patchworkfamilie.

Funktionskomprimiert
Die minimierte Bordküche aus Flugzeugen steht Pate für eine Entwicklung, in der aktuelle Planungen, ob Wohn- oder individuelle Minimalküchen, so ausgerichtet werden müssen, dass sie nach dem Prinzip der »Simplexity«, funktionieren, d.h. auf der Grundlage des einfachen Gebrauchs einer komplexen Technik, die in einer räumlichen Organisation zusammengefasst ist (Abb. 4). Auf möglichst kleinem Raum wird gleichzeitig verstaut, gekühlt, zubereitet und angerichtet. Jeder Millimeter ist verplant. Dabei ist die Bordküche so positioniert, dass ein möglichst optimaler Serviceablauf im verdichteten Raumgefüge möglich ist.

3

4

1 »micro compact home«, München, 2005; Horden Cherry Lee Architects und Haack + Höpfner . Architekten
2 Minox B 8x11 Spionagekamera
3 Frankfurter Küche, 1926; Margarete Schütte-Lihotzky
4 Bordküche eines Flugzeugs

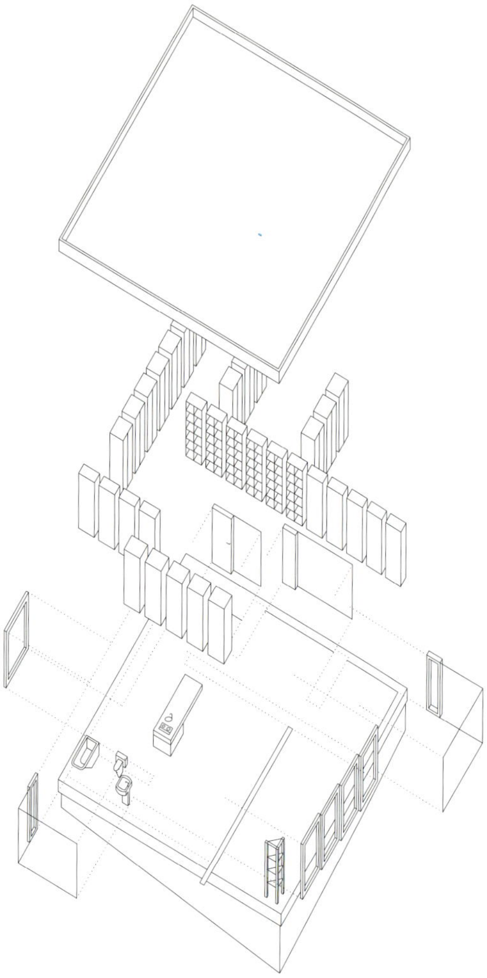

5

Multifunktional
Auch im »Furniture House« von Shigeru Ban, das 1995 bei Yamanakako errichtete wurde, spielt die Verdichtung von Funktionen eine besondere Rolle. Schrankelemente im Inneren und außen begrenzen und teilen nicht nur den Raum, sondern tragen auch die Dachfläche (Abb. 5, 6). Die Funktionen von Tragwerk und Raumumfassung werden mit denen des Aufbewahrens kombiniert. In der Fabrik vorgefertigte Schrankwandelemente wurden vor Ort als Bausatz zu einem Raumgefüge zusammengesetzt. Die Schrankwand wird so zum zentralen Bauteil mit Mehrfachfunktion.

Diese Multifunktionalität ist im Projekt Walden von Nils Holger Moormann noch deutlicher zu sehen. Die frei stehende Wand, mit allerlei Gartengeräten ausgestattet, ist gleichzeitig schützende Hülle (Abb. 7). Die Idee ein einfaches Leben im Freien zu schaffen gab Ausschlag für diese Funktions- und Nutzungsüberlagerungen. Eine Sitzecke, eine ausschwenkbare Feuerschale sowie ein Unterschlupf im Obergeschoss machen aus der bewohnbaren Wand einen beinahe autarken Wohn- und Arbeitsort im Freien mit besonderer Prägung.

Funktionsdynamisiert
Bewegliche Bauteile, wie bei den im Folgenden beschriebenen Konzepten, tragen des Weiteren maßgeblich zur Potenzierung der Raumeffizienz bei. Durch Falten, Klappen oder Schieben kann Raum dynamisch und temporär bestimmt werden. Ein effizient genutzter Stauraum lässt sich beispielsweise durch bewegliche Bauteile zu einer Raumzone erweitern. Der »temporäre Raumstau« wird zum gestalterischen Werkzeug der räumlichen Planung, in dem Variabilität die Enge kompensiert.
Bereits 1924 wendete Gerrit Rietveld beim Rietveld-Schröder-Haus das Prinzip der freien Raumeinteilung erfolgreich an. Verschiebbare Wände lassen vom offenen Raumkontinuum bis hin zur Einteilung in einzelne Zimmer eine freie Gestaltung des Obergeschosses zu. Je nach Bedarf kann der »offene Grundriss« variiert und angepasst werden.

Aktuelle Beispiele der veränderbaren Raumaufteilung reichen von einfachen Bauteilen wie der beweglichen textilen Wand »Softwall« von Stephanie Forsythe und Todd MacAllen, die sich von 5 cm auf bis zu 5 m ausziehen lässt, bis hin zu Möbelstücken, die über bewegliche Klappen und Türen oder herausziehbare Elemente zu Raumteilern werden.

Mit Küchenzeile, Maschinen, Wachbecken, Ablageflächen, Beleuchtung und Schankelementen bestückt, ergibt sich mit dem rosa Schrankmöbel 2Raumwohnung von Behles & Jochimsen eine optimierte kompakte Nutzung an Stelle eines konventionell ausgestatteten Raums (Abb. 8). Das in eine entkernte Wohnung frei eingestellte Möbel ermöglicht durch einfaches Ausklappen die Zonierung des Grundrisses und damit seine variable Nutzung. Dazu sind im türhohen Element hinter Klappen und Auszügen unterschiedliche Einbauten verborgen, die dieses kompakte Möbel zu einem flexiblen multifunktionalen Raumteiler machen.[7]

6

Beim »Suitcase House« des EDGE Design Institute wird dies über eine Abfolge von Kisten erreicht, die im Boden so lange verborgen bleiben, bis die darunter versteckte Funktion benötigt wird (Abb. 9). Durch Aufklappen eines Teils der Bodenfläche kommen Sitzecken oder Bäder zum Vorschein.

Dabei ist die nach dem Aufklappen senkrecht stehende Bodenfläche gleichzeitig Sichtschutz wie auch Raumteiler und umschreibt ein sich temporär neu ergebendes Raumvolumen. Aus den weitgehend nutzungsneutralen Räumen lassen sich unter Zuhilfenahme der beweglichen Bodenelemente so individuelle Nutzungsbereiche definieren.

Das »micro compact home« von Horden Cherry Lee Architects und Haack + Höpfner Architekten (Abb. 1, 10, 11 und 21–23), das räumlich von der japanischen Teehausarchitektur inspiriert ist, wendet viele der hier beschriebenen Prinzipien an und ist durch die Überlagerung von Funktionen und Nutzungsbereichen geprägt.[8] Jeder Bewohner hat die Möglichkeit, den Raum durch aktiven Gebrauch und Veränderung der Raumszenarien in Abhängigkeit von Tageszeit oder Beschäftigung optimal auszunutzen und anzupassen; alle Bereiche sind auch ohne diese Eingriffe voll nutzbar. Der Innenraum ist in vier Funktionszonen – Nassbereich, Ruhezone, Aufenthalts- und Kochbereich – gegliedert, wobei die einzelnen Raumzonen fließend ineinander übergehen. Die Ruhezone ist bei ausgeklapptem Bett räumlich und visuell von der darunter liegenden Aufenthaltszone getrennt, um den Wechsel zwischen beiden Bereichen aktiv zu erleben. Durch Verschieben oder Klappen von Einbauelementen sind verschiedene, nutzerspezifische Formen von Wohnkomfort möglich. Mobile Einbauten schaffen vielfältige Stau- und Ablagemöglichkeiten. Diese Variabilität (Arbeitsplatz, Sitzecke, Gäste- oder Tagesbett), die Mehrfachnutzung von Raumbereichen beim Flur (Küchenflur, Sitzbank, Vorbereich von Bett und Esstisch) und beim Eingang (Windfang, WC, Dusche) sowie das Ausnutzen aller verfügbaren Volumen durch Auszüge und Schubladen als Stauraum geben dem Wohnwürfel eine hohe Raumeffizienz. Die Anordnung von funktionsrelevanten Ausstattungselementen in Reichweite (Kühlschrank, Microwelle, Abstellfläche im unteren Bereich der Küchenzeile nahe dem Sitzplatz) berücksichtigen ergonomische Untersuchungen. Die Summe der Maßnahmen ermöglicht neben der Mobilität des Hauses ein hohes Maß an Nutzerkomfort einerseits und durch seine Kompaktheit eine hohe Energieeffizienz andererseits, letzteres sowohl im Betrieb wie auch im Hinblick auf die Herstellung eines solchen Wohnwürfels.[9]
Vergleicht man die unterschiedlichen Planungsmethoden, so zeigt sich, dass eine durchdachte Anordnung nicht nur Fläche einsparen kann, sondern dass sich durch geschickte Positionierung von kompakt organisierten Zonen vielfach nutzbare Räume gestalten lassen. Bewegliche Elemente können einen nutzungsneutralen Raum in eine vielseitige räumliche Abfolge verwandeln. Werden darüber hinaus noch einzelne Bauteile zum Träger mehrerer Funktionen, resultiert daraus eine gesteigerte Raumausnutzung. Komprimierte Planungen führen weg von abgeschlossenen Räumen einer bestimmten Nutzung hin zu spezifischen und gleichzeitig multifunktionalen Raumzonen. Diese Veränderung mit variabel nutzbaren Raumzonen zieht eine neuartige Benutzung nach sich, wobei der Bewohner aktiv an der täglichen Gestaltung beteiligt ist und Raumoptimierungen wesentlich durch die Benutzer-Raum-Interaktion bestimmt werden.

7

8

9

5 Explosionszeichnung »Furniture House«, Yamanakako, 1995; Shigeru Ban Architects
6 »Furniture House«, Yamanakako, 1995; Shigeru Ban Architects
7 Walden, 2006; Nils Holger Moormann
8 2Raumwohung, Berlin, 2006; Behles & Jochimsen
9 »Suitcase House«, Peking, 2002; EDGE Design Insitute

Überlegungen zur Raumhülle
Aufgrund der Variabilität der Innenräume bei Mikroarchitekturen ergeben sich über den thermischen Komfort hinaus gesteigerte Anforderungen an die Gebäudehülle. Öffnungen müssen der veränderbaren Raumnutzung entsprechen und einer vergrößerten Bandbreite an Funktionen gerecht werden. Wenn auf engem Raum eine sich wandelnde Grundrisszonierung in Abhängigkeit der Tageszeit zu unterschiedliche Verwendungen von Wohnen bis hin zum Schlafen führt, dann muss die Außenhaut für beide Nutzungen, öffentlich und privat, regelbar sein. Die physische Nähe zur Raumgrenze erfordert über die mechanische Regulierbarkeit (abschotten, öffnen) hinaus einen weitaus subtileren Umgang und eine räumliche Differenzierung, um beides, sowohl Geborgenheit als auch optische Weite, über eine Öffnung nach außen zu erzielen.

Dialog zwischen innen und außen
Bemerkenswerte historische Vorbilder für eine flexible Raumaufteilung finden wir in der japanischen Kultur. Die Raumbildung sowohl des Innenraums als auch der Übergänge zwischen innen und außen erfolgt erst über die nachträgliche Füllung eines Gerüsts. Gleich einer »strukturellen Grammatik«[10], die ein geregeltes Beziehungsgeflecht der Bauteile untereinander schafft, sind in dem Skelettbau die Öffnungen sowie die Raumübergänge als Struktur füllende Variationen angelegt und machen – von offen bis hin zu geschlossen – eine graduelle Abstufung möglich, die in hohem Maße steuerbar ist. Gleichzeitig sorgen die aus Holz und Bambus gewebten Füllungen für den natürlichen Temperaturausgleich und bilden frei bewegliche Pufferzonen, die entsprechend dem warmen, aber feuchten Klima Japans ausreichend Belüftung bieten. Flexible Einteilung und bauliche Struktur sind in Abstimmung mit den klimatischen Bedingungen gewählt und ermöglichen die sukzessive Öffnung über die Raumgrenze nach außen, wie am Beispiel der kaiserlichen Villa Katsura in Kioto zu sehen ist (Abb. 12).

Das flexible Konzept aller Raumübergänge eignet sich besonders als Vorbild für Mikroarchitekturen, da es nicht nur hilft, den Innenraum zu variieren, sondern dazu dient, den Lebensraum sowohl visuell wie auch aktiv über die Beweglichkeit der Bauteile zu erweitern. Die Voraussetzungen für die nahezu stufenlose Regelbarkeit der Raumgrenzen sind in der baulichen Struktur zu suchen, die den standortbezogenen Bedingungen entsprechend gewählt werden muss.
Ein verstärktes Augenmerk liegt auf der Gestaltung der Hülle und deren »nahtloser Steuerbarkeit«.

So ist die Lage der Öffnungen beim »micro compact home« von vielen Faktoren wie Ausblick, Belichtung und Nutzung bestimmt. Die Fenster lassen sich entsprechend flexibel als Sicht- und Sonnenschutz bis hin zur völligen Verdunklung schließen. Von jeder Position im Raum aus ist der Blick ins Freie übereck mittels zweier Öffnungen gegeben (Abb. 11). Es entsteht der Eindruck von Geborgenheit bei gleichzeitigem Blickbezug nach außen. Der Lichteinfall auf tieferliegende horizontale Flächen durch die niedrig positionierten Fenster sorgt für gut belichtete Arbeitsflächen, überspielt zugleich durch die so gelenkte Blickrichtung die eingeschränkte Raumhöhe und trägt damit zum subjektiv positiv empfundenen Raumkomfort maßgeblich bei.

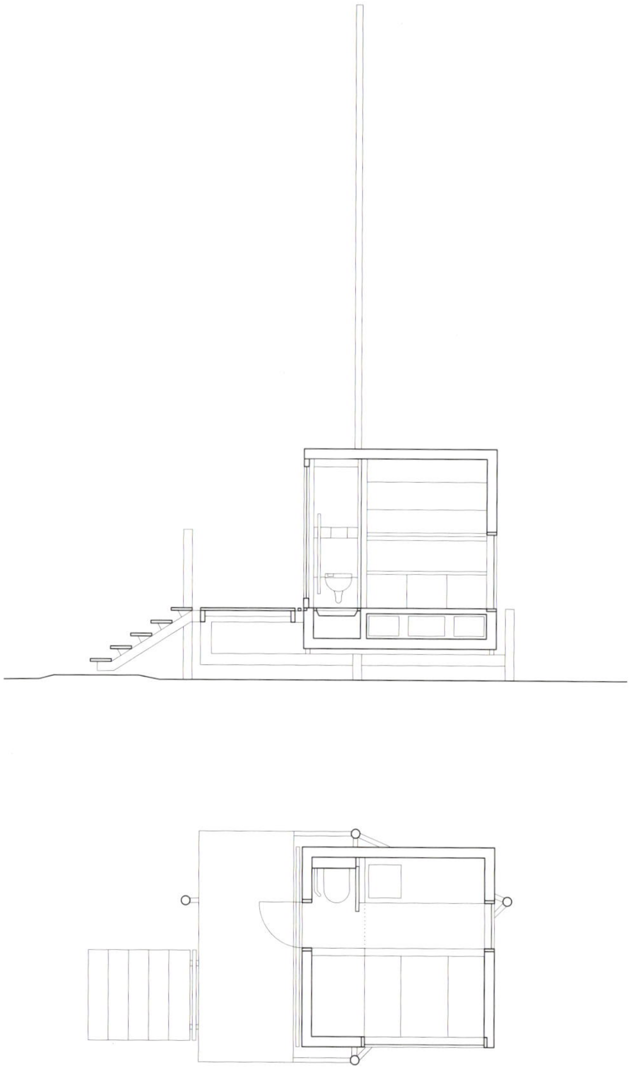
10

11

Weitere Möglichkeiten, einer innenräumlichen Verdichtung auch an der Außenhaut zu entsprechen, ergeben sich durch die laufenden Entwicklungen der werkstoffintegrierten Gestaltung und dem Transfer neuer Technologien auf das Bauen.

Die mikroarchitektonische Haut

Heute ist es möglich, freie Formen zu entwickeln, die an der Schnittstelle von digitaler Produktion und handwerklicher Optimierung zu neuen Resultaten führen. Das »Mercury House« von Arturo Vittori und Andreas Vogler erprobt eine neue Technologie zur Bearbeitung von Marmor, bei der eine computergesteuerte Fräse doppelt gekrümmte Dünnschichtplatten auf bis zu 4 mm reduziert. Dabei geht es nicht nur um die Optimierung der Form, sondern auch um die Erforschung der Zusammenhänge von Material und Konstruktion.
Das innovative Potenzial der werkstoffintegrierten Gestaltung wird künftig darin liegen, komplexe räumliche Zusammenhänge in einem ersten Schritt zu erfassen, um sie dann im Weiteren in Abstimmung mit Material und Konstruktion zu bringen. So ist es denkbar, dass Raumübergänge künftig den Ansprüchen an Behaglichkeit bei gleichzeitigem Schutz der Intimsphäre gerecht werden und trotz allem eine maximale Offenheit bieten, da sie sowohl kräfteleitende, klimaregulierende wie auch formbestimmende Eigenschaften besitzen.

Reaktion auf die Umgebung

Architektur steht immer im Bezug zum Kontext, der wiederum von dieser geprägt ist. Zwangsläufig haben kleine Bauten aufgrund der räumlichen Verhältnismäßigkeit direkte Tuchfühlung mit ihrer Umgebung. Mikroarchitekturen stellen als Vermittler von Nähe auf unterschiedliche Art und Weise eine enge Verbindung von Mensch und Natur her. In vielen Fällen wird die Natur gar selbst als Referenz verwendet, indem sie direkt oder indirekt als Vorbild für die unterschiedlichen Bauweisen dient. So reichen die Ansätze über minimalen Materialeinsatz, die Suche nach leichten hocheffizienten Tragwerken und Oberflächen bis hin zu kontinuierlich optimierten und verfeinerten Strukturen, die sich den örtlichen Gegebenheiten anpassen.

Im Dialog mit der Natur

Inspiriert von minimierten Schutzräumen an entlegenen Orten, sind es eher die dem Entdeckerdrang geschuldeten, experimentellen Forschungsstationen mit zeltähnlichen Konstruktionen oder die erlebnisorientierten Bauten für Freizeit und Erholung, die das Spektrum an Gestaltungsansätzen im naturräumlichen Umfeld prägen. Zwei gegensätzliche Haltungen der Öffnung zum Umfeld lassen sich dabei beobachten.

Körper/Rückzug »geschlossen«

Eine der ersten minimalen Behausungen ist das Retreat in Pill Creek/Cornwall von Team 4 (Richard Rogers, Susan Brumwell, Norman Foster und Wendy Cheeseman) aus dem Jahr 1963, das als Referenzobjekt für die Entwicklung von Mikroarchitekturen betrachtet werden kann. Bestimmt von der Suche nach unberührter Natur als Rückzugsraum, verfügt der kleine, teils eingegrabene Unterschlupf über eine visierähnliche Kanzel aus Glas, die über einem cockpitartigen Innenraum aus dem Erdreich herausragt. Der Raum selbst ist unmittelbar flächig umschlossen und hat einen dementsprechend klar definierten Innenraum mit verschiedenen überlagerten Funktionen. Durch die deutliche Abgrenzung zwischen Innen- und Außenraum ist das Konzept von »Schutz und Geborgenheit« ablesbar, wobei die Öffnungen – an sich prinzipiell Störungen der schützenden Hülle – hier großzügig als Vermittler zwischen innen und außen dienen und die Trennung visuell aufheben. Die Verschmelzung von Natur und Behausung entsteht über die Kombination von Erdverbundenheit und Entmaterialisierung mit einem gut zu zwei Dritteln eingegrabenen Gebäude.

Struktur/Erlebnis »offen«

Ein weiterer Typus der frühen Mikroarchitekturen sucht die Einvernehmlichkeit von Objekt und Natur auf andere Weise. Die frei stehenden Objekte stellen den Bezug zur Natur nicht wie die »geschlossenen Konzepte« über die Verträglichkeit der Baumasse her, sondern durch die Transparenz ihrer baulichen Struktur. Gleich einem »Bausatz gewachsen«, lassen die konstruktiven Rahmen eine Abstufung der Raumbildung von offen bis geschlossen zu. Die von Raum durchflossenen Strukturen können dann je nach Konzept partiell mit Ebenen gefüllt werden, wie das bei der mobilen Aussichtsplattform »Beach Point« der Fall ist.[11] Entworfen am Lehrstuhl für Gebäudelehre und Produktentwicklung der Technischen Universität München geht es hier hauptsächlich um das konstruktive Gefüge von Komponenten wie Rahmen und Ebenen im Gegensatz zu einer ausgefachten geschützten Unterkunft wie der flexiblen Forschungsstation Ikos des französischen

12

10 Schnitt und Grundriss »micro compact home«, München, 2005; Horden Cherry Lee Architects und Haack + Höpfner . Architekten
11 »micro compact home«, München, 2005; Horden Cherry Lee Architects und Haack + Höpfner . Architekten
12 Alter Shoin in der Villa Katsura in Kioto, Blick in den Raum mit der Feuerstelle (irori)

13

Architekten Gilles Ebersolt (Abb. 13). Die Entwicklung eines Baukomponentensatzes mit Verbindungsdetails, die eine einfache Montage vor Ort ohne Spezialwerkzeuge ermöglichen, ist die Voraussetzung für eine unkomplizierte Anpassung an die unterschiedlichen Standorte genauso wie die Ausformung von Konstruktionen, die zumeist frei von den sonst üblichen Fundamenten sind. So kann beispielsweise das tragende Gerüst der aus regelmäßigen Vielecken bestehenden, zerlegbaren Forschungsstation je nach Bedarf mit Membranen als Sonnenschutz oder mit wasserdichten Verkleidungselementen gefüllt werden. Die situationsabhängige Anpassungsfähigkeit solch strukturell konzipierter Mikroarchitekturen führt wie in diesem Beispiel, das frei stehend in einem Baumwipfel eingefügt oder gar in eine Schlucht eingehängt werden kann, zu einer naturbezogenen und gleichzeitig auch den natürlichen Kontext bewahrenden Architektur.

In Reaktion auf das Extreme

Ob es die utopischen Träume sind, die unseren Entdeckergeist anspornen, oder die extremen Situationen, denen wir uns aussetzen, fest steht, dass wir ohne Neugier oder gar Wagnis Grenzen nicht überschreiten und demzufolge auch kein Neuland beschreiten können. Extreme helfen uns also zu verstehen und führten schon in der Vergangenheit immer wieder zu Neuerungen, die inzwischen selbstverständlicher Bestandteil unseres Lebens geworden sind. So machte beispielsweise erst die Erkundung des Weltalls globale Zusammenhänge durch Erd- und Wetterbeobachtung sichtbar. Auch Telekommunikation, Navigation und Erkenntnisse zu neuen leichten und extrem stabilen Werkstoffen sind Errungenschaften, die den Pioniertaten der Raumfahrer zuzuschreiben sind.

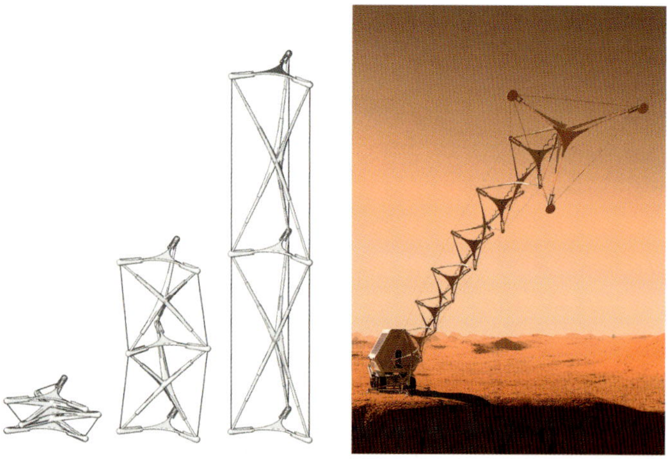

14

Technologietransfer

Die erforderliche Leichtigkeit für den Start ins All zwingt zur Optimierung und Erforschung aller kombinatorischen Eigenschaften wie z. B. der von Material und Konstruktion. Eine Forschungsarbeit von Zoran Novacki an der Architekturfakultät der Technischen Universität München am Lehrstuhl für Tragwerksplanung beschäftigt sich mit wandelbaren Tragkonstruktionen, deren Anwendungsszenarien unter Raumfahrtbedingungen in einer Animation mit dem Titel »Bridging Mars« simuliert wurden (Abb. 14). Eine Kombination von räumlichen Scherenmechanismen und teleskopierbaren Elementen ermöglicht eine automatisch entfaltbare Tragkonstruktion mit hohem Packfaktor und gleichzeitiger geometrischer Flexibilität. Mithilfe von Seilsystemen wird das Gebilde schließlich zu einem brauchbaren Tragwerk versteift. Das Potenzial des entfaltbaren und zugleich materialminimierten Tragwerks liegt in seiner Anpassungsfähigkeit durch die flexibel veränderbare Struktur. Derartige Konstruktionen eignen sich für temporäre Überdachungen oder mobile Fußgängerbrücken (Abb. 15), aber auch als Denkmodelle für anpassbare, erweiterbare Raumstrukturen. Die für die Raumfahrt notwendigen Kriterien wie Leichtigkeit, Mobilität und Flexibilität sind nicht nur Initialzündungen für neue Ideen, sondern sind auch Voraussetzung für die Überprüfung von Konzepten mit materialeffizienten, Raum sparenden und anpassbareren Strukturen auf ihre Realisierbarkeit.

15

Human Centered Design

Unter lebensfeindlichen Bedingungen im schwerelosen Raum über einen längeren Zeitraum zu leben, ist für die

menschliche Psyche aufs äußerste belastend. Die aus der Forschung und im Rahmen der Microgravity Projekte[12], eine Zusammenarbeit der Fachgebiete Raumfahrttechnik und Architektur der Technischen Universität München und dem Johnson Space Center der Nasa in Houston, gewonnenen Erkenntnisse zeigen, wie bedeutend räumliche Differenzierung beispielsweise zwischen Arbeitswelt und Privatsphäre gerade bei einem längeren Aufenthalt auf engstem Raum ist. Jede räumliche Belegung muss bis ins Kleinste optimiert sein, wobei Nutzbarkeit und persönliches Wohlbefinden im Vordergrund stehen. Gestaltungsmittel wie Taktilität und Farbe, die zur harmonischen Umfeldverbesserung beitragen, sind ebenso wichtig, wie technische Ausrüstung und deren einfache Handhabbarkeit. Sicherheit ist letztendlich nur gewährleistet, wenn die Orientierung für den Menschen im dreidimensionalen schwerelosen Raum möglich ist (Abb. 16, 17). Dieses »Human Centered Design« muss Grundvoraussetzung für jede raumoptimierte Planung sein. So wie die psychische Kondition einer Crew auf einer Raumstation entscheidend für den Erfolg einer Mission ist, wird analog das Wohlbefinden auf engstem Raum zur Voraussetzung für die Akzeptanz des neuen Bautypus, der Mikroarchitektur.
Von der Arbeit in Schwerelosigkeit lernen wir darüber hinaus, sowohl äußerst komplexe Zusammenhänge zu ordnen und unterschiedliche Disziplinen zu vereinen als auch einen neuen Umgang mit Raum. Dreidimensionalität ist sprichwörtlich erfahrbar. Jede Raumbegrenzung hat die gleiche Wertigkeit. Die konventionelle Aufteilung in Wand, Boden oder Decke, in oben oder unten ist aufgehoben. Dies führt zu einer völlig neuen Betrachtungsweise der Raumbegrenzungen, so z.B. bei dem »turnOn« der Architektengruppe AllesWirdGut, das eher spielerisch und herausfordernd darauf hinweist, dass Oberflächen aktiver genutzt werden können, bis hin zu Projekten wie dem »micro compact home«, dessen Bauweise in ähnlich verdichteter Form zu einer multifunktionalen Nutzung aller Oberflächen führt.

Human Factors Engineering

Während wir uns hier auf Erden in unserem gewohnten Lebensumfeld bequem eingerichtet haben und die Konzeption unserer Gebäude primär zur Sicherung des persönlichen Komforts dient, kommt dieser im All ebenso wie an anderen Bauplätzen mit Extrembedingungen, beispielsweise den Polar- oder Wüstenregionen ebenso wie im hochalpinen Bereich, eine zwingend lebenserhaltende Funktion zu. Stoff- und Energieströme einer Gebäudestruktur müssen hier mit dem Ziel einer langfristigen nachhaltigen Autarkie kreislaufartig organisiert werden. In einer hochalpinen Forschungsstation wie dem »Peak_Lab«, das in Zusammenarbeit des Lehrstuhls für Gebäudelehre und Produktentwicklung der Technischen Universität München und der Architekturabteilung der Hochschule Luzern entstanden ist, gibt es weder konventionelle Versorgungs- noch Entsorgungssysteme.[13] Die Forschungsstation ist durch ihre Betriebsweise autark, die als

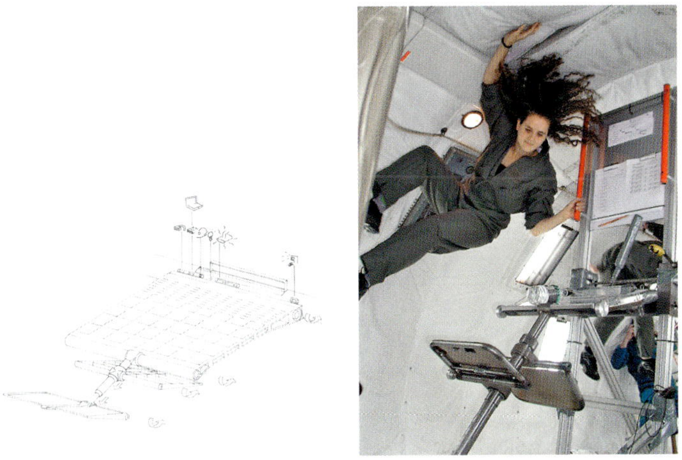

16

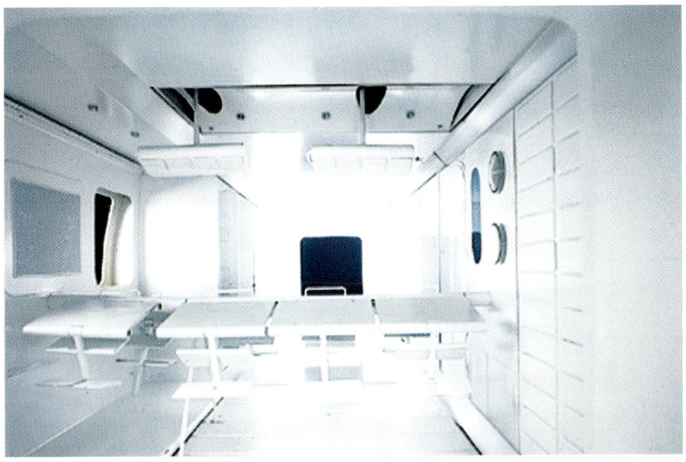

17

13 Flexible Forschungsstation Ikos, 2004; Gilles Ebersolt
14 »Bridging Mars«, 2009; Zoran Novacki
Zeichnung und Animation der wandelbaren Tragkonstruktion
15 Anwendung als mobile Fußgängerbrücke
16 Arbeitsplatz für einen Astronauten, 2000; Zeichnung und Anwendung
Entwurf: Björn Bertheau, Claudia Herterich, Arne Laub
Betreuer: Lydia Haack, Richard Horden, Andreas Vogler
17 Microgravity Projekt Innenraummodell ISS, seit 1998; Lehrstuhl für Gebäudelehre und Produktentwicklung, Technische Universität München

ein in sich geschlossener Kreislauf mit einer stromerzeugenden Gebäudehülle organisiert ist. An einer für den Standort entwickelten demontierbaren Leichtbaukonstruktion sind fünf separat transportierbare Raumzellen eingehängt, die vertikal verbunden werden. Eine aerodynamische Auswertung des hochalpinen Standorts beeinflusste die Geometrie der einzelnen Volumina wie auch deren Anordnung. Die innere Organisation des Gebäudes ist für den Betrieb als Forschungsstation optimiert und auf die bereits beschriebene Benutzer-Raum-Interaktion ausgelegt. Die Gebäudeform ist also nicht nur nach einer konstruktiven Intelligenz entstanden. In Überlagerung mit dem interaktiven Gebrauch können wir von einem »Human Factors Enginieering« sprechen; Grundvoraussetzung der nachhaltigen raumeffizienten Planung und Werkzeug der Mikroarchitektur.
So entsteht, hervorgerufen durch extreme Bedingungen und durch die Auseinandersetzung mit komplexen Systemzusammenhängen, ein hohes Potenzial für neue Ideen; diese Entwicklungen können auch in der urbanen Architektur ihre Anwendung finden. Gerade mikroarchitektonische Experimente eignen sich dabei, die durch den technologischen Fortschritt und die extremen Anforderungen der Bauplätze hervorgerufenen technischen Neuerungen als wirkliche erfahr- und erlebbare Errungenschaften weiterzuentwickeln und nutzbar zu machen.

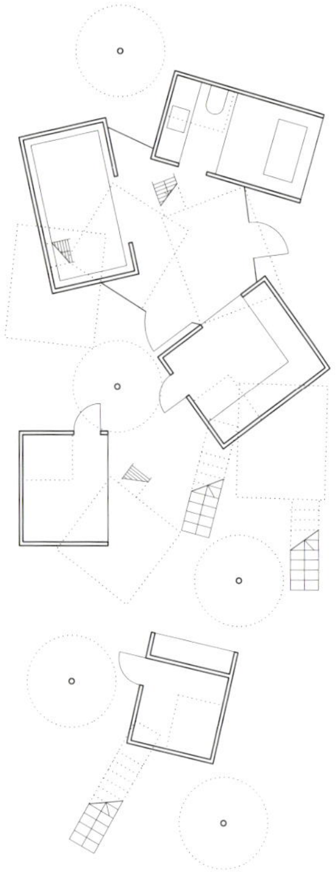

18

19

Multiplikation und Städtebau

Die urbane Vision, mit kleinen Gebäudeeinheiten ganze Stadtstrukturen entstehen zu lassen, hat eine lange Tradition. Bereits 1967 entstanden Projekte wie der Wohnhügel in Montreal von Moshe Safdie oder 1972 der »Nakagin Capsule Tower« von Kisho Kurokawa, der aus Raumzellen gebildet wurde. Ihnen zugrunde liegt der konzeptionelle Ansatz der Metabolisten – zu nennen sind hier Yona Friedman oder Eckhard Schulze-Fielitz – mit vorgefertigten Zellen urbane Strukturen herzustellen. Auch im zeichnerischen Werk von Archigram hat die kleine Raumeinheit einen besonderen Stellenwert. Die zumeist autarke Kapsel, maßgeschneidert auf den jeweiligen Stand der Technik, lässt sich nach den Bedürfnissen der Bewohner immer neu umwandeln. Die Wohnkapsel wurde bald als ideales Element zum Auffüllen von Megastrukturen gesehen, um so flexibel auf das schwer vorhersehbare Wachstum der Städte reagieren zu können. Heute versucht man, durch mobile Bauten kostengünstig temporär benötigten Wohnraum zu schaffen, der kurzfristig den aktuellen Bedarf deckt. Eine Kultur der Containerarchitektur hat sich entwickelt, die zwar dem Wunsch nach transportablen und temporären Wohnformen nachkommt, aber mangels Anpassungsfähigkeit und Bauqualität in keiner Weise Urbanität erzeugt. Die introvertierten Boxen sind im besten Fall Stapelware, die als Notbehelf dienen können.
Mikroarchitekturen werden im Kontext entwickelt. Als veränderbare, anpassbare Strukturen können sie so mehr leisten, als lediglich quantitative logistische Probleme zu bewältigen. Die kleinen Bauten sind daher als flexible Bausteine der urbanen Nachverdichtung besonders geeignet. In Form von ergänzenden, reparierenden oder eigenständigen Modulen lässt sich die Intelligenz der kleinen Einheit auf ihr Umfeld übertragen. So reichen die Konzepte von andockbaren oder beigestellten Zusatzräumen über Systeme, bei denen sich der Wohnraum nach dem Zündholzschachtelprinzip temporär erweitern lässt, bis hin zu Einheiten aus denen Siedlungsstrukturen entstehen können. Die Vernetzung mit dem bauli-

chen Umfeld und die Anpassungsfähigkeit an unterschiedliche Standortgegebenheiten zeigt die Qualität der einzelnen Projekte. Beim »micro compact home« wird der minimale Eingriff in das bauliche Umfeld über einen leichten, an unterschiedliche Topographien anpassbaren Aluminiumrahmen möglich, der das Minihaus vom Boden abhebt und gleichzeitig für die Ablesbarkeit des Volumens sorgt. Damit ist der Würfel als frei stehendes Objekt im jeweiligen Kontext erlebbar. Der Rahmen ist in gleicher Weise städtebaulich verknüpfendes Element der Wohneinheiten untereinander sowie eine räumlich multifunktionale Verdichtung. Er dient als Zugang, Vorzone, Terrasse und Sitzstufe zugleich und überträgt in logischer Konsequenz den Systemansatz der Raumoptimierung vom Innenraum nach außen.

Durch Multiplikation und Kombination können Mikroarchitekturen in der Stadt beinahe einen dörflichen, einen »mikro-urbanen« Charakter erhalten, wie z. B. beim »House before House« in Utsunomiya von Sou Fujimoto Architects (Abb. 18, 19). Hier bilden Haus und Garten – innen und außen – ein spürbar harmonisches Gefüge, das im Lauf der Zeit natürlich gewachsen erscheint. Zehn Kuben sind auf einem Grundstück scheinbar willkürlich verteilt und übereinandergestapelt, wodurch der Raum spielerisch zoniert wird und Freibereiche mit unterschiedlichen Aufenthaltsqualitäten entstehen.[14] Die räumliche Erweiterung über das Zusammenspiel der einzelnen Wohneinheiten ist auch beim »Moriyama Housing Complex« von Ryue Nishizawa erkennbar (Abb. 20). Zehn Kuben mit verschiedenen Grundflächen und Höhen sind locker auf einer Fläche verteilt, die nicht viel größer ist als die Parzellen der dichten Einfamilienhausstruktur der Nachbarschaft. In den Boxen finden fünf kompakt gestapelte Mietwohnungen Platz, die zusammen mit den verstreuten Solitären der Umgebung einen urbanen Charakter erzeugen. Die Staffelung der einzelnen kleinen weißen Quader mit ihren Öffnungen ist ebenso wie die Relation von Freiflächen und Wegen genau durchdacht und schafft ein durchlässiges Wegesystem, ein »städtisches Labyrinth« als Fortsetzung der Raumoptimierung in städtebaulicher Dimension.

Raumoptimierung und Mobilität

Produktorientierte Umsetzung

Die Stärke von kleinen Bauten liegt in ihrer Transportierbarkeit. Ausgeführt in leichter Bauweise ist das kleine Volumen vergleichsweise kostengünstig zu befördern. Die Verschiebung von der konventionellen Bauweise hin zu Leichtbaukonstruktionen ist die Voraussetzung für eine industrielle Herstellung. Aus den einstigen Unikaten werden seriell gefertigte, zum Teil preiswerte Produkte. Die produktorientierte Planung wiederum schafft verbesserte Arbeitsbedingungen, da sich die in Serie hergestellten Häuser wie beispielsweise das »micro compact home« unter angenehmen Voraussetzungen in der Fabrik vorfertigen lassen. Innerhalb kürzester Zeit können sie am Bestimmungsort aufgestellt werden. Witterungsbedingte Verzögerungen, Fehler- und Gefahrenquellen wie sie auf einer konventionellen Baustelle unvermeidbar sind, werden minimiert.
Der im Vorfeld koordinierte Planungsablauf, der oft eine Prototypenentwicklung einschließt, führt zu Bauteiloptimierungen und verbesserter Produktqualität durch bessere Verarbeitung. Auch kann ein aufeinander abgestimmter Entwurf- und Produktionsprozess deutliche Materialeinsparungen zur Folge haben. Im Fall der »micro compact homes« konnte eine

20

erste Abstimmung den Verschnittanteil gewisser Baustoffe von 25 % bereits auf unter 5 % reduzieren. Die Chancen dieser Planungsmethodik liegen also auf der Hand. Je weiter die produktoptimierte Planung voranschreitet, desto effizienter, aber auch qualitätvoller können unsere Bauten werden. Letztendlich können sie so ausgefeilt sein, dass sie in alle Einzelteile zerlegbar und damit wiederverwertbar werden.

Obwohl Richard Buckminster Fuller schon vor über 60 Jahren eine Entgrenzung der Verhältnisse zwischen Architektur und Produktdesign forderte und wesentliche Merkmale des produktorientierten Planens wie Mehrfachproduktion, Standortunabhängigkeit, Leichtbau und industrielle Fertigung einführte, hat sich diese Planungsmethode bis heute nur ansatzweise in der Vorfabrizierung von Einzelteilen etabliert. Sein Projekt, das »Dymaxion House«[15], industriell herstellbar und inklusive Einrichtung nur ca. 3 t schwer, ist in Anlehnung an die Luftfahrtindustrie ein optimiertes Produkt an der Schnittstelle von Leistungs- zu Materialaufwand. Mit Buckminster Fullers Worten: »(...) Maximum performance per pound of material invested«.[16] Das technisch und konstruktiv weiterentwickelte »Wichita House« konnte in einem röhrenförmigen Transportcontainer transportiert werden. Den Gedanken des Mobilen drückte es allein schon dadurch aus, dass es in seiner Gestalt sichtbar vom Erdboden abgehoben war. Damit steht es am Anfang einer Entwicklung, in der die Minimierung des Materials über die Einvernehmlichkeit von gestalterischen, technischen und funktionalen Überlagerungen gesucht wurde, was zu einer autarken und transportablen Architektur führte.

Produktionsbedingte Mobilität

Obwohl mobiles Wohnen in anderen Kulturen tief verwurzelt ist und auch in der Architekturdiskussion einen festen Stellenwert einnimmt, bestehen bis heute teils geschichtlich begründete Ressentiments gegenüber temporären Behausungen. Dass der Begriff »mobil« zunächst negativ als behelfsmäßig, nicht sesshaft, gar vagabundierend belegt war, ist den zwei Wellen der Fertigung von temporären Bauten geschuldet. Vereinfachte, zur Eigenmontage geeignete Bauten für die Kolonialisierung im 19. Jahrhundert wie auch Notunterkünfte, die nach den zwei Weltkriegen dem akuten Wohnungsnot-

18 Grundriss »House before House«, Utsunomiya, 2009; Sou Fujimotot Architects
19 »House before House«, Utsunomiya, 2009; Sou Fujimotot Architects
20 »Moriyama Housing Complex«, Tokio, 2005; Ryue Nishizawa

stand mit schnellen und preiswerten Gebäuden Abhilfe leisten sollten, prägten das Bild vom Ersatzbau. Planungen aus beiden Epochen, vor allem aber nach dem Zweiten Weltkrieg, führten jedoch zu bemerkenswerten Innovationen. Ehemalige Rüstungsbetriebe nutzten ihr technisches Wissen und entwickelten nun statt Waffen Wohngebäude. Beispiele hierfür sind das Dornier-Wohnzeug von 1947 oder das MAN-Stahlhaus von 1948. Allerdings führten weder effiziente räumliche Planungen noch technische Neuerungen wie beispielsweise vorgefertigte Raumzellen oder neuartige Kombimöbel zu einer verbesserten Akzeptanz von mobilen Bauten. Obwohl die industriell hergestellten Häuser von vergleichsweise hoher Qualität waren, trug dies nicht zu einer dauerhaften Etablierung des Bautypus bei, dem der Makel der aus der Not geborenen Herkunft weiterhin anhaftete.[17]

Mikro Mobil

Globale Märkte, befristete Arbeitsverhältnisse, Lebensabschnittspartner und zeitlich begrenzte Aufenthalte prägen unsere heutige Lebenssituation. Die von uns geforderte Spontanität verändert unsere Lebensweise und zeigt, dass wir uns entweder in einem Kreislauf von Abriss, Neuaufbau oder kontinuierlichem Umbau begeben, wenn wir nicht mit baulichen Strukturen arbeiten, die flexibel, anpassbar, gar mobil sind.

Ein Zitat des Physikers Georg Christoph Lichtenberg beschreibt unsere heutige Situation vortrefflich: »Ich kann freilich nicht sagen, ob es besser werden wird wenn es anders wird; aber so viel kann ich sagen, es muß anders werden, wenn es gut werden soll.«[18] So beinhaltet der Begriff der mobilen Architektur zweierlei: Die Reduzierung der Baumasse als oberstes Gebot und den minimalen Eingriff in das bauliche Umfeld als Konsequenz. Oft entsteht aber gerade dadurch ein gravierender Mangel, ein Bau ohne Bezug. Wenn keine Ortsbezüge zwischen dem Bauwerk und seinem Umfeld hergestellt werden, dann wird Mobilität zwar als beförderbar, verrückbar, fahrbar, jedoch nicht als wandlungsfähig, anpassungsfähig oder sogar dynamisch, im positiven Sinn als lebendig und attraktiv verstanden werden. In diesem Fall wäre das Experiment einer zeitgemäßen räumlichen Optimierung über Mikroarchitektur gescheitert. Obwohl Mikroarchitekturen aufgrund ihrer kompakten, gewichtsreduzierten räumlich-funktionalen Effizienz meist transportabel und damit eng mit dem Mobilitätsbegriff verbunden sind, muss bei der Formfindung immer auf den Kontext, auf die Wechselwirkung zwischen Objekt und Umgebung geachtet werden.

21

Vom Prototyp zur Serie

Prototypenentwicklung

Mikroarchitekturen eignen sich aufgrund ihrer überschaubaren Größe besonders dazu, komplexe Fragestellungen in baulicher Form zu überprüfen. Anhand von einfachen Modellen, aber auch von fertig entwickelten Prototypen, werden so architektonische Zusammenhänge nicht nur schrittweise getestet, sondern gleichzeitig auch visualisiert. Denkansätze mit Modellcharakter reichen von einzelnen Bauteilen für neue Materialanwendungen bis hin zu neuartigen Konstruktionen in Leichtbauweise. Anhand von »Mock-ups« können erste Größenverhältnisse wie auch innenräumliche Konfigurationen simuliert werden und in sogenannten Proof-of-Concept Prototypen auf Form- und Materialanwendung überprüft werden. Obwohl diese Methoden eine vergleichsweise kostengünstige Überprüfung des Entwurfsansatzes ermöglichen und darüber hinaus ein anschauliches Kommunikationswerkzeug zwischen Laien und Fachmann darstellen, ersetzten sie die Entwicklung eines Prototyps nicht, der notwendig wird, um die Alltagstauglichkeit zu testen.

Anhand von Prototypen werden räumliche Visionen in der Realität überprüft, wobei die Wechselwirkung aller Faktoren – von der Gebrauchseignung bis hin zu Berührungsqualitäten – die für die Akzeptanz des Projekts entscheidend sind, gleichzeitig auf dem Prüfstand stehen. Die kapitalintensive Herstellung von Prototypen kann sich als wirtschaftlich erweisen, wenn sich die Projekte im Weiteren für eine serielle Fertigung eignen, und darüber hinaus eine wesentliche Methode darstellen, über die sich ergebenden Optimierungen zu einer überzeugenden und langfristig nachhaltigen Architektur zu kommen.

Serielle Fertigung

Auf der Basis eines »Mock-up« entstand in Folge eines kontinuierlichen Anpassungs- und Optimierungsprozesses ein erster Prototyp des »micro compact home«, der nach dem Prinzip der produktorientierten Planung technische, ästhetische und auch wirtschaftliche Ziele durch den Sprung in die Kleinserie verbinden konnte.

Die passgenaue Vorfertigung der einzelnen Bauteile einerseits sowie die Einbeziehung aller freien Flächen für haustechnische oder elektrische Installation andererseits führten zu einer Vielzahl an multifunktionalen Elementen. Der komplexe Komprimierungsvorgang, technische, konstruktive und gestalterische Gebäudeelemente auf einer Kantenlänge von 2,60 m in Kombination mit der Reduzierung des Gewichts von nahezu 3 t auf 2,30 t zu organisieren, war die Voraussetzung für die unkomplizierte Transportierbarkeit des Objekts mittels Pkw im Rahmen der Straßenverkehrsordnung (Abb. 21). Erst diese Maßnahme ermöglicht die ressourcenschonende Versetzbarkeit und die maximale energetische Unabhängigkeit im Sinne der Entwurfsidee. Die effiziente funktionale Organisation im Inneren wird so durch die Flexibilität der kompletten Module verstärkt.

Während der erste Prototyp weitgehend handwerklich gefertigt wurde, kommt es nun bei der Herstellung in Serie nicht nur zu Verbesserungen im Inneren, sondern auch an der Gebäudehülle. Die Isolierung der Außenhaut wurde mit Vakuumpaneelen optimiert, sodass der Heizenergiebedarf von 100 % beim ersten gebauten Objekt schrittweise auf 91,5 % und schließlich auf 62,1 % dieses Werts abgesenkt werden kann.

Abschließende Gedanken

Mikroarchitekturen stellen eine Alternative gegenüber dem konventionellen Bauen dar, da sie nicht nur aufgrund ihrer schieren Kleinheit Ressourcen schonen und damit eine wirtschaftliche und ökologische Alternative gegenüber den konventionellen Bauten darstellen können, sondern indem sie demonstrieren, dass ein Verzicht auf Volumen nicht zwingend mit einem Verzicht auf Raumqualität verbunden sein muss. Obwohl nicht alle Ansätze einer Raumoptimierung überraschend neue Strategien darstellen, sondern mit heutigen Mitteln an die Erfahrungen früherer Generationen anknüpfen, ergeben sich durchaus eigenständige und innovative Raumlösungen. Darüber hinaus zeigen die hier aufgeführten neuen Analogien, beispielsweise zur Automobil-, Luft- und Raumfahrtindustrie, dass eine Einheit von gestalterischer, technischer und funktionaler Optimierung zu verbesserten, reduzierten, aber auch baulich ertüchtigten Komponenten führen kann, fern ab einer durch die Industrialisierung normierten oder gar eingeschränkten Nutzung.
Im Gegensatz zu ihren Vorgängern ist die Entstehung von Mikroarchitekturen heute von der Dringlichkeit nach ressourcenschonender und genügsamer Bauweise geprägt und ihr teils temporärer Charakter durch die zunehmende gesellschaftliche Mobilität auch positiv begründet.
Das mikroarchitektonische Experiment der Raumoptimierung trifft zeitgleich auf einen Trend der Neuentwicklung von technischen Produkten, die gerade aufgrund ihrer Kleinheit, Multifunktionalität und Mobilität mehr als nur eine hohe gesellschaftliche Zustimmung finden. So wird Mikroarchitektur nicht als Ausdruck des Verzichts, sondern vielmehr als Zugewinn an Lebensqualität, als Innovation verstanden. Das zentrale Anliegen, sich auf das Wesentliche zu konzentrieren, gewinnt in einer übersättigten Gesellschaft zunehmend an Akzeptanz. Mikroarchitekturen stellen sowohl einen notwendigen als auch zeitgemäßen Beitrag zur Architekturdiskussion dar. Im Sinne des vitruvianischen Ideals – funktional, konstruktiv und gestalterisch – bieten sie eine alternative Lösung für eine zukunftsfähige, nachhaltige und lebensnahe Architektur.

Anmerkungen:
1 Blaser, Werner (Hrsg.): Light tech. Basel/Berlin/Boston 1995, S. 19
2 Blaser, Werner: Mies van der Rohe – less is more. Zürich 1986, S. 12
3 Originalzitat: »Il semble que la perfection soit atteinte non quand il n'y a plus rien à ajouter, mais quand il n'y a plus rien à retrancher.« Saint-Exupéry, Antoine de: Terre des Hommes. Paris 1939, S. 60
4 Meyer, Erna: Der neue Haushalt. Ein Wegweiser zur wirtschaftlichen Hausführung. Stuttgart 1929
5 Hoff, Claudia Simone: Designline Küche, Online-Magazin für Produkt- und Interiordesign, 07.11.2007
6 Aicher, Otl: Die Küche zum Kochen: Werkstatt einer neuen Lebenskultur. München 1982
7 siehe DETAIL 11/2007, S. 1278ff.
8 siehe DETAIL 12/2004, S. 1470ff.
9 Nerdinger, Winfried (Hrsg.): Wendepunkt(e) im Bauen. Von der seriellen zur digitalen Architektur. München 2010, S. 168
10 Deplazes, Andrea (Hrsg.): Architektur Konstruieren. Vom Rohmaterial zum Bauwerk. Ein Handbuch. Basel/Berlin/Boston 2005, S. 112
11 siehe DETAIL 5/1998, S. 782ff.
12 Lehrstuhl für Gebäudelehre und Produktentwicklung Technische Universität München (Hrsg.): Richard Horden Architecture and Teaching. Basel/Berlin/Boston 1999, S. 110–113
13 siehe DETAIL 12/2004, S. 1459ff.
14 siehe DETAIL 12/2009, S. 1356ff.
15 Neologismus aus Dynamik und Maximum
16 McHale, John: R. Buckminster Fuller. Make of contemporary Architecture, London 1962, S. 15
17 Ludwig, Matthias: Mobile Architektur: Geschichte und Entwicklung transportabler und modularer Bauten. Stuttgart 1998, S. 71
18 Lichtenberg, Georg Christoph: Sudelbücher. Berlin 1984

22

21 Transport des »micro compact home«, München, 2005; Horden Cherry Lee Architects und Haack + Höpfner . Architekten
22, 23 »micro compact home«, München, 2005; Horden, Cherry, Lee Architects und Haack + Höpfner . Architekten

23

Pavillons – temporäre Prototypen

Peter Cachola Schmal, Philipp Sturm

Nachdem Rem Koolhaas in den vergangenen Jahren mehrere Flagshipstores für das Modelabel Prada entworfen hatte, beauftragte Miuccia Prada dessen Office for Metropolitan Architecture (OMA) auch mit dem Bau eines temporären Pavillons auf der Freifläche vor dem historischen Gyeonghui-Palast in Seoul. Daraufhin ließ Koolhaas im Frühjahr 2009 ein 20 m hohes weißes und 180 t schweres Ungetüm mit außergewöhnlicher Tetraederform und dem vielversprechenden Namen »Prada Transformer« mitten im historischen Zentrum der südkoreanischen Hauptstadt landen (Abb. 2). Das Tragwerk des eigenartig anmutenden Gebildes bestand aus Stahlrohren, eingehüllt in eine darüber gespannte transluzente weiße Membranhaut. Durch geschicktes Kippen und Wenden mittels Schwerlastkran konnte der Transformer auf seine vier verschiedenen Flächen gedreht werden. Jede Seite besaß eine individuelle Geometrie: Hexagon, Rechteck, Kreuz und Kreis korrespondierten jeweils mit einem spezifischen Nutzungstyp. So war das Sechseck für Modeausstellungen vorgesehen, das Kreuz für Kunstausstellungen, der Kreis für Sonderveranstaltungen und das Rechteck als Kino. Funktionalitäten verschoben sich gemeinsam mit der Architektur, und die Besucher wähnten sich dabei wie in einem futuristischen Bild von Maurits Cornelis Escher. Ein halbes Jahr nach Eröffnung verschwand das multifunktionale Kulturzentrum wieder.

Im selben Sommer diente Sverre Fehns nordischer Pavillon aus dem Jahr 1962 dem dänisch-norwegischen Künstlerduo Michael Elmgreen und Ingar Dragset als Ausstellungsfläche für ihr Projekt »The Collectors« während der 53. Kunstbiennale von Venedig. Die beiden Kuratoren verwandelten den nordischen sowie den daran angeschlossenen dänischen Pavillon in eine exzentrisch eingerichtete, weitläufige Wohnlandschaft (Abb. 1). Unter Fehns lichtdurchlässigen Betonlamellendach stellten Elmgreen und Dragset Werke ihrer Künstlerkollegen aus und beleuchteten das Leben sowie das Schaffen des fiktiven Bewohners, eines schwulen extravaganten Kunstsammlers, der währenddessen tot im Swimmingpool trieb. Der klassische Pavillon der Moderne bot so Raum für zeitgenössische Gegenwartskunst.

In Erinnerung an die 400-jährige Verbindung zwischen den Niederlanden und der Stadt New York entstand 2010 in Lower Manhattan mit finanzieller Unterstützung der niederländischen Regierung der »New Amsterdam Plein & Pavillon« von UNStudio (Abb. 9, 10). Der Platz, holländisch »Plein«, liegt am östlichen Rand des Battery Parks; hier soll Henry Hudson vor 400 Jahren Manhattan betreten haben. Der weißstrahlende biomorphe Pavillon dient einerseits als Informationszentrum und Restaurant, andererseits ist er gleichzeitig eine Kunst-, Licht- und Medieninstallation. Das Gebäude entspricht in seiner in vier Richtungen sich ausdehnenden skulpturalen Form einer Weiterentwicklung des von UNStudio auf der Architekturbiennale in Venedig 2008 gezeigten dreiseitig verschlungenen Prototypen »The Changing Room« (Abb. 11).

Definition

Vergängliche Modekollektionen, Installationen des überhitzten Kunstmarkts oder historisches Gedenken sind nur drei Beispiele, die in Pavillons ihr Zuhause finden. Diese vielfältigen Nutzungen verdeutlichen die Funktion von zeitgenössischen Pavillonbauten. Die typischerweise kleinen Gebäude stehen heute meist in einem kulturellen Kontext, sind Ausstellungs- und Veranstaltungsorte, manchmal nur speziell für ein Ereignis gebaut wie beispielsweise der deutsche Pavillon zur Weltausstellung in Barcelona 1929 von Ludwig Mies van der Rohe, der der Eröffnungszeremonie für den spanischen König Alfonso XIII. diente. Ein wesentliches Merkmal dieses Bautyps ist seine oftmals nur temporäre Beständigkeit, aus der sich für die Architektur viele interessante Möglichkeiten ergeben. Die Ableitung vom lateinischen Wort »papilio« – Zelt oder wörtlich Schmetterling – verweist auf die funktionale, räumliche und zeitliche Flexibilität solcher Bauten und gleichzeitig auf ihren Ursprung im Militärischen. Kein anderer Bautyp ermöglicht so grundsätzliche Aussagen auf kleiner Fläche und ist häufig nur von kurzer Beständigkeit, was für den Entwurf und die Ausführung von großem Vorteil ist.

2

3 

4 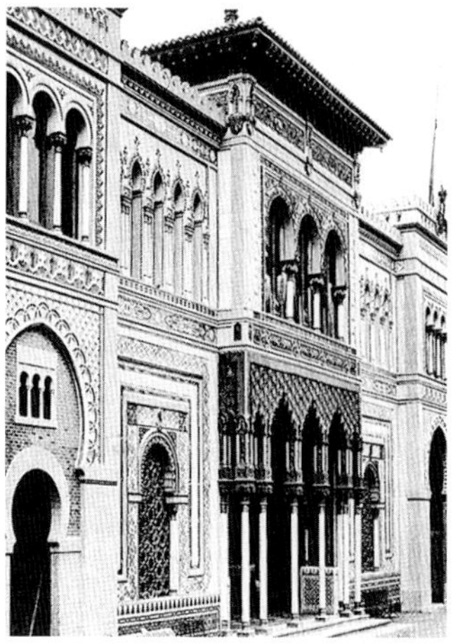

Heutige Pavillonarchitektur muss sich oftmals nicht als langfristig gebrauchsfähig beweisen und ist daher vor allem auch für Experimentarchitektur geeignet.

Das Thema Pavillon beschäftigt die Architektur auch im 21. Jahrhundert, was die Bauten und Entwürfe der jüngsten Vergangenheit eindrucksvoll zeigen, z. B. die »Serpentine Gallery Pavilions« sowie die studentischen »Summer Pavilions« der Architectural Association in London. Weitere Beispiele sind die »Burnham Pavillons« in Chicago, die von UNStudio und Zaha Hadid gestaltet wurden. 2009 entstand der aufblasbare »Air Forest« in Denver von Mass Studies. In Planung befindet sich der »21 Mini Opera Space« von Coop Himmelb(l)au für München, und bisher noch nicht gebaut ist der Pavillon des Deutschen Architekturmuseums von Barkow Leibinger Architekten in Frankfurt. All das sind Beispiele, die in einem kulturellen, künstlerischen Kontext stehen und oft schwierigen Budgetierungen unterliegen. Dabei geben bzw. fordern sie Raum und Möglichkeiten zum Experimentieren.

Auf der bisher wohl größten Weltausstellung der Geschichte in Shanghai im Sommer 2010 sind eng gesteckte Kostenrahmen kein Problem, zumindest kein Hindernis für Bauherren und Architekten. Auf beiden Seiten des Flusses Huangpu werden nationale und themenbezogene Pavillons mit millionenschweren Budgets errichtet, als hätte es nie eine Finanzkrise gegeben. Das wirtschaftlich potente und kapitale China lädt die Welt ein, sich zu präsentieren. Nationenpavillons werden auf einer Fläche von 47 000 m^2 im XXL-Format aneinandergereiht. Allein der Gastgeberpavillon ist 63 m hoch und überragt alle anderen Bauten. Auf der anderen Seite aber wird in Shanghai das Thema Pavillon wie auch auf vorangehenden Weltausstellungen von einigen der beteiligten Architekten zum Experiment und damit zur Reflexion überlieferter Architekturkonzepte genutzt. Eine ebenso ungewöhnliche wie spektakuläre Interpretation der Gebäudehülle etwa zeigt Thomas Heatherwick bei seinem an einen Igel erinnernden britischen Pavillon, bei dem sich 60 000 transparente Stäbe aus Acrylglas im Wind wiegen und das Tageslicht ins Innere leiten. Cho Minsuk von Mass Studies dagegen experimentiert mit Form und Raum indem er für Koreas Pavillon 20 Buchstaben des koreanischen Alphabets in ein dreigeschossiges multikoloriertes Gebilde verwandelt.

Vom Lustgarten zur Weltausstellung

Der Pavillon ist kein Phänomen, das erst auf den großen Weltausstellungen der letzten 160 Jahre auftauchte. Bereits

5 

 6

aus der Antike wird im Alexanderroman über das Leben Alexanders des Großen (356–323 v. Chr.) von einem mobilen steinernen Pavillon berichtet, mit dem sich die äthiopische Königin Kandake zu den Kriegsschauplätzen ihrer Armeen bringen ließ. In Europa ist also die Existenz dieses Bautyps seit langem bekannt. Aber erst durch Forschungsreisen und koloniale Eroberungen im 17. Jahrhundert entdeckten die Europäer vermehrt ihr Interesse an den flüchtigen Bauwerken der neu erforschten Kulturkreise wie dem Vorderen Orient, Indien, Siam, China und Japan. Als Ort für Vergnügungen oder sakrale Riten fand der Pavillon seinen Weg in die Garten- und Parklandschaften des europäischen Adels. Der englische Diplomat und Schriftsteller Sir William Temple beschreibt schon 1685 in seinem Essay »Upon the Gardens of Epicurus« detailliert die Parkanlagen Chinas.[1] Unter dieser »Anleitung« entstehen in England in den darauffolgenden Jahren Gärten mit geschwungenen Wegen, Lichtungen, Rondells, Statuen und Pavillons in deren Mitte. So fließen chinesische Gestaltungsprinzipien und auch -philosophien in die europäischen Gartenanlagen ein, und die neuartigen Bauwerke werden nach asiatischem Vorbild zu Orten der Kontemplation, Meditation und Stille. Der englische Hofarchitekt William Chambers, der mit der Schwedischen Ostindien-Kompanie mehrere Male Indien und China bereiste, gibt 1757 das Musterbuch »Designs of Chinese Buildings, Furniture, Dresses, Machines, and Utensils« heraus, in dem er authentische Bildvorlagen chinesischer Baukunst zeigt.[2] Der anglo-chinoise Garten konnte durch Chambers erstmals in den Kew Gardens verwirklicht werden. Zwischen 1757 und 1762 errichtete er mehrere Gebäude in der Parkanlage, darunter eine Moschee, eine Menagerie und eine Brücke. Noch heute zu finden sind die Orangerie, eine zehn-stöckige Pagode, der Tempel von Bellona und der Tempel von Aeolus. Chambers Ziel war es, ein illusionistisches Paradies zu schaffen, in dem jeder Weltteil mit einem charakteristischen Bauwerk vertreten ist. Bis ins 18. Jahrhundert dienten Parkanlagen und Pavillons dem europäischen Adel vor allem als Lustgarten und Rückzugsort, an dem man den Konventionen und Zwängen der Adelsgesellschaft entkommen konnte.[3] So entstanden neben den Kew Gardens in London auch zusammen mit weiteren Lustschlössern die Amalienburg im Schlossgarten Nymphenburg in München und der Petit Trianon in Versailler Schlosspark. Waren die europäischen Rokoko-Pavillons anfangs noch ganz im Sinne eines temporären Schutzes und einer offenen Raumgestaltung errichtet, wandelte sich ihre Bauweise und Funktion hin zu geschlosseneren Bauwerken und Miniaturschlössern. Die Entdeckungsreisen regten in der Folgezeit zu exotischen und nationalistischen Fantasiearchitekturen an. Beispiel für diesen Übergang ist der aus einer Aneinanderreihung von orientalisch anmutenden Zeltdächern und Kuppeln bestehende »Royal Pavilion« in Brighton, der von 1813 bis 1823 von John Nash für den damaligen Prince of Wales, George IV, errichtet wurde. In ihrer Gesamtheit sind die japanisch und chinesisch inspirierten Bauwerke, die osmanischen Zelte und maurischen Miniaturpaläste die Vorläufer der Länderpavillons der Weltausstellungen des 19. Jahrhunderts.

Mit der Kolonialisierung Afrikas und Asiens sowie parallel zur Industrialisierung in Europa etablierten sich Mitte des 19. Jahrhunderts die Weltausstellungen als technische und kunsthandwerkliche internationale Leistungsschauen. Während der ersten Weltausstellung 1851 im Londoner Hyde Park waren die Nationalstaaten noch auf einzelne Ausstellungsstände innerhalb von Joseph Paxtons Crystal Palace beschränkt (Abb. 3). Mit der nächsten Schau 1867 in Paris ließ sich der Platzbedarf der teilnehmenden Staaten jedoch nicht mehr decken. Deshalb errichteten die vertretenen Länder rund um den zentralen Ausstellungspalast temporäre Bauten nach eigenen Entwürfen. Auf dem Pariser Marsfeld konnten die Besucher sämtliche Produkte einer Nation oder einer Gattung in einem Durchgang besichtigen. Nationale Identität drückte sich nun nicht mehr nur in Industrie- und Kunsthandwerk aus, sondern auch durch Architektur und deren Konstruktion. Nachdem die Länderpavillons anfangs noch frei in grüner Umgebung standen, wurden sie zur Pariser Weltausstellung 1878 zum ersten Mal in Form von Straßenfassaden angeordnet (Abb. 4). Die »Rue des Nations« griff die urbanen Strukturen der europäischen Stadt nach Georges-Eugène Baron Haussmann auf. Viele Länder

1 Nordischer Pavillon auf der Biennale in Venedig, 1962; Sverre Fehn
Installation »The Collectors« von Michael Elmgreen und Ingar Dragset auf der Biennale in Venedig, 2009
2 »Prada Transformer«, Seoul, 2009; OMA
3 »Crystal Palace« in London, 1851; Joseph Paxton
Ausstellungsgebäude für die erste Weltausstellung, Fotografie um 1900
4 »Rue des Nations«, Weltausstellung in Paris, 1878
5 »Pavillon de l'esprit nouveau« auf der »Exposition Internationale des Arts Décoratifs et Industriels Modernes« in Paris, 1925; Le Corbusier und Pierre Jeanneret
6 Sowjetischer Pavillon auf der »Exposition Internationale des Arts Décoratifs et Industriels Modernes« in Paris, 1925; Konstantin Melnikow
7 Japanischer Pavillon auf der EXPO in Hannover, 2000; Shigeru Ban Architects
8 Deutsch-Chinesisches Haus auf der EXPO in Shanghai, 2010; Markus Heinsdorff; im Hintergrund der russische Pavillon von Boris Krasnov

7

8

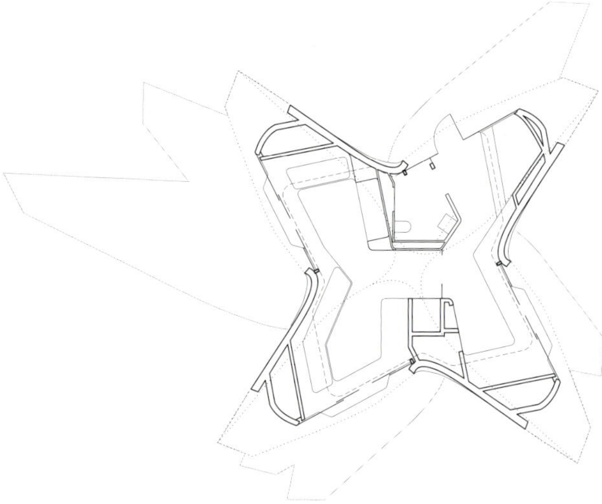

9

demonstrierten mit ihren Bauten nicht nur ihren nationalen Stil, sondern boten den damals führenden Künstlern und Architekten Raum für deren Arbeit. Der in Paris lebende Alfred Vaudoyer entwarf Ländervertretungen in entsprechenden nationalen Stilen für Luxemburg, Uruguay, Peru und andere Länder. Neben der Darstellung von nationaler Identität thematisierte die Weltausstellungsarchitektur mit Beginn des 20. Jahrhunderts auch die Interdisziplinarität der Künste und Wissenschaften. Der junge Architekt Henri Sauvage hatte mit seinem experimentellen Theater-Pavillon für die amerikanische Tänzerin Loïe Fuller auf der Weltausstellung in Paris 1900 einen fast ebenso spektakulären Auftritt wie die Tänzerin selbst. Die noch junge Filmkunst und Fullers Tanz inspirierten Sauvage zu einer Architektur, die scheinbar selbst in Bewegung gerät. Die Fassaden dieses Pavillons weckten Assoziationen zu Fullers fließenden Kleidern oder auch zu einem Bühnenvorhang.[4]

Eine Generation später setzte Konstantin Melnikow die utopischen Entwürfe der russischen Avantgarde in Ausstellungsarchitektur um. Sein sowjetischer Pavillon schmückte mit einer modern offenen und transparenten Bauweise im Sinne von El Lissitzkys »transformablen Räumen« die »Exposition Internationale des Arts Décoratifs et Industriels Modernes« in Paris 1925. Er demonstrierte die Errungenschaften der russischen Zeitenwende, bevor Stalin wenige Jahre später die konstruktivistische Experimentalarchitektur gegen monumentale Entwürfe eintauscht (Abb. 6). Ebenfalls in Paris zeigte Le Corbusier im »Pavillon de l'esprit nouveau« eine zweigeschossige Modellwohneinheit, die als Grundbaustein in seinen späteren Wohnmaschinen immer wieder auftaucht (Abb. 5). Außerdem stellte er im angeschlossenen Ausstellungsbereich mit dem »Plan Voisin« seine städtebaulichen Visionen für Paris vor. Sowohl Melnikows konstuktivistisch gebaute Utopie als auch Le Corbusiers zweigeschossige Villa aus Stahl und Beton boten dem Publikum avantgardistische moderne Bauten auf einer sonst dem Art Déco verpflichteten Schau.[5]

10

11

Der wichtigste Pavillon des 20. Jahrhunderts und eine Ikone der modernen Architektur ist Ludwig Mies van der Rohes Pavillon des Deutschen Reiches für die Weltausstellung 1929, bekannt als Barcelona-Pavillon. Mies spielte bei seinem paradigmatischen Meisterwerk nicht nur mit einer ganzen Reihe von edlen Materialien – Sockel aus Travertin, Zwischenwände aus schwarzem Marmor, grünem Onyx und Glas, dunkelrote Samtvorhänge, Stützen aus poliertem Stahl und Chrom – sondern auch mit den horizontalen und vertikalen Reflexionen des Himmels und der Besucher, die sich in den beiden Wasserbecken und den dunklen Glaswänden spiegeln. Der Barcelona-Pavillon ist zum Symbol einer neuen Architektur der Abstraktion geworden, bei der sich Tragwerk und Raum unabhängig voneinander entwickeln. Wandflächen, Fußboden und die »schwebende« Dachscheibe begrenzen den Raum nicht, sondern schaffen fließende Übergäng zwischen innen und außen. Jahrzehnte nach seinem Abbau zeigte der Pavillon erst seine ungeheure Nachwirkung in der Architekturgeschichte, sodass die Stadt Barcelona in den 1980er-Jahren beschloss, diese symbolische Ikone der Freiheit (vor der Franco-Diktatur) zu rekonstruieren.

Temporäre Pavillons für Weltausstellungen gehören nach wie vor zu den bedeutendsten experimentellen Entwürfen und

Bauten des 20. Jahrhunderts. Neben den bereits aufgezählten, ist an Alvar Aaltos finnischen Pavillon für die Weltausstellung in New York 1939, an Sep Ruf und Egon Eiermanns deutschen Pavillon sowie Le Corbusiers Philips-Pavillon für die Weltausstellung in Brüssel 1958 zu erinnern. Von Bedeutung sind Buckminster Fullers US-Pavillon und Frei Ottos deutscher Pavillon für die Expo 1967 in Montreal als auch die metabolistischen Fantasien von Kenzo Tange und Kisho Kurokawa für die Expo 1970 in Osaka. Richtungsweisend sind weiterhin MVRDVs niederländischer Pavillon, Peter Zumthors schweizer Pavillon sowie Shigeru Bans japanischer Pavillon für die Weltausstellung in Hannover 2000 (Abb. 7).

Prototypen für Architekturen und Raumkonzepte
Der Charakter des Temporären ist ein wichtiger Vorteil des Pavillons. Es ergeben sich Möglichkeiten, aktuelle Ideen und neue räumliche Theorien schnell in der architektonischen Praxis auszuprobieren. Die Bauten sind keine reinen Nutzobjekte, sondern stellen vielmehr Erlebniswelten dar. Die geringe Größe lässt es zu, mit den Proportionen in Bezug zum menschlichen Körper zu spielen und zu experimentieren. Räumliche und körperliche Eigenschaften können erforscht werden. Ein Beispiel hierfür ist der Philips-Pavillon für die Weltausstellung 1958 in Brüssel. Le Corbusier errichtete gemeinsam mit Iannis Xenakis im Auftrag der Firma Philips ein multimediales Gesamtkunstwerk aus Musik und Architektur. Auf der Grundlage von neun hyperbolischen Paraboloiden entstand eine freitragende Dachkonstruktion aus vorgespanntem Stahlbeton. Im Inneren wurden keine Ausstellungsstücke gezeigt, sondern die Besucher erlebten eine Installation aus den sphärischen Klängen von Edgard Varèses »Poème électronique«, die über Hunderte von Lautsprechern in den Raum getragen wurden. Die Klänge verbanden sich mit filmischen Projektionen von den stadtplanerischen Entwürfen Le Corbusiers bis hin zu Bildern von Hiroshima. Der Pavillon, einer der ersten multimedialen Installationen, generierte ein neues Raumgefühl und erforschte dabei zugleich Körper und die Reaktionen des Menschen nicht nur in der medialen Umgebung, sondern auch im Bezug zum Grundriss des Baus. Wieweit kann der Raum die Bewegungen der Menschen bestimmen?

Heute nutzen Architekten wie UNStudio und Barkow Leibinger Pavillons als Anlass für formale Experimente. Ben van Berkel sieht Pavillons als richtungweisendes Sprungbrett oder als eine Art Maschine zur Entwicklung von Ideen und Lösungen, die später in komplexeren Gebäuden weiterentwickelt werden können.[6] Neue Elemente werden erst in temporärer Architektur ausprobiert, um sie später als Konzept für beständige Architektur zu nutzen. So arbeitete beispielsweise UNStudio mit seinem Pavillon »The Changing Room« an konzeptionellen Raumideen, die ein Jahr vorher bei dem amerikanischen Hausprojekt ViLLA NM noch nicht realisiert werden konnten. Ben van Berkel experimentiert wie Le Corbusier mit den Proportionen des Menschen und seinem Verhältnis zum Raum. In neutralem Weiß windet sich das

12

13

9, 10 »New Amsterdam Plein & Pavillon«, New York, 2010; UNStudio Grundriss und Baustellenbild
11 »The Changing Room« auf der Biennale in Venedig, 2008; UNStudio
12 »Serpentine Gallery Pavilion«, London, 2002; Toyo Ito & Associates mit Arup
13 Tod's Omotesando Building, Tokio, 2004; Toyo Ito & Associates mit Arup

Objekt »Changing Room« wie eine Schleife zwischen den historischen Säulen einer ehemaligen Schiffswerft. Linien verwandeln sich in Flächen und werden schließlich Raum, der Boden geht kontinuierlich in Wand und Decke über. Im Inneren erzeugten Projektionen auf den bogenförmigen Kurvenbahnen neben dem physischen Raum einen weiteren kontemplativen Raum. So versuchte Berkel dem Besucher zu vermitteln, dass Größen erweiterbar und komprimierbar sind (Abb. 11). Was 2008 noch wettergeschützt innerhalb einer Halle temporär funktionierte, steht heute weiterentwickelt für immer dem Wetter ausgesetzt als »New Amsterdam Plein & Pavilion« im New Yorker Hafen (Abb. 10).[7]

Auch andere Architekten nutzten in der Vergangenheit Pavillonbauten als Prototypen für Material- und Konstruktionsforschung. Beispielsweise findet man Santiago Calatravas kühne Dachstrukturen seines kuwaitischen Pavillons auf der Weltausstellung in Sevilla 1992 auch später bei seinen Hochgeschwindigkeitsbahnhöfen in Lyon und Liège wieder. Für den Baustoff Glas sind Bruno Tauts Glaspavillon und der Barcelona-Pavillon von Ludwig Mies van der Rohe Meilensteine der Entwicklung. Aber auch die Glass Video Gallery in Groningen von Bernard Tschumi stellt einen solchen Prototyp für Architektur und Glasindustrie dar. Dieser transparente Pavillon ist das erste vollkommen selbstständig tragende Glashaus. Die Stützen bestehen ausschließlich aus Glasscheiben, die von Klammern zusammengehalten werden.

Jedes Jahr im Sommer kommt für wenige Wochen zu den vielen Sehenswürdigkeiten Londons eine weitere hinzu: Architekten, die noch nie in Großbritannien gebaut haben, werden von der Serpentine Gallery eingeladen, den »Serpentine Gallery Pavilion« zu entwerfen. Dank der temporären Natur dieser Gebäude sind sie kaum an Bauauflagen gebunden und können ihre Visionen, nur vom Finanz- und Zeitrahmen gebremst, in die Realität umsetzen. Die Reihe begann bereits 2000 und wurde nach einer Pause im Jahre 2004 bis heute fortgesetzt. Manche dieser viel beachteten Bauten sind weiterentwickelt worden, so Toyo Itos Konstruktion, die erstmals eine neue nicht-orthogonale Geometrie im Stahltragwerk mit über die Kanten hinausreichenden Kraftlinien präsentierte – eine Geometrie, die unendlich viele Nachbildungen erfahren sollte (Abb. 12). Ito selbst wendete das Prinzip drei Jahre später bei dem Tod's Building und dem Mikimoto Building an. Beide Gebäude befinden sich an der angesagten Modemeile Ometesando Street in Tokio und fallen durch ihre eigenwillige Geometrie aus netzartigen Linien und Flächen auf (Abb. 13).

In jüngster Vergangenheit überzeugte eine richtungsweisende Studentenarbeit im Pavillonbau. Im Rahmen der »European Student Competition on Sustainable Architecture« entwarfen Andreas Claus Schnetzer und Gregor Pils, beide Studenten der Technischen Universität Wien, das Palettenhaus. Ihr Bauwerk aus ca. 800 gebrauchten Transportpaletten ging als Sieger aus dem Wettbewerb hervor und wurde bei der Architekturbiennale 2008 direkt an der Laguna di Venezia gezeigt. Der simple Bauvorschlag nimmt die aktuellen ökologischen und ökonomischen Herausforderungen an und ist nahezu überall einsetzbar. Das kostengünstige Recyclingprodukt Palette dient als primäres Bauelement des Hauses und wird für Fassaden-, Decken- und Wandkonstruktion eingesetzt. Dämmung und Installationen befinden sich zwischen den einzelnen Brettlagen. Durch die Flexibilität der vergleichsweise kleinen Module ist das Konzept in hohem Maße anpassungsfähig: Die Box kann bei Bedarf vergrößert, verkleinert oder auch komplett versetzt werden. Das Palettenhaus könnte z. B. als Wochenendhaus dienen, als Low-Budget-Haus für Entwicklungsländer oder als temporäre Behausung in Katastrophengebieten. Die einfache Handhabung und die schnelle Verfügbarkeit der Holzpaletten erweisen sich dabei als hilfreich. Der niedrige Energie- und Materialbedarf machen das Konzept der Wiener Studenten daher wirtschaftlich sinnvoll. Sowohl bei den Venedig-Besuchern als auch in Wien oder in den Townships von Johannesburg fand das Palettenhaus seine Anhänger (Abb. 14).

14

15

Der DAM-Pavillon

Anlässlich des 25. Jubiläums des Deutschen Architekturmuseums (DAM) im Sommer 2009 plante die Museumsleitung einen temporären Pavillon im Park des nicht weit entfernten Museums für Angewandte Kunst zu errichten – im Dreiklang mit Richard Meiers frisch renovierten Kuben und dem ephemeren pneumatischen Teehaus von Kengo Kuma (siehe S. 122ff.). Der Raum ist mit dem ca. 100 Plätze fassenden Auditorium für kulturelle Veranstaltungen konzipiert und beherbergt tagsüber ein Café mit Terrasse (Abb. 18). Der Entwurf der Berliner Architekten Barkow Leibinger und des Stuttgarter Ingenieurbüros Werner Sobek sieht ein leichtes Gebilde aus gebogenen Stahlrohren mit transluzenter Hülle vor. Nach dem wirtschaftlichem Modell der Londoner »Serpentine Gallery Pavilions« sollte der DAM-Pavillon komplett durch Sponsoring finanziert werden. Die Finanzkrise im Herbst 2008 beendete das Projekt jedoch abrupt und es wurde im Sommer 2009 lediglich in Form einer Ausstellung dokumentiert.

Die Architekten Frank Barkow und Regine Leibinger verstehen Pavillonarchitektur folgendermaßen: »Ein Pavillon ist weder ein Gebäude noch ein reines Experiment. Er befindet sich in der Schwebe zwischen dem Spekulativen und dem Pragmatischen. Für uns ist er ein interessantes Vehikel (ein Prototyp oder Muster), um die Grenzen und Möglichkeiten spekulativen Arbeitens auszuloten. Er gibt Themen, die unterschwellig vorhanden, aber unvollständig sind, eine Perspektive. Für uns ist der Pavillon ein Maßstab und Filter, um den Wert unserer Forschungen zu legitimieren und zu verstehen.«[8] Das Entwerfen und Errichten von Pavillons bietet jedoch nicht nur große Chancen, sondern ist gleichzeitig eine anspruchsvolle Herausforderung für nachhaltige Architektur. Die Forderung nach Minimierung der eingesetzten Materialien und nach vollständigem Recycling der verwendeten Baustoffe im Anschluss an den Abbau ist eine der wesentlichen Bedingungen für Entwurf und Konstruktion des DAM-Pavillons.

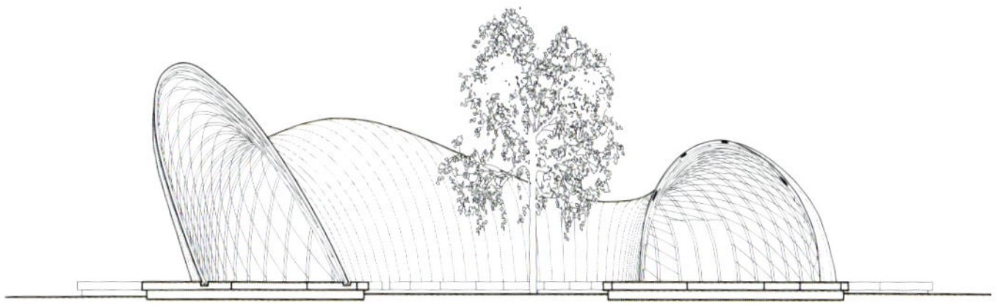

16

Die vorgesehenen Bereiche Café und Auditorium finden Platz in einem Ring aus einzelnen Bögen, gruppiert um einen kleinen Innenhof mit eingeschlossenem Baum (Abb. 16, 17). Neue digitale Technologien ermöglichen ein individuelles Biegen der standardisierten Stahlrohre in multiplen Radien, sodass ein maßgeschneiderter Baukörper aus einem Netz von speziell geformten Stahlrohren entsteht. Für die Eindeckung der Skelettstruktur sind Polycarbonatschindeln vorgesehen, die mit Klettband auf Laschen montiert werden. Um die Sonneneinstrahlung und den Gewächshauseffekt zu begrenzen, integriert man auf den entsprechend belasteten Dachbereichen Photovoltaikmodule und bedruckt einzelne Schindeln opak. Großzügige Öffnungen sorgen für eine gleichmäßige Entlüftung.
In der DAM-Ausstellung konnte man einen mehrere Meter langen Abschnitt von einigen Stahlbögen mit Schindeldeckung im Maßstab 1:1 erleben und sich die Gesamtgestalt räumlich vorstellen. Dieser Mock-up machte allen Beteiligten deutlich Lust auf mehr.

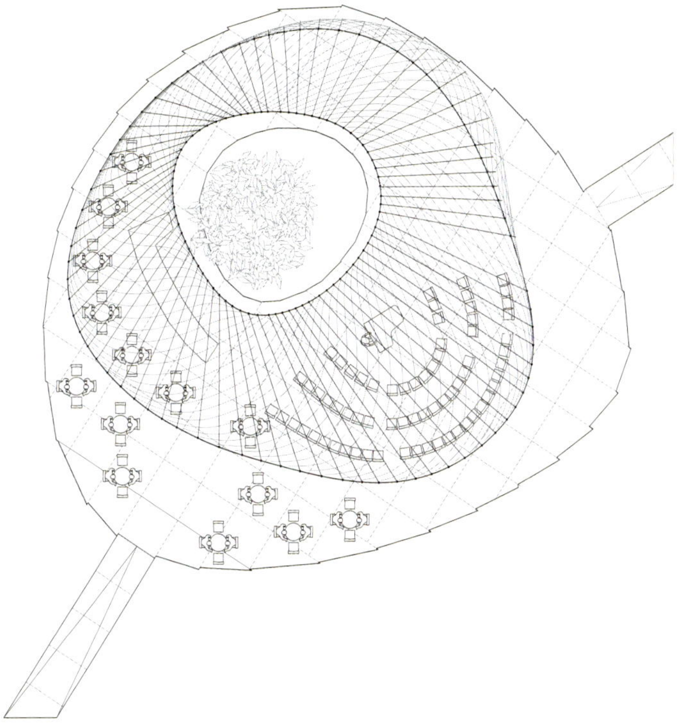

17

Anmerkungen:
1 Sieveking, Albert Forbes: Sir William Temple Upon the Gardens of Epicurus: With other seventeenth century garden essays. Newcastle upon Tyne 2008
2 Chambers, William: Designs of Chinese Buildings, Furniture, Dresses, machines and Utensils. New York 1980
3 Bußmann, Kerstin: Der Pavillon. Eine Geschichte der beständigen Vergänglichkeit. In: Der Pavillon. Lust und Polemik in der Architektur. Frankfurt am Main 2009, S. 36
4 Bergdoll, Barry: Der Pavillon und die erweiterten Möglichkeiten von Architektur. In: Der Pavillon [3], S. 17ff.
5 ebd., S. 23
6 van Berkel, Ben: Pavillons. Ein Interview von Karen Murphy. In: Der Pavillon [3], S. 81f.
7 ebd.
8 Barkow, Frank; Leibinger, Regine: Zwischen dem Spekulativen und dem Pragmatischen. In: Der Pavillon [3], S. 171

18

14 Palettenhaus, Venedig, 2009;
Entwurf: Andreas Claus Schnetzler, Gregor Pils
Betreuer: Karin Stieldorf, Pekka Janhunen, Technische Universität Wien
15 »Swoosh« – Sommerpavillon in London der Architectural Association
Entwurf: Valeria Garcia Abarca, AA London (Konzept)
Betreuer: Charles Walker, Martin Self, AA London
16–18 DAM Pavillon, Frankfurt am Main, 2009; Barkow Leibinger Architekten
Schnitt, Grundriss und Rendering

Baumhaus – Traumhaus

Andreas Wenning

Baumhäuser haben eine lange Tradition. Unsere Vorfahren bauten schon vor vielen Tausend Jahren Behausungen in Bäumen. Die Höhe und die Verborgenheit zwischen den Ästen und Blättern boten Schutz vor gefährlichen Tieren und Feinden. Somit hatte das Leben in und mit den Bäumen eine existenzielle Bedeutung. Bei einigen Naturvölkern ist dies auch noch heute der Fall (Abb. 1). Später entdeckte der Mensch das Baumhaus auch für Vergnügungs- und Freizeitzwecke. Vom lebenswichtigen Ort entwickelte sich das Haus in den Wipfeln zum Luxusgut und zum Synonym für Abenteuer, Romantik und Freiheit. Es wurde zum Spielort und zur attraktiven Bauaufgabe für Kinder und Erwachsene.
Die Zerstörung der natürlichen Lebensräume machen Baumhäuser in unserer Zeit auch zu Orten des Protests. Umweltschützer und Aktivisten nutzen sie um für den Erhalt von Wäldern und einzelner Bäume zu demonstrieren. In Kunst, Literatur und Film wurde das Baumhaus zur Kulisse für märchenhafte bis hin zu futuristischen Szenerien.

Was aber ist ein Baumhaus? Zu der Frage gibt es unterschiedliche Auffassungen. Für manche Menschen muss ein Baumhaus vollständig im Baum verankert sein, und es dürfen keine Stützen als Verbindung mit dem Erdboden existieren. Dieser strengen Definition muss man nicht unbedingt folgen. Sicherlich sind Baumhäuser Gebäude oder Konstruktionen, die sich räumlich oder gestalterisch in einem engen Dialog mit Bäumen befinden, der Erdoberfläche entrückt sind und niemals direkt auf dem Boden stehen. Das Haus umschließt unter Umständen einen Teil des Baums oder reagiert mit der gebauten Struktur auf seinen Wuchs. Stützen können dabei Schwächen oder eine geringe Größe des Baums kompensieren. Der sinnliche Wunsch, zwischen Bäumen zu sein, die Aussicht zu genießen und ein besonderes Naturerlebnis zu erfahren, ist stets die entscheidende Motivation.

Das Baumhaus als Bauaufgabe

Obwohl Baumhäuser auch zu Gebäuden zählen, werden diese meist kleinen Räume in den Bäumen nur selten von Architekten geplant und realisiert. Dies mag an dem eher geringen Umfang einer solchen Planungsaufgabe und damit verknüpften Honoraraussichten liegen. Die Besonderheit, dass man es bei der Planung mit einem lebenden Fundament zu tun hat, stellt für einen Architekten keine alltägliche Aufgabe dar. Baumhäusern haftet das Image eines »Spielorts« an, der sich mit der von Architekten geprägten Dialektik und den Planungsabläufen schwer in Einklang bringen lässt. Dass die Nachfrage nach professionell geplanten Baumhäusern in der Vergangenheit eher begrenzt war, liegt vielleicht ebenso an der landläufigen Auffassung, dass diese Bauaufgabe ausschließlich in Selbstbauweise bewältigt werden sollte.

In der Regel assoziiert man mit Baumhäusern eine eher traditionelle Formensprache, die sich in kleinen Hütten mit Satteldach und Sprossenfenstern ausdrückt. Es kommt jedoch einer kleinen Neuentdeckung gleich, dass sie ebenso in einer zeitgenössischen Gestaltung mit moderner Ausstattung umgesetzt sein können. Immer häufiger beschäftigen sich Studenten mit der Gestaltungsaufgabe »Baumhaus«. In seltenen Fällen auch von Planern in moderner Form bis zur Realisation gebracht, öffnet sich damit ein neues Themenfeld in der Architektur.
Die Besonderheit beim Planen und Errichten eines Baumhauses liegt in der Auseinandersetzung mit den Bäumen. Hinzu kommen die Wahrnehmung des Naturraums und die sehr privaten Wünsche der Bauherren. Es gilt, einen Raum zu schaffen, in dem sie sich besonders wohl fühlen, in dem sie Behaglichkeit, Abenteuer, eine besondere Art der Privatheit und vor allem die Nähe zur Natur finden können. Dieser Raum kann – oder muss – vielleicht sehr klein sein, um das Bedürfnis der Nutzer nach Rückzug zu erfüllen. Die Gestaltung des Mikroraums im Baum kann stark variieren. Einfach oder auch luxuriös ausgestattet kann er sich an die natürliche Umgebung anpassen oder kontrastvoll ein inspirierendes Spannungsverhältnis mit ihr eingehen.
Das Zusammenspiel von gebauter Struktur mit einem Lebewesen ist besonders wichtig. Die Bäume dürfen nicht überlastet werden, benötigen ausreichend Freiraum, um sich im Wind zu bewegen und ihr Wachstum ungehindert fortsetzen zu können.

Die ersten Schritte der Planung – das Baurecht

Baumhäuser, die professionell gefertigt sind oder eine gewisse Größe überschreiten, werden rechtlich als bauliche Anlagen definiert und fallen unter das Baurecht. Ob ein Bauantrag für das Baumhaus notwendig ist und welches Genehmigungsverfahren zutrifft, bestimmen die unterschiedlichen Gesetzgebungen der Länder und die Auslegungsmöglichkeiten der Behörden mit einer Bandbreite baurechtlicher Einstufungen. Kleine Kinderbaumhäuser sind in der Regel baurechtlich kaum relevant und erfordern oft keine explizite Bau-

1 Baumhaus der Korowai in Neuguinea

genehmigung. In einigen deutschen Landesbauordnungen ist z. B. die Grenze von 30 m^3 Bruttorauminhalt für ein genehmigungsfreies Bauvorhaben festgesetzt. Diese Grenze kann ein Baumhaus schnell überschreiten, da das Raumvolumen unter dem Baumhaus und der Terrasse ebenfalls in die Berechnung einfließt. Auch nachbarschaftliche Belange können aufgrund von Grenzabständen selbst den Bau eines kleinen Spielorts vereiteln.

Die Baumbeurteilung
Der vitale und sichere Zustand eines Baums ist Voraussetzung für den Bau eines Baumhauses. Der gesunde Baum wird nicht so schnell überbelastet und kann gleichzeitig das »Bau(m)-Werk« sicher und für lange Zeit beherbergen.
Der ausgewählte Baum muss daher überprüft werden. Ein vital erscheinender Baum bietet nicht automatisch auch Sicherheit; gleichzeitig kann ein Baum mit Versorgungsschwierigkeiten stabil genug für ein Baumhaus sein. Die Hauptwachstumsphase sollte abgeschlossen sein. Nach statischen Gesichtspunkten kann man von einem ausgewachsenen Baum sprechen, wenn er ungefähr zwei Drittel seiner möglichen Größe erreicht hat. Eichen oder Buchen z. B. können 25 bis 30 m hoch werden. Das bedeutet, dass sie bei einer Größe von 15 bis 18 m eine ausreichende Grundfestigkeit besitzen, um als Tragbaum für ein Baumhaus infrage zu kommen.
Auch ein Laie ist prinzipiell in der Lage, einen intakten Baum von einem zu unterscheiden, der Schaden genommen hat, was für eine erste Einschätzung genügt. Unterversorgte oder abgestorbene Kronenteile geben beispielsweise Hinweis auf Pilzbefall mit zerstörerischer Aktivität, der Leitungsbahnen zwischen Wurzel und Krone unterbrechen kann.
Für die folgende fachmännische Baumkontrolle gibt es ausgebildete Baumpfleger sowie Baumsachverständige, die solche Auffälligkeiten einschätzen können.

Konstruktion und Materialauswahl
Holz ist der vorrangige und gebräuchlichste Werkstoff beim Bau eines Baumhauses. Insbesondere die europäische Lärche, Douglasie oder Eiche eignen sich mit ihren guten Eigenschaften wie Witterungsbeständigkeit und Farbgebung als Grundbaustoffe. Wegen ihrer hohen Widerstandsfähigkeit sind Tropenhölzer den einheimischen Hölzern oft überlegen, jedoch sollte man auf eine ökologische Verträglichkeit bei der Wahl der Materialien achten.
Der Einsatz von Metallen, Textilien und Kunststoffen bietet sich aufgrund ihrer statischen Eigenschaften wie auch ihres Gewichts ebenfalls an. Sie erlauben Leichtbaukonstruktionen, die gerade für ein Baumhaus sehr vorteilhaft sind. Für die Verwendung von Holz sprechen jedoch oft ökonomische Erwägungen, die natürliche Anmutung und das Alterungsverhalten, welches subjektiv mit den Bäumen harmoniert.
Die Fassade des Baumhauses kann, je nach Anspruch und statischen Möglichkeiten, einschichtig oder auch mehrschichtig mit Dämmung ausgeführt werden.
Die Montage einer Konstruktion im Baum ist nicht zuletzt wegen der größeren Höhe anspruchsvoller als eine Installation auf dem Erdboden. Daher ist es ratsam, viele Bauteile am Boden oder in einer Werkstatt vorzufertigen und dann mit Seilwinden oder mithilfe eines Krans in die gewünschte Position zu bringen. Vor dem Hebevorgang von einzelnen Fassaden- und Dachelementen oder sogar des ganzen Baumhauses kann man einzelne Lagerbalken oder Terrassenflächen schon mit dem Baum verbinden. In etwas größerer Höhe können Baumkletterer ohne die Verwendung von Gerüsten und Leitern oft gesichert und schnell auch schwer zugängliche Bereiche des Baums erreichen.

Die Befestigung des Baumhauses
Ein Baum muss sich selbst bei Sturm frei bewegen können und darf an seinem natürlichen Wachstum nicht gehindert werden. So stellt die Befestigung der Konstruktion am Baum eine der zentralen Fragen dar. Die gewählten Verbindungsmittel sollten nicht in seinen Wachstumsbereich, das Kambium, einwachsen und damit eine Schädigung verursachen. Unter Berücksichtigung der genannten Anforderungen stellt die Verwendung von flexiblen Aufhängungen eine gute Technik dar. Hierbei verbinden justierbare Beschläge, Stahlseile und hochbelastbare Textilschlaufen den Baukörper mit dem Baum (Abb. 2 und 3). Ursprünglich für die Kronensicherung entwickelt, haben sie sich für diesen Zweck bewährt. Existieren keine Astgabeln oder Stammgabeln (Zwiesel) für eine Anbringung von Schlaufenbändern, kann es im Einzelfall auch notwendig sein, mit Bolzen oder Schrauben in den Baum einzudringen. Diese Methode sollte sich jedoch auf Nadelgehölze beschränken, denn nur dort kommt es durch starkes Harzen zu einer Verklebung, die eine Entstehung und Ausbreitung von Fäule im Stamm weitgehend verhindern kann.

2 Textilschlaufe zum Abhängen von Lasten an Bäumen
3 Stahlseil zur Befestigung der Unterkonstruktion eines Baumhauses
4, 5 Baumhaus »Zwischen Eiche und Erle«, Osnabrück, 2006

2

3

4

Ausgeführte Projektbeispiele
Das Umfeld eines Reiterhofs 30 km südlich von Bremen bietet ideale Bedingungen für den Bau eines Baumhauses: Eine weite Landschaft, eine gut ausgestattete Werkstatt und – was das Wichtigste ist – einige gesunde und große Bäume. Der geschlossene Teil des Baumhauses sowie die Terrasse sind in einem zusammenhängenden Element vorgefertigt und zwischen zwei Buchen aufgehängt (Abb. 6). Der schlanke, bootsähnliche Raum mit einem dreieckigen Grundriss und 5,60 m^2 Innenfläche wurde mithilfe eines kleinen Autokrans auf die vorbereitete Unterkonstruktion aus unbehandelter Lärche gehoben. Nach 9 m Aufstieg über eine vertikale sowie eine diagonal verlaufende Leiter gelangt man durch eine Klappluke in das Baumhaus. Schmale Kippfenster an den Seitenwänden, eine Dachluke und die horizontal verglaste Spitze des Baumhauskörpers lassen viel Tageslicht einströmen und bieten eine fast umlaufende Sicht.
Nach diesem Erstlingswerk entstand das Label baumraum, das Baumhausprojekte in Deutschland und im Ausland entwickelt und realisiert, darunter auch die im Folgenden beschriebenen Beispiele.

Auf einem südniedersächsischen Anwesen an einem schmalen Bachlauf öffnet sich der halbgerundete Baumhauskörper »Zwischen Eiche und Erle« mit sehr großzügigen Glas- und Fensterfronten nach Südwesten (Abb. 4).
Die beiden am Fuß verbundenen, v-förmig emporwachsenden Bäumen tragen zwei Terrassen aus Eichenholz auf unterschiedlichen Ebenen mit betonter Längsausrichtung, die sich in den lebenden Organismus der beiden Bäume integrieren und von deren Ästen durchdrungen werden. Edelstahlseile und Textilgurte leiten die Lasten der Terrasse und einen Teil der ca. 10 m^2 großen Baumhauskabine über die Krone der Eiche ab. Zwei konisch geformte Pendelstützen tragen den hinteren Bereich des Baumhauses.
Die Innenausstattung besteht aus einer großzügigen Bettfläche, einer Bank, mehreren geräumigen Schubkästen und einem flachen Sideboard. Dominierende Materialien sind unbehandelte Eiche und hellgrauer Wollfilz (Abb. 5).

Auf einem Privatgrundstück zwei Stunden nördlich von New York City steht das »Cliff Treehouse« als geschlossene Kabine unabhängig vom Baum an einer steil abfallende Felskante (Abb. 7). Die Lasten verteilen sich auf zwei kurze Stahlstützen im oberen Bereich sowie zwei v-förmig verlaufende Streben unter dem überkragenden Teil des Körpers. Der Weg zum Baumhaus beginnt zunächst an der Klippenkante

6

6 Baumhaus auf dem Plendelhof, Bassum, 2003
7 »Cliff Treehouse«, New York State, 2007

5

7

8

9

10

11

12

und führt über eine schmale, leicht geneigte Rampe zur um einen Ahorn gebauten Terrasse. Weiter über einen Steg gelangt man in das Innere der Kabine. Für die Außenschalung wurden sägeraue Lärchenbretter mit einem silbernen Anstrich versehen. Dadurch bekommt die Oberfläche je nach Lichteinfall eine metallische Wirkung mit bewegtem Farbspiel. In Deutschland vorgefertigt, wurden alle Bauteile per Schiff in die USA transportiert und dann in Kooperation mit einer amerikanischen Baufirma montiert.

Nicht nur private Bauherren greifen auf das Baumhaus als besondere Bauform zurück. Die Firma Weberhaus integrierte es als eine Attraktion im firmeneigenen Wohn- und Erlebnispark »World of Living«. Der elliptisch geformte Baumhauskörper ruht unabhängig von der nebenstehenden Eiche auf sieben konisch geformten Stützen aus sibirischer Lärche. Diese sind am Baumhaus und auf einem Betonfundament gelenkig gelagert und stehen in unterschiedlichen Winkeln zueinander. Ihre Anordnung unterliegt einem Ordnungssystem, das mittels Modellen simuliert und dann mithilfe eines Statikprogramms optimiert wurde. Die Lasten von Terrasse und Treppe werden über Abspannungen vom Baum getragen, wobei Zugversuche sowie computergestützte Simulationsverfahren die Standsicherheit der Eiche belegen. Sogar im gewölbten Innenraum scheint der Blick in die Baumkrone der tragenden Eiche zu fallen. Dafür sorgt eine Fototapete mit zusätzlichen Textbausteinen in deutscher, englischer und französischer Sprache, die den Baum als besonderes Lebewesen in seiner Vielfalt beschreiben (Abb. 8).

Am Rande der Stadt Melle liegt das Baumhaus »Zwischen Magnolie und Tanne« auf einem privaten Grundstück eingebettet in dichte Büsche (Abb. 9). Die Bauherren hatten den Wunsch, einen Raum als Rückzugs- und Gästezimmer sowie als Spielort für die Enkelkinder zu schaffen. Zu besonderen Anlässen sollte dieses Refugium einen Rahmen für Treffen mit Geschäftspartnern oder kleine Empfänge bieten.
Die Geometrie dieses Projekts basiert auf zwei quadratischen, versetzt angeordneten Flächen auf unterschiedlicher Höhe. Aus Ermangelung an tragfähigen Bäumen ruhen die Terrassenfläche und der geschlossene Kubus auf jeweils einem präzise gefertigten Tragwerk aus gebürstetem Edelstahl. Beide Bereiche sind durch eine Treppe verbunden. Die außen liegenden Holzflächen bestehen aus witterungsbeständigem Tatajubaholz. Im 14 m^2 großen Innenraum hingegen sind die Wandoberflächen und Einbaumöbel aus leicht rötlich getöntem Eichenholz (Abb. 10).

Die Besonderheit der »Bachstelze« in Eberschwang liegt in einer sehr langen und schlanken Terrasse sowie einem separat stehenden skulptural geformten Baumhauskörper (Abb. 11 und 12). Die Terrasse ist weitgehend von zwei Eschen und einer Birke abgehängt, während die Lasten des Baumhauses auf acht asymmetrisch stehenden geneigten Eichenstützen ruhen. Die Außenhülle wurde mit einer hinterlüfteten, wetterfesten Stahlfassade verkleidet. Die rötliche Lasur der Baumhausterrasse und der Stützenkonstruktion sind farblich auf die rostige Oberfläche des Metalls abgestimmt. Schräg geschnittene Fenster eröffnen Blickbeziehungen in alle Richtungen und ordnen sich in ihrer Formgebung in die Gesamtgestaltung ein. Als besonderes Detail gibt eine horizontale Glasfläche den Blick hinunter auf das kleine Bächlein unter dem Baumhaus frei.

13

Zukunftsperspektiven im Baumhausbau

Der Phantasie den Raum im Baum für das private Pläsier zu nutzen oder zu kommerziellen Zwecken erlebbar zu machen, sind kaum Grenzen gesetzt. Die Spanne reicht von Seminarräumen, Meditations- und Entspannungsräumen bis hin zur Gastronomie (siehe »Baumrestaurant bei Auckland«, S. 102ff.). Seit einigen Jahren hat auch die Tourismusbranche Baumhäuser für ihre Zwecke entdeckt. Der Trend zu mehr Ökologie und Nähe zur Natur lässt die Nachfrage nach solchen exotischen Unterkünften steigen. Die Bandbreite reicht von einfachen Herbergen in den Bäumen bis hin zu luxuriös ausgestatten Baumhäusern, die sich jetzt schon in vielen Teilen der Welt buchen lassen. In Asien existieren einige wenige Unterkünfte, die mittelbar dem Schutz des Regenwalds dienen, indem ein behutsamer ökologischer Tourismus den Wert des Walds erfahrbar macht. Zudem entsteht für die einheimische Bevölkerung eine ökonomische Alternative zum Raubbau an den Urwäldern.

Baumhaus-Utopien

Ungewöhnliche oder spektakuläre Szenerien wie z. B. die nordkalifornischen Wälder bieten die Kulisse für ausgefallene Baumhaus-Utopien. Computergestützte Visualisierungen und neue Leichtbaumaterialien erlauben die Entwicklung und Umsetzung von freien Formen. Die »Winding Snake« z. B. windet sich mit ihrer Treppe wie eine Schlange um einen mächtigen Sequoia-Stamm und mündet in einer geschlossenen, metallischen Kabine (Abb. 13). Bestimmt durch das Thema der Faltung, entwickelt sich bei der Utopie »Loop« die Treppe zu einer Rampe und definiert schließlich die Boden-, Wand- und Deckenfläche des Baumhauses (Abb. 14). Der gerundete Kokon und die organisch geformte Terrasse von »Palm Fiction« hängen, inspiriert von der Südsee, zwischen Palmen direkt am Meer. Die Konstruktion wäre mit Herstellungstechniken des Boots- und Jachtbaus in Serie realisierbar (Abb. 15).
Baumhäuser sind Mirkoarchitekturen für die Sinne, diese Räume sind an vielen Orten denkbar. Sie können sich im übertragenen Sinne auch im Wasser, in der Wüste, im Eis oder auf dem Dach eines Hochhauses in einer Großstadt befinden.

8 Baumhaus »World of Living«, Rheinau-Linx, 2008
9, 10 Baumhaus »Zwischen Magnolie und Tanne«, Melle, 2007
11, 12 »Bachstelze«, Eberschwang, 2008
13 Rendering Baumhaus »Winding Snake«
14 Rendering Baumhaus »Loop«
15 Rendering »Palm Fiction«

14

15

Mobile Immobilien

Gerhard Kalhöfer

Mobilität und Experiment

Mobile Architektur heißt in erster Linie territoriale Mobilität von Immobilien und deren Ortswechsel durch Transport. Im weiteren Sinn sind auch ortsfeste Architekturen gemeint, die über Wandelbarkeit eine flexible und vielfältige Nutzung ermöglichen. In beiden Fällen kommt Architektur in Bewegung und wird auf eine Reise geschickt, an deren Ende eine andere Situation oder ein anderer Zustand wartet.

Reisen im Allgemeinen führt zu einem konzentrierten Umgang mit den begleitenden Dingen: Sie werden kleiner und leichter. Was unterwegs zählt, ist allein der Gebrauch und sein Komfort. Reisen darf nicht beschwerlich sein. Genauso verhält es sich mit Architektur. Ist sie beweglich, verändert sich zwangsläufig ihr Maßstab und sie wird zur Mikroarchitektur.
Mangelnde Größe ist für den Architekten jedoch oft wenig reizvoll. Denn mit der Größe der Projekte steigt die Bedeutung und mit der Quantität die Reputation.
Was macht dennoch den Reiz von Mikroarchitekturen aus? Sicherlich ist es die Durchgängigkeit von der Planung bis hin zur Realisierung, die nur bei kleinen Projekten gegeben ist. Alle Bereiche werden bis ins Detail vom Architekten direkt geplant, kontrolliert und umgesetzt. Große Projekte hingegen sind nur im Team zu realisieren. Dadurch entziehen sich dem Planer viele Schritte und Aufgaben. Für den Anfänger ist eine Mikroarchitektur daher ein perfekter Einstieg in die Arbeitsrealität, garantiert sie ihm doch ein allumfassendes Testfeld nach der Hochschule. Die Beherrschbarkeit der scheinbar kleinen Aufgabe reduziert die Gefahr des Scheiterns. Mit der geringen Größe verdichtet sich die Komplexität und wird gleichermaßen überschaubar. Es ist der ungemeine Vorteil von Mikroarchitekturen, ein Projekt vom Entwurf bis zur Fertigstellung im Blick zu haben und verfolgen zu können. Vergleichbar mit Forschungsprojekten können sich Architekten durch kleine Bauaufgaben Grundsätzliches exemplarisch für ihre weitere Arbeit erschließen. Der experimentelle Charakter dient gerade vielen jungen Büros dazu, bestimmte Themen innerhalb der internationalen Architekturdiskussion aufzugreifen und innovative Lösungen zu entwickeln. Kleinstprojekte eignen sich hierfür besonders, da ihre Größe die konzeptionelle Lesbarkeit des baulichen Überbaus fördert und spektakuläre Raumwirkungen ohne großen baulichen Aufwand entstehen können. So sind viele extreme und experimentelle Projekte in Eigeninitiative mit hohem handwerklichem und teilweise sogar finanziellem Engagement durch Berufsanfänger umgesetzt worden. Für eine Vielzahl von jungen Architekten wie AllesWirdGut aus Wien sind sie der Ausgangspunkt einer Karriere. Ihr experimentelles Wohnprojekt turnOn begeisterte nicht nur in der Zeichnung, sondern vor allem durch ihr 1:1-Modell (Abb. 1).

Nulldistanz

Mikroarchitektur nähert sich den Spielregeln des Produktdesigns an. Da Nutzer und Objekte annähernd die gleiche Größe haben können, findet eine Begegnung auf Augenhöhe statt. Das hat Folgen: Intensiver zu berücksichtigen ist die Bewegung des Nutzers und sein Verhältnis zum Objekt während der Verwendung. Gerade mobile Projekte erfordern, dass der Planer Vorstellungen von Situationen entwickelt und mögliche sowie zu erwartende Handlungen mit einkalkuliert. Er ist aufgefordert, über die Funktion des Raums während einer Zeitspanne nachzudenken sowie Szenen zu beschreiben und Abläufe zu schildern. Es geht letztendlich um das Verhalten im Raum und um soziale Aktionen. Das sollte sich auch im Arbeits- und Vermittlungsinstrument des Architekten, der Zeichnung, niederschlagen. Diese muss den Menschen nicht nur als Staffage, sondern als Beleg und Beweis einer differenzierten Funktion einbauen, da Größe und die Nähe zum Nutzer vorhandene Schwächen und Fehler direkt offenbaren. Gibt es durch mobile Elemente ein Vorher und Nachher, muss sich dies auch in der Zeichnung wiederfinden. Ein Plan zeigt, wie ernsthaft die Option einer Wandelbarkeit gemeint ist und ob der Mensch und sein Maßstab die Grundlage bilden.

Mikroarchitekturen können durch ihren Maßstab anders als Architektur intensiver auf spezifische Situationen und die jeweiligen Nutzer eingehen. Bei aller Standardisierung der Konstruktion sind aber auch konfektionierte Projekte möglich, vergleichbar mit der Tendenz des Produktdesigns, bei dem der Käufer selbst Massenprodukte noch personalisieren kann. In vielen mobilen Projekten von Kalhöfer-Korschildgen sind die spezifischen Ansprüche des Bauherrn der Ausgangspunkt für ein Konzept. Beim »Social_Indicator« von 2010 entspricht ein multifunktionaler Raumkörper dem sozialen Leben des Bauherrn, indem er die Funktionen von Treppe, Küche und Esstisch miteinander verbindet. Ein aus dem Volumen ausziehbarer, 6 m langer Esstisch reagiert auf den sich ständig ändernden Platzbedarf. Er ist der zentrale Indikator der sozialen Aktivität. An ihm können je nach Anlass bis zu 23 Personen Platz nehmen. Durch seine Verlängerung bis auf die Terrasse löst er in seiner Maximalgröße die Trennung zwischen Innen- und Außenraum auf (Abb. 2).

2

3

Die Möglichkeit, etwas Gebautes durch einen menschlichen Maßstab unmittelbar zu erleben, erhöht auch die Chance, es in seiner Komplexität erfassen und verstehen zu können. Damit baut der Nutzer zu Mikroarchitekturen weit größere emotionale Bindungen auf als zu Großbauten. Diese besondere Nähe wird durch häufig vorhandene interaktive Elemente noch verstärkt. Wer seinen Raum durch Wechselbeziehungen mit dem Objekt verändern kann oder in Bewegung bringt, der verliert den sonst üblichen Respekt vor einer gestalteten, perfekten Architektur. Es wird eine distanzlose Bindung aufgebaut.
Da Qualität sich bei Mikroarchitekturen nicht durch Größe definieren lässt und damit jegliche Monumentalität ausgeschlossen ist, findet sie ihren Ausdruck nur durch sensible Mittel wie Komplexität und Differenzierung. Nebenbei ermöglicht die fehlende Monumentalität auch eine andere, respektlose Architektur, der Selbstironie und Humor eigen sein können. Das Ungewohnte eines Baus, der sich in seiner Bewegung gleichsam selbst infrage stellt, löst Erstaunen aus. Die Tatsache, dass ein Haus oder Teile davon beweglich sind, nehmen seine Bewohnern nicht allein als rein konzeptionell wahr. Das Haus ist nicht nur Objekt, sondern durch seine Bewegung lebendiger, gleichberechtigter Kommunikationspartner, dem vor allem Humor entgegengebracht wird. Die wesentliche Bedeutung mobiler Architektur muss daher nicht allein in einem praktischen Raum mit vielfältigen Möglichkeiten liegen, sondern kann sich auch in einer Art Nulldistanz, im Lachen und Staunen der Bauherren auf den Besprechungen, der Handwerker auf der Baustelle und der Besucher auf den Festen ausdrücken, wenn sie das Projekt in Bewegung erleben (Abb. 3).

Zwischenraum statt Form

Mobile Architektur verlagert durch ihre Bewegung das Interesse vom Raum zum Zwischenraum. Sie ist an der Aktion des Nutzers interessiert, statt an der Repräsentation durch ihre Hülle. Die Bedeutung des gestalteten Raums ist nicht weniger wichtig, sie tritt aber zurück, wenn der Raum als Szenenhintergrund gesehen wird. Die dienende Hülle erhält ihre Geltung allein durch das Ermöglichen der Aktion. Schon die Differenzierung von Louis Kahn in dienende und bediente Räume impliziert die Bedeutung der Interaktion. Mobile Bauten definieren insofern nicht nur den Raum, sondern stellen ein Angebot an Elementen zur Verfügung, die der Nutzung dienen. Lars Lerup vergleicht Architektur mit Bühnen, die Requisiten anbieten, mit denen die Nutzer »ihr persönliches Schauspiel gestalten«. Da diese individuelle Erfahrungen und Vorstellungen mitbringen, sind sie nach Lerup keine »respondierenden Organismen«, sondern aktive Individuen, die das Gebäude erst durch die Aneignung der eigentlichen architektonischen Bestimmung zuführen.[1]
Mobile Architektur ist in diesem Selbstverständnis Prozess statt Form. Wir erleben durch sie Räume, die formbefreit und transformativ sind und als Parcours und Sequenz wahrgenommen werden.[2]
Aneignung ist einer der Schlüsselbegriffe zum Verständnis der mobilen Immobilien. Sie ist grundsätzlich ein aktiver Prozess, besitzt jedoch statische und dynamische Aspekte. Beim Verstehen und Einordnen des Raums, dem geistigen Begehen des Orts mittels der Sinne, ist Aneignung eher statisch und fordert im Personalisieren, im Verändern und Eingreifen die Dynamik des Bewohners heraus. Dabei geht es darum, den Raum »physisch, perzeptiv und emotional zu

besetzen«. Der angeeignete Raum ist »stabiler Rahmen« und zugleich Ausgangspunkt von Handlungsmöglichkeiten und Entdeckung. Bindungen zur gebauten Umgebung vollziehen sich im Wechsel zwischen Assimilierung und Veränderung durch Architekturen, die nicht nur vorschreiben, sondern vor allem auch stimulieren. Das Gegenteil, eine Enteignung, geschieht in dominanten oder auch anonymen Bauten, die aktive Auseinandersetzungen und Austauschverhalten nicht zulassen.[3]
Mobile Projekte erreichen ihr Ziel nur mithilfe eines Nutzers. Wenn ihm ein Angebot mit vernünftigen Möglichkeiten unterbreitet wird, kommt die Architektur sicher in Bewegung. Die Logik der unterschiedlichen Optionen vor und nach der Bewegung und deren Vorteile erleichtern auch eine Umsetzung mit den Beteiligten der Baustelle. Der strategische und konzeptionelle statt formale Ansatz macht die Projekte so robust, dass sie eine begrenzte »Überarbeitung« und formale Veränderung durch die ausführenden Firmen aushalten, da nicht die konsequent realisierte Form im Mittelpunkt steht, sondern die Tatsache unterschiedlicher Dispositionen des hergestellten Raums. Quälendes Kompetenzgerangel und klassische Rollenschemata entfallen. Die Diskussion fokussiert sich nicht nur auf eine Form und deren abbildgerechte, millimetergenaue Ausführung, sondern auch auf einen Prozess und dessen technische Umsetzung (Abb. 4).

Selbst- statt Fremdbestimmung

Kleine Architekturen sind meist interaktiv angelegt, da ihre geringe Größe oft eine räumliche Erweiterung zur differenzierten Nutzung nötig macht. Häufig ermöglicht erst eine Mobilität die Ausdehnung in den Umraum und die Zugänglichkeit bzw. den Gebrauch.
Mangelndes Interesse der Nutzer war einer der Kritikpunkte an der mobilen Architektur der 1960er-Jahre. Da allerdings nicht erkennbar ist, dass das Interesse der Planer an wandelbaren, mobilen Bauwerken abgenommen hat – die vielen Publikationen und Projekte zum Thema zeugen eher vom Gegenteil – müssen sich seit damals offenbar die Bedingungen geändert haben. Zwar verwendet die zeitgenössische mobile Architektur noch dieselben Mechanismen wie in den 1960er-Jahren, doch treffen sie heute auf emanzipierte Nutzer, die sich in einer Produktwelt mit unendlichen Entscheidungsmöglichkeiten sicher bewegen. Die gesellschaftliche Liberalisierung muss nicht mehr eingefordert werden. Man ist eine reflexive Lebensführung gewöhnt, in der die permanente Veränderung und Wandlung des Bekannten der Hintergrund der gesellschaftlichen Sozialisation ist. Option und Mobilität stellen für diese Generation kein Hindernis mehr dar. Die auf den Verbraucher abgestimmte Technik wird spielerisch erschlossen. Die szenische Qualität, die daraus folgt, entspricht perfekt dem Lebensgefühl der heutigen Freizeitgesellschaft und ihrem hedonistischen Konsumverhalten. Apple-Produkte sind die besten Beispiele für den Erfolg der Verbindung von Emotion und Produkt. So treffen heute mobile, interaktive Projekte auf ein anderes gesellschaftliches Verständnis.
Hinzu kommt die Verwischung der Grenzen zwischen privat und öffentlich und das Eindringen des Öffentlichen in das Private. Beides stellt den konkreten gebauten Raum infrage und führt zur Auflösung der funktionalen Gebundenheit der Orte. Eine unglaubliche Vielfalt an architektonischen Angeboten und Ausstattungsmöglichkeiten sowie die sich daraus ergebenden Ansprüche und widersprüchlichen Wünsche der

1 »turnOn« in Bewegung, 2001; AllesWirdGut
2 »Social_Indicator«, Umbau eines Hauses aus den 1970er-Jahren, Waldesch, 2010; Kalhöfer-Korschildgen
3 »Fahrt ins Grüne« in Bewegung, mobile Erweiterung eines Fachwerkhauses, Remscheid, 1997; Kalhöfer-Korschildgen
4 Handwerker neben dem »Zimmer mit Aussicht«, mobile Dachterrasse, Köln, 2008; Kalhöfer-Korschildgen

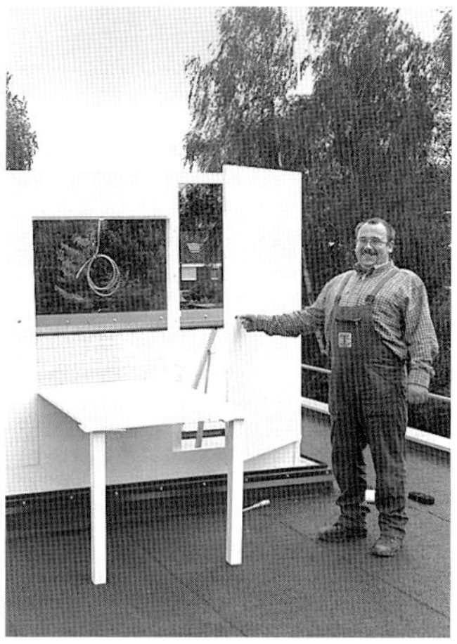
4

Bauherren fördern zusätzlich die Flexibilität der Räume und ihrer Nutzung. Es geht dabei nicht mehr um Kompensationsstrategien auf der Suche nach Auswegen. Der Versuch mit einfachen Bildern auf komplexe Anforderungen zu reagieren, ist eher rückschrittlich. Die Qualitäten und Chancen dieser Freiheit zu begreifen und mit einzubeziehen, wird der gesellschaftlichen Realität gerechter. Mobile Architekturen sind heute anders als in den 1960er-Jahren alltagstauglich.

Funktionsverdichtung

Die beschriebene gesellschaftliche Entwicklung führt zu einer permanenten Differenzierung aller Bereiche – auch der Architektur. Wir unterliegen einer Aufgliederungs- und Vervielfältigungstendenz, in deren Folge Zusammenhänge aufgehoben und neu bzw. genauer definiert werden. Mobilität ermöglicht nun die Wiedereingliederung der im Differenzierungsprozess voneinander getrennten Funktionen, ohne ihre jeweiligen Eigenschaften aufzulösen. Die räumliche Zusammenführung geschieht durch den Ortswechsel. Hybride oder wandelbare Architekturen überwinden funktionale Differenzierungen. Mobilität lässt etwas Neues entstehen, wobei die unterschiedlichen Funktionen weiterhin nebeneinander existieren können. In mobilen Architekturen ist die heutige Tendenz der funktionalen Verdichtung ablesbar.
Die Bewegung des Gebauten ist ein sinnlicher Moment und könnte daher als Entwurfsgrund für sich schon genügen. Mobilität macht aber nur Sinn, wenn sie Funktionen schlüssig verbindet. Experimentelle Projekte können selbst kritische und konservative Bauherren überzeugen, wenn der funktionale Vorteil einer Lösung ihre Skepsis gegenüber der konzeptionellen Poesie oder der Mobilität ausräumt, die ja den Vorteil unterschiedlicher Funktionen immer erst ermöglicht.

Funktionsverfremdung

Wie aber sind Funktionen in die mobilen Immobilien integriert? Meistens sind verwandte Funktionen nacheinander durch ein wandelbares Objekt abrufbar. Mehrere Funktionen können aber auch ungewohnt miteinander verknüpft sein. Diese hybride Kombination ist oft irritierend, da sich widersprüchliche oder eigentlich nicht im Zusammenhang denkbare Funktionen begegnen. Der Sinn der zuerst befremdlichen und subjektiven Verbindung erschließt sich oft erst im Gebrauch.
Der Künstler und Architekt Allan Wexler setzt auf diese Funktionskombination in vielen Projekten. Durch sie eröffnet er dem Nutzer seiner Objekte eine komplexe Sichtweise des Gebrauchs alltäglicher Dinge und Rituale. Im »Dining Buil-

5

6

7

ding with Window Chairs« werden Fenster und Stuhl funktional miteinander verbunden. Der Zugang zum Raum ist nur möglich, indem man die Architektur in Bewegung setzt und den Fensterstuhl herauszieht. Setzen sich die Nutzer, so dringt kein Licht mehr durch die Fenster in den Raum, da ihre Rücken die Öffnungen abdecken. Das Oberlicht als einzig verbliebene Lichtquelle lenkt nun den Blick auf die Mitte – den Tisch und das Gemeinsame. Erst die Absurdität der Funktionsverbindung stärkt die Wahrnehmung des Nutzers in Bezug auf den Prozess und hebt die sinnliche Bedeutung der Nutzung hervor (Abb. 5).

Typus

Bei einer territorialen Veränderung kann die Bewegung mobiler Architekturen aktiv oder passiv sein. Ein Gebäude kann sich selbst bewegen – mithilfe eigener Technik, eigenem Motor und Rädern – oder wird bewegt.

In beiden Fällen müssen sich die Größe und das Gewicht des Volumens reduzieren lassen, da beim Transport in der Regel nur auf vorhandene Transportwege und -mittel zurückgegriffen werden kann. Schwerlasttransporte für Übergrößen mit ihren besonderen Genehmigungsverfahren scheiden bei konventionellen Projekten aus. Bleibt vielleicht noch der kostenintensive Luftweg mit Luftschiffen oder Hubschraubern. Das Referenzmaß, aus dem sich die Abmessungen ableiten, ist die Straße und die Größe zugelassener Lastwagen. In Europa darf ein EU-Lastzug bis zu 4,00 m hoch und ohne Außenspiegel 2,55 m breit sein. Die Länge variiert. Ein Gliederzug kann 18,75 m, ein Sattelzug 16,50 m lang sein. Ein überlanger EuroCombi mit bis zu 25,25 m Fahrzeuglänge und bis zu 60 t Gesamtgewicht bei gleicher Breite ist im Augenblick nur versuchsweise genehmigt.

Alle mobilen Architekturen müssen sich an die EU-Lastzug-Maße halten. Überschreiten sie die relevante Breite von 2,55 m, so können sie nur über das Prinzip der Demontage und Montage des Objekts dem Transport angepasst werden, indem sich die Abmessungen temporär reduzieren. Entspricht die transportable Höhe mit 2,60 m bei minimierter Konstruktionshöhe der Architektur noch genau den baulichen Anforderungen von Aufenthaltsräumen, schränkt vor allem die maximale Breite den Grundriss ein. Möglich sind so allein funktionsbetonte Räume, in denen der technische Service eine hohe Präsenz hat. Der frei verfügbare und nicht definierte Raum ist dementsprechend klein und nur in enger Austauschbeziehung mit der komprimierten Technik haltbar. Allein die Addition mehrerer transportabler Module kann dieses Dilemma beheben. Das Problem liegt dann oft in der formalen Dominanz einer gleichförmigen, banal wirkenden Struktur.

Eine modulare und transportable Bauweise kann trotz der beschriebenen Defizite auch eine hohe architektonische und sinnliche Qualität haben. Dies zeigen besonders die mobilen Architekturen von Oskar Leo Kaufmann und Albert Rüf, die überwiegend aus Holzwerkstoffen gefertigt sind. Ihr Projekt System 3 wurde 2008 in der Ausstellung Micro Compact Home im MoMA in New York gezeigt. Das System basiert auf der Trennung von »Serving Space« und »Naked Space«. Der die gesamte Haustechnik fassende Teil wird in einer fertigen, vorfabrizierten »Serving Unit« angeliefert und durch Montage zusätzlicher Wand-, Boden- und Dachflächen um einen flexibel nutzbaren Teil erweitert. So entsteht ein Raum, der durch eine ungewohnte Breite und einen hohen Anteil frei verfügbarer Fläche jede containerartige Atmosphäre vermeidet. Die Innovation besteht in der Kombination von »Unit-based«- und »Element-based«-Systemen. (Abb. 6 und 7).

Der Container ist das Paradebeispiel standardisierter passiver territorialer Mobilität. Seine Normung ermöglicht die Nutzung der gängigen höchst unterschiedlichen Transportmittel Schiff, Eisenbahn und Lkw. Die entsprechende Wahl fällt dabei je nach räumlichen Anforderungen und Wirtschaftlichkeit. Seine Größe wird durch die Lager- und Transportmaße bestimmt. So wurde die amerikanische Truckbreite von 2,44 m zur Grundlage für die Breite der Container. Zu unterscheiden sind 20-Fuß-Container (6,058 × 2,438 × 2,591 m) und 40-Fuß-Container (12,192 × 2,438 × 2,591 m). Sondertypen wie die auf einer Seite abgeschrägten Luftfrachtcontainer passen sich formal dem erforderlichen Transportfahrzeug an, entsprechen ansonsten jedoch in Prinzip und Aufbau einem gängigen Container. Zwei Drittel des internationalen Warenverkehrs werden mithilfe von Containern abgewickelt. Sie sind aufgrund ihrer Konstruktion robust, besitzen durch austauschbare Wandelemente eine Variationsmöglichkeit, sind kostengünstig und ihre Lebensdauer beträgt im Mittel zwölf Jahre. Diese Vorteile haben den Container zum architektonischen Superzeichen der Globalisierung und zum Liebling studentischer Entwürfe an den Hochschulen werden lassen. Emotional verkörpert er zwei Seiten: einerseits eine funktionsgerechte Banalität und andererseits die Poesie grenzüberschreitender Mobilität. Auch der architektonische Umgang mit dem Thema Container ist eigentlich paradox: Die Architekten begeistern sich für die Chancen einer Standardisierung und stellen sie trotzdem in jedem Projekt durch die Personalisierung des Gernormten, das sie anscheinend in letzter Konsequenz doch nicht wünschen, wieder in Frage.

8

Mobilität bedeutet aber ebenso, dass Gebäude selbst wandelbar sind und sich anpassen können. Wandelbare Projekte werden überwiegend für den Wohnungsbau geplant. Eines der klassischen Themen ist die Auflösung der Raumgrenzen und der dadurch entstehende Innen-Außen-Bezug – man denke an die versenkbaren Fenster der Villa Tugendhat von Mies van der Rohe. Shigeru Ban hat dieses Thema der sich auflösenden Raumgrenzen durch fahrbare Außenwände am radikalsten in seinen Case Study Projekten weiterentwickelt. »Living Room« von Formalhaut ist eines der lyrischsten Projekte zu diesem Thema. Ihr Wohngebäude in Gelnhausen von 2005 stellt mit unterschiedlichen Medien eine interaktive Situation zwischen innen und außen, Bewohnern und Stadt her. Durch die Beteiligung von vielen unterschiedlichen Künstlern sind die Mittel nicht allein architektonisch, sondern wohltuend interdisziplinär; es entstanden ungemein komplexe Räume von hoher formaler und künstlerischer Qualität. Die Fahrt ins Freie mit dem verschiebbaren Balkon erweitert nicht nur den Raum, sondern stellt vor allem eine Beziehung von Innen- und Außenraum her. Der motorgetriebene Balkon ist wie eine klassische Registerschublade mit zwei gegenüberliegenden Laufschienen und darin dreiseitig gelagerten Rollapparaten konstruiert. Innerhalb von drei Minuten kann er automatisch in die gewünschte Endposition bewegt werden (Abb. 8 und 9).

9

5 »Dining Building with Window Chairs«, 1983; Allan Wexler
6, 7 System 3, New York, 2008; Oskar Leo Kaufmann / Albert Rüf
8, 9 »Living Room«, Gelnhausen, 2005; Formalhaut, seifert + stoeckmann

10

Einsatzbereiche mobiler Architektur

Mobile Immobilien unterscheiden sich in erster Linie in Projekte für den öffentlichen und den privaten Bereich. Bei öffentlichen Bauten sind Genehmigungsverfahren und die Einhaltung von Sicherheitsaspekten die entscheidenden und oft schon ausschließenden Kriterien für mobile Architektur. Die Umsetzung für private Bauherren ist zwar ebenso arbeitsintensiv, birgt für den Architekten aber weniger Haftungsrisiken.

Bei mobilen Architekturen im städtebaulichen Kontext handelt es sich meistens um Konsumbauten, z. B. Kioske, die sich in den öffentlichen Raum erweitern. Deren sich auflösende Außenhülle hat Signalwirkung und dient ebenso dazu, ihren differenzierten Stauraum für die zu verkaufenden Waren dem Kunden entgegenzustrecken (Abb. 10).

Schnell auf- und abbaubare Marktstände sind ein anderes Beispiel. Der Marktstand des norwegischen Büros Rintala Eggertsson reduziert sich im Ausgangsmaß auf eine rechteckige Box, die mühelos in einen kleinen Transporter passt und die zum Aufbau notwendige Aluminiumkonstruktion beinhaltet. Für den weiteren Transport vom Parkplatz zum Standort wird die Box durch die Montage zweier Räder und Standfüße zu einer Art Schubkarre, um sich im Endzustand in einen klassischen Marktstand (2 × 2 m) mit Dach, Verkaufsflächen und Regalen zu verwandeln. Durch seine Metamorphose ist das Objekt in der Lage, sehr präzise, aber mit einfachen Mitteln auf die jeweiligen Anforderungen zu reagieren (Abb. 11 und 12).

Weiteren Einsatz finden mobile Strukturen für die schnelle Errichtung von provisorischen Gebäuden. Für Notfälle infolge von Kriegen oder Naturkatastrophen permanent bereitgehalten, können diese schnell per Lastwagen- oder Flugzeug zum Unglücksort transportiert werden. Die meist hohe Zahl an notwendigen Unterkünften setzt ein Transportgut voraus, das sich aufgrund seiner minimalen Abmessungen in großer Menge und kurzer Zeit vor Ort auf eine Notunterkunft für ganze Familien erweitern lässt. Hier stehen vor allem logistische und technische Fragen im Vordergrund (siehe Abb. 8, S. 54).

Andere mobile Bauten entstehen für kulturelle oder gesellschaftliche Aufgaben. Die Rauminstallation Rheinpegel_Raumlabor des Büros Kalhöfer-Korschildgen inszeniert in einer Kunstausstellung der Montag Stiftung Bezüge zum vorbeifließenden Rhein. In einer historischen Villa wurde in einem Raum eine zusätzliche elastisch gelagerte interaktive Bodenebene eingebracht, welche sich beim Betreten unterschiedlich neigt. Das Weiche, Schwebende bzw. Instabile des Flusses wurde sinnbildlich auf den Boden des Raums, dessen »Pegel« schwankt, übertragen. Betritt bzw. begeht der Besucher den Boden außermittig, neigt sich der Boden zu einer Seite und gibt einen blauen Sockelbereich frei, der mit einem Schiller-Zitat beschriftet ist: »(...) schwindelnd trägt er dich fort auf rastlos strömenden Wogen (...).«[4] (Abb. 13)

Das »New York Voter Registration Center« von Allan Wexler sollte College Studenten im Zuge einer Bürgerbewegung zur Teilnahme an der Präsidentenwahl 2008 auffordern. Die faltbare, im Kleinwagen transportable Box aus gelochten Hartfaserplatten ließ sich vor Ort in wenigen Minuten aufbauen. Um die Struktur leichter werden zu lassen, sind konstruktiv nicht notwendige Bereiche ausgeschnitten. Eine in die Sandwichkonstruktion eingelassene amerikanische Flagge ist in diesen Leerstellen in Ausschnitten sichtbar. Neben ihrem zeichen-

11

12

haften Charakter verbindet sie als Scharnier die unabhängigen Tafeln konstruktiv miteinander und trägt zu einer leichten Faltung der Wände und Dachfläche bei (Abb. 14 und 15).

Ein großer Teil mobiler Architektur widmet sich dem Wohnungsbau. Dem Nutzer wird ein Raum zur Verfügung gestellt, den er beliebig entsprechend seiner Bedürfnisse anpassen kann. Dabei geht es in erster Linie um Raumeinsparung oder Nutzungsveränderungen. So auch bei einem weiteren Projekt von Allan Wexler, den »Bed/Sitting Rooms« für eine Künstlerwohnung für das Mattress Factory Art Museum: Durch passgenaue Ausschnitte in einer Trennwand kann eine Serie von Möbeln verschoben und je nach Auszugslänge in den benachbarten Räumen als Sofa oder Bett genutzt werden. Mithilfe eines Drehmechanismus ist auch die Beleuchtung in beiden Räumen nutzbar. Die Rollen sind bewusst einfach und geradezu archaisch ausgearbeitet. Eine Veränderung kann spontan und mehre Male pro Tag erfolgen. Im Vordergrund steht nicht die Technik, sondern die Option unterschiedlicher Disposition für ein oder zwei Personen: Eine Person wünscht ein Einzelbett in einem Raum und eine Sitzfläche in dem anderen, ein Pärchen möchte eine Doppelbett auf der einen Seite und ein Sofa auf der anderen, zwei Personen benötigen ein Einzelbett und Sofa in ihrem jeweiligen Raum oder eine Person erhält ein Schlafzimmer und einen großen freien Raum dazu – eine Vielfalt an Angeboten steht zur Verfügung (Abb. 16 und 17).

Möbel und Mobilität

Die mechanischen Methoden der Wandelbarkeit haben sich im Laufe von Jahrhunderten zuerst bei den Möbeln entwickelt und verfeinert. Die Grundprinzipien sind jedoch annähernd gleich geblieben. Sigfried Giedion beschreibt diese Entwicklung ausführlich in seinem Buch »Herrschaft der Mechanisierung«. Dabei weist er auf den etymologischen Zusammenhang von »Mobilität« und »Möbel« hin. Die französische Sprache unterscheidet zwischen beweglichen Gütern – »meuble« oder »mobilier« – und unbeweglichen Gütern – »immeuble« – was »Gebäude« bedeutet. Die beweglichen Güter wurden »meubles« genannt, »weil sie ihren Besitzer zu begleiten pflegten, wohin immer er reiste«. Im Mittelalter war die Beweglichkeit der Möbel vor allem auf Ortswechsel hin ausgerichtet. Die Truhe war der Container des Mittelalters. Sie war durch Größe und Gewicht nicht ortsgebunden. Der Hausrat war immer gepackt, die Besitzer permanent reisefähig. Nicht der Platzmangel wie in der Anfangszeit der Moderne war der Grund. Giedion unterstreicht, dass die Mobilität des Mittelalters aus einem nomadischen Wesen mit einer »tiefen Unsicherheit der Lebensweise« und Verlustängsten resultiert. Das Schloss des Hochadels stand, wenn der Herr dort nicht residierte, praktisch leer. Man wusste nie, wie sich die Verhältnisse bei der Rückkehr entwickelt hatten.[5] Die zunehmende gesellschaftliche Stabilisierung im 16. Jahrhundert bedeutete auch das Ende der Wanderschaft des Mobiliars. Das Prinzip der Mobilität wurde nicht mehr für den Ortswechsel, sondern zur differenzierten Nutzung eingesetzt.

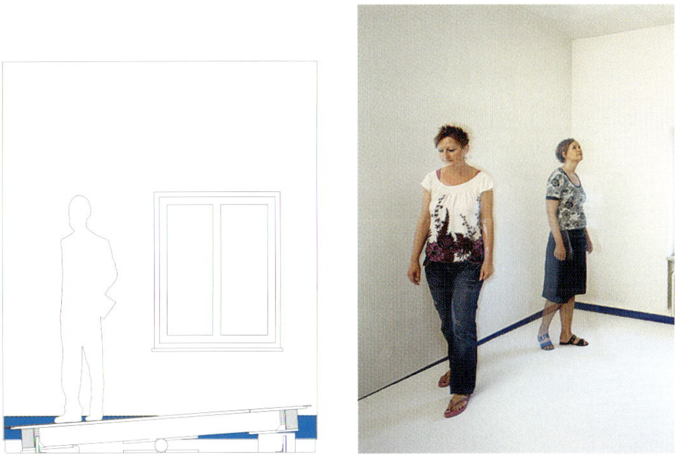

13

14

15

10 Verkaufsstände, Pisa, 1997; Leonardo srl, Salvatore Re Architetto
11, 12 Marktstand »Square«, 2008; Rintala Eggertsson
13 Rheinpegel_Raumlabor, Rauminstallation für die Ausstellung »Blick zurück nach vorn« der Montag Stiftung Bildende Kunst, Villa Ingehohl, Bonn, 2008; Kalhöfer-Korschildgen
14, 15 »The New York Voter Registration Center«, 2008; Allan Wexler

Es entstanden funktionale Hybride: Tischtruhen und Truhenbänke mit Scharnieren. So wurden in der Spätgotik Möbel mithilfe drehbarer Achsen (Zapfen, Angeln, Scharniere) beweglich gemacht, um z.B. Pulte flexibel zum Lesen, Schreiben oder Malen nutzen zu können.[6] Außergewöhnlich sind die von Giedion beschriebenen Wendebänke vor dem Kamin, deren bewegliche Rückenlehne dazu diente, je nach Belieben mit dem Gesicht oder dem Rücken vor dem Feuer zu sitzen.[7] Das Prinzip wurde im 19. Jahrhundert in Eisenbahnwaggons weiterentwickelt. In Porto fährt noch heute eine einspurige Straßenbahn, die über keine Wendemöglichkeit verfügt, mit demselben Prinzip: An der Endhaltestelle kann der Passagier die Rückenlehne einfach umlegen, um wieder in Fahrtrichtung zu sitzen (Abb. 18).
Das Rokoko verfeinerte diese Mechanismen und schuf leichte, komplizierte Möbel, deren Beweglichkeit das Sinnvolle mit dem Vergnügen des Verschwindenlassens verband. Im Gebrauch öffneten sich die Möbel und »zeigten, was sie konnten«.[8] Die Konstruktionen dieser Zeit waren raffinierte technische Innovationen, z.B. Geheimschubladen, die sich nur über Federdruck bedienen ließen. Mobilität hatte zu dieser Zeit immer eine spielerische Komponente.
War das Möbel im Mittelalter mobil, um den Ort wechseln zu können, und differenzierte die spätere Entwicklung seine Funktionen aus Komfortgründen, so wurden im 19. Jahrhundert in Amerika Möbel entwickelt, deren Zielrichtung die Verwandelbarkeit war. Hintergrund war der Wohnraummangel. Die Möbel sollten nicht permanent den gesamten Raum einnehmen und zugleich durch Multifunktionalität Kosten sparen. Die amerikanische Shaker-Sekte versuchte mit Fleiß und Erfindungsgabe ökonomisch autark zu leben und entwickelte eine Vielzahl von Kombinationsmöbeln mit dem Ziel, einfache, handwerklich ausgezeichnete und ansehnliche Gegenstände zu schaffen. Für die mechanische Metamorphose vom Klappstuhl zum Liegestuhl oder vom Tisch zum Bett gab es viele Patente. Eine typisch amerikanische Erfindung ist die des Schrankbetts, welches in vielen amerikanischen Haushalten ein separates Schlafzimmer ersetzte. Im Bestreben Platz zu sparen, entwickelte sich dieses Prinzip in den Schlafabteilen der Eisenbahnwagen weiter.

Mechanismen
Die klassische Moderne verfolgte das amerikanische Prinzip der Sparsamkeit weiter. Im Wesentlichen ging es um Effizienz durch eine funktionale Doppelbelegung der Räume. In den 1920er-Jahren waren hauptsächlich durch den Klappmechanismus bestimmte Systeme der Ausgangspunkt mobiler Projekte. In einem Maßstabssprung auf Gebäudeteile übertragen, machte das Prinzip der Wandelbarkeit ganze Wände disponibel. Die Raumbestandteile konnten nach Belieben neu zusammengefügt und die Funktion neu definiert werden. Beispielhaft sind hier die Maison de Verre von Pierre Chareau und das Haus Schroeder von Gerrit Rietveld zu nennen, die wie ein überdimensionales Möbelstück anmuten. Erich Mendelsohn konzipierte während seiner Arbeit bei Richard Neutra in Berlin eine Wohnung mit drehbarem Mittelteil ähnlich einer Bühne. Dieser fährt die unterschiedlichsten Raumkombinationen an und spart so Erschließungsfläche ein.

In den 1960er-Jahren vollzog sich durch Gruppen wie Archigram oder Haus-Rucker-Co eine Entwicklung von den schon seit Jahrhunderten genutzten einfachen mechanischen Systemen hin zu computergestützten Vorgängen, die jedoch

16

17

18

eher einen visionären Ausblick auf zukünfige Entwicklungen gaben als Stand der Technik waren. Die relativ theoretischen Projekte setzten neue Materialforschungen voraus und thematisierten informative Bespielungen der Oberflächen oder extreme Dehnungen des Raums von körperangepasster Hülle hin zu größeren Volumen für soziale Aktionen.
Bis heute ist jedoch das Klappen der wesentliche Mechanismus wandelbarer Objekte. Eine Systematik der mechanischen Prinzipien der Mobilität ist im Buch »Collapsibles« von Per Mollerup hinreichend beschrieben. Der Klappmechanismus regelt die Anpassung und trägt zur Vergrößerung und Verkleinerung des Objekts bei. Die Abfolge von Verwendung, Nichtgebrauch oder veränderter Nutzung drückt sich meist in einer Anpassung der Größe aus. Der geschlossene, passive Zustand bedeutet eine Volumenreduktion und ermöglicht damit eine Platzersparnis oder den Transport. Ist das Objekt aktiv, öffnet und erweitert es sich in den Raum.[9]
In erster Linie wirkt das Scharnier als robuste Verbindung. Je nach Material und Einsatz verändert sich jedoch der Mechanismus. Textilien nutzen die Faltung bzw. den Falz zur Verwandlung. Das Scherengitter ist aus dem alltäglichen Gebrauch durch Einschubtreppen oder Markisen bekannt. Teleskope sind in der Hubtechnik von Aufzügen oder Arbeitsbühnen eingebaut; fächerartige Prinzipien sind technisch anfällig, selten eingesetzt und eher an Objekten oder Möbeln zu finden. Aufblasbare pneumatische Systeme nehmen eine Sonderrolle ein und ermöglichen elastische Raumerweiterungen oder städtebauliche Provisorien. Für die heutige Architektur bieten sie die besten Möglichkeiten für die Wandelbarkeit des Raums (Abb. 24). Denkt man dabei zuerst an Volumenerweiterung, so sind aber auch interaktive Böden und Wände durch pneumatische Konstruktionen realisierbar. Für die Jubiläumsausstellung »Wie wohnen – heute?« 2002 in der Weißenhofgalerie in Stuttgart haben Kalhöfer-Korschildgen Mies van der Rohes Vorstellung von der Wand, die einen fließenden Raum und völlige neue Grundrisse zulässt, mihilfe der heute zur Verfügung stehenden Techniken und Materialien aktualisiert. Eine pneumatisch gesteuerte Wand erlaubt im Zusammenspiel mit mobilen Objekten nahezu frei gestaltbare Grundrisse. Während die harten Wandschalen technische Infrastrukturen aufnehmen, lassen sich die ausfahrbaren pneumatischen Wände zusätzlich informativ bespielen und als Möbel nutzen (Abb. 21).

Softtech statt Hightech

Die Akzeptanz mobiler interaktiver Architekturen steigt, wenn die Wandelbarkeit verständlich ist und unterschiedliche Angebote oder die Zielfunktionen leicht zu erkennen sind. Da Technik nötig ist, um Veränderungsprozesse in Gang zu setzen, stellt sich bei jedem Projekt auch die Frage nach ihrer Rolle: Nimmt sie dem Nutzer den kompletten Vorgang der Umwandlung als Hightech-Instrument ab oder ist sie ein Softtech-Werkzeug, das der Nutzer selbst in Gang setzt und über den Prozess der Veränderung eigenhändig steuert?[10] Einfache Lösungen sind komplizierten vorzuziehen, da sie selbstverständlich in Planung, technischer Ausführung, Herstellung, Bedienung und Wartung sind. Softtech-Lösungen sind zudem kostengünstiger und für den Nutzer sympathischer. So sind es oft die Bauherren, die auf mechanisch nachvollziehbaren Komponenten bestehen. Sie denken dabei nicht nur an eine unkomplizierte schnelle Bedienung, sondern vor allem an ein robustes Objekt. Für sie sind Lebensdauer und Nachhaltigkeit die vorrangigen Kriterien.

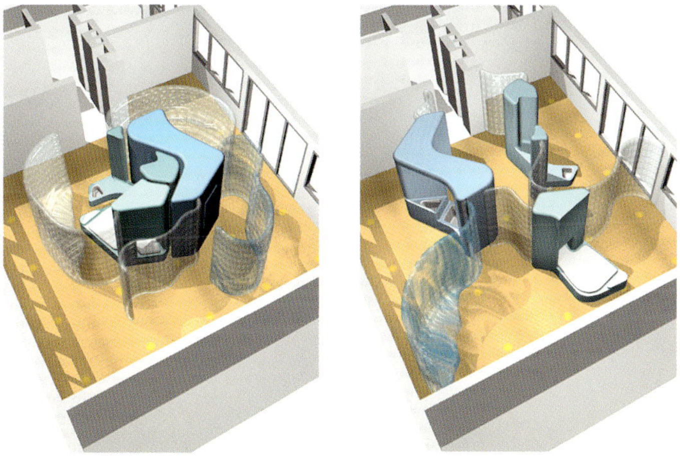

21

16, 17 »Bed/Sitting Rooms for an Artist in Residence«, Mattress Factory Art Museum, Pittsburgh, 1988; Allan Wexler
18 Straßenbahn in Porto mit klappbarer Lehne
21 Mies_Update, Ausstellung Weißenhofgalerie, Stuttgart, 2002; Kalhöfer-Korschildgen
22 eigenhändiges Verschieben von »Fahrt ins Grüne« (siehe Abb. 3)

22

In den meisten Fällen erfolgt die Bedienung daher manuell, auch wenn eine Motorsteuerung immer umsetzbar wäre (Abb. 22). Die Aneignung eines Projekts wird durch die bessere Einbindung des Nutzers am Veränderungsprozess erleichtert. Erst die Beteiligung an der Aktion, die eigene Ingangsetzung und die Kontrolle der Technik über ihren Verlauf bezieht den Nutzer emotional ein und lässt das Projekt zu seinem eigenen werden.
Ebenso ist der Rückgriff auf bewährte Technik sinnvoll. Eigene technische Lösungen sind häufig aufwendig zu planen und zu realisieren sowie störungsanfällig im Betrieb. Oft sind standardisierte technische Bauteile aus anderen Bereichen geeignet, um sie in neue Entwurfssituation einzubinden.
So bewirkt beim »Zimmer mit Aussicht« ein herkömmliches freitragendes Schiebetor die vertikale Bewegung der Innenwand. Dieses wird nur um 90 Grad gedreht eingebaut und ist mithilfe einer Handwinde und der Kombination von Flaschenzug und Gegengewicht leicht zu bedienen (siehe S.136ff.).
Im Bonner Pavillon »Raum auf Zeit – Zeit im Raum« für die Montag Stiftung wird die Innen-Außen-Beziehung durch die Umkehrung des Öffnungsprinzips eines Garagentors realisiert (siehe S. 118ff.). Statt nach innen öffnet sich das Garagentor hier nach außen. Der Einbau von alltäglichen Bauteilen in neue Situationen stellt eine Verfremdung dar und führt nebenbei zu einer gewollten Irritation der Nutzer. So werden eingefahrene Handlungen und Nutzungsrituale vermieden. Die Anwendung erhält durch die Mischung von rationalen und irrationalen Momenten eine sinnliche Spannung und ein spielerisches Element. Genau hier trifft das Objekt auf eine Gesellschaft, die Konsum nicht nur zur Befriedigung des Notwendigen, sondern auch emotional benötigt.

23

Angebot, Entscheidung und Kontrolle

Eine selbstverständliche Nutzung mobiler Architekturen setzt das Verständnis voraus, wie ein mögliches Ergebnis eintreten kann. Ein Raum, der sich verwandelt, ist nicht sofort erklärbar. Es ist wichtig, dass der Nutzer die unterschiedlichen Zustandsformen von gegenwärtigem und zukünftigem Raum in der Vorstellung zusammenfügen kann. Es muss ein Gesamtbild ähnlich einem kubistischen Gemälde entstehen. Erst durch eine wahrnehmbare Unterscheidung der Alternativen hat der Handelnde auch tatsächlich mehrere Optionen. Die Entfaltung der Poesie des Gebrauchs ist letztendlich von der Einfachheit der Entscheidung und ihrer Kontrolle abhängig. Es geht auch nicht um die Quantität des Angebots, da die einzelne Möglichkeit mit vielen weiteren konkurriert und Scheinalternativen den Nutzer sinnentleert beschäftigen.[11]
Da mobile Architekturen sich wandeln, sind der Prozess und die Fragen, die damit verbunden sind, entscheidend für die Nutzung. Wann soll etwas verändert werden und wie lange dauert dieser Prozess? Der Faktor Zeit erhält hier eine besondere Bedeutung für die Akzeptanz der Mobilität.
Wandelbare Objekte müssen sich schnell und einfach bewegen lassen. Wie lange es dauert, um eine Zielfunktion zu erreichen, entscheidet über eine Nutzung. Zudem ist es eine Frage des Zeitpunkts, wann das Objekt verwendet wird. Die Improvisation der Architektur und die freie Nutzung des Angebots durch den Nutzer ist das anzustrebende Ziel. Um seine Entscheidungsfähigkeit nicht zu überfordern und den tatsächlichen Gebrauch zu unterstützen, sollten die Möglichkeiten wahrnehmbar strukturiert sein. Veränderungen im Raum dürfen weder zeitlich beliebig sein noch dem neuroti-

schen Nonstop unserer Beschleunigungsgesellschaft entsprechen. Ein definierter Rhythmus – Jahreszeiten (wie im Fall von »Fahrt ins Grüne«, Abb. 3), Temperaturschwankungen, Tag-Nacht-Wechsel oder mittelfristige Zyklen für Ortswechsel, Atmosphären- oder Funktionswandel – kann die Option und Wandelbarkeit einer Architektur sinnvoll und selbstverständlich strukturieren. Dabei stellt Rhythmus für den Nutzer ein vertrautes Verhältnis zwischen Raum und Zeit her. Weil die Intervalle der Veränderung erklärbar bleiben, vermittelt der Rhythmus innerhalb der Wandelbarkeit ein Gefühl der Konstanz. Er ist eine Form der zeitlichen Restrukturierung eines räumlich entstrukturierten Raums. Die zyklische Zeit übernimmt den notwendigen Orientierungsmaßstab im befreiten Raum. Dieser Orientierungsmaßstab ist Ordnung und freier Fluss zugleich.[12]

Der größte Teil des Werks von George Bernard Shaw entstand in einem kleinen und bescheidenen Gartenhaus, das der Schriftsteller selbst entworfen hatte. Das holzverschalte Haus ist unten und oben auf Stahlpfosten aufgelagert und manuell drehbar. Durch die Bewegung lässt sich der fast 6 m^2 große Raum samt Schreibtisch und Bücherregal dem Stand der Sonne anpassen und kann mit ihr wandern. Dieser sinnvolle Bezug erschließt sich dem Nutzer sofort. Zeit und Handlung sind verständlich aufeinander abgestimmt und in Dauer und Geschwindigkeit definiert (Abb. 23).

23 Schreibhütte des Schriftstellers George Bernard Shaw, Ayot St Lawrence, 1902
24 Küchenmonument, mit dem The Art for Places project, South Sefton Liverpool, 2008; raumlaborberlin

24

Anmerkungen:
1 Lerup, Lars: Das Unfertige bauen. Architektur und menschliches Handeln. Braunschweig 1986, S. 139
2 Guiheux, Alain: Architecture Action – Une Architecture Post-Théorique. Paris 2002, S. 10
3 Kruse, Lenelis; Graumann, Carl-Friedrich; Lantermann, Ernst-Dieter: Ökologische Psychologie. Weinheim 1996, S. 127 und 223
4 Schiller, Friedrich: Der epische Hexameter. In: Musen-Almanach für das Jahr 1797. Tübingen 1796, S. 67
5 Giedion, Sigfried: Herrschaft der Mechanisierung. Frankfurt am Main 1987, S. 306
6 ebd., S. 316
7 ebd., S. 316 und 324
8 ebd., S. 361 und 364
9 Mollerup, Per: Collapsibles. München 2001
10 Gili Galfetti, Gustau; Piloto, Pisos: Model Apartments. Barcelona 1997, S. 12
11 ebd. [3], S. 112
11 Geißler, Karlheinz A.: Die Orientierung am Rhythmus. In: Zeit, Zeitverständnis in Wissenschaft und Lebenswelt. Bern 1997

Weiterführende Literatur:
Bellanger, François: Habitat(s): Questions et hypothèses sur l´évolution de l´habitat. La Tour d'Aigues 2000
Cook, Peter: Archigram, Basel 1991
Dell, Christopher: Prinzip Improvisation. Köln 2002
Edition Nautilus: Der Beginn einer Epoche. Texte der Situationisten. Hamburg 1995
Gideon, Sigfried: Raum, Zeit, Architektur. Zürich / München 1998
Gleich, Michael: Mobilität. Hamburg 1998
Harloff, Hans Joachim: Zur Grundlegung der Wohnpsychologie, Report Psychologie 5,1989

Das Große im Kleinen – Architektur und Design wachsen zusammen

Oliver Herwig

Golden glänzt der Abfall oder vielmehr die Aufforderung zum Sammeln. Am Rande von Landshut stehen seit 1996 gold bemalte Betonfertigteile, Schriftzeichen in Versalien, als hätten Hild und K Architekten eine Hommage an Robert Venturi und die alten Casinos von Las Vegas errichtet (Abb. 2). Zwischen zwei neuen Trafo- und Bushäuschen spannt sich eine Wand als Aufstellort für Wertstoffcontainer. Die beiden Münchner Architekten hatten Landshuts damaliges Jahresmotto »Jahr des Goldes« einfach wörtlich genommen und die banale Bauaufgabe Wertstoffhof veredelt. Selten wurde die Lust am Kleinen so augenzwinkernd und zugleich so ironisch dargestellt. Die Wand wurde zum Schriftzeichen, zur Aufforderung, die Mülldeponie als Ort der Wertschöpfung zu entdecken. Eine fast nietzeanische Umwertung der Werte und zugleich gelungenes Marketing.

Gleich ob Japan, Deutschland oder Großbritannien: Die Lust an kleinen Bauwerken, die sonst in der Flut des Gewöhnlichen, der Massenware und des Billigen abtauchen, ist vielen Gestaltern anzumerken, als ob sie gegen das Ernste, das große Geschäft rebellierten. Mikroarchitektur bildet das vielleicht letzte echte Experimentierfeld der Moderne, die sich so gerne mit dem Großen, Erhabenen und Dauerhaften beschäftigte. Noch 1994 sah Oswald Mathias Ungers das Wesen der Architektur in Zahl, Maß und Proportion: »Die ideale Gestalt, die perfekte Form stehen im Mittelpunkt des Bestrebens.«[1] Ungers lässt seinen Aufsatz »Mass. Zahl. Proportion« sogar mit einem Wittgenstein-Zitat ausklingen, das viel vom Selbstverständnis der Moderne verrät: Architektur zwinge und verherrliche etwas. Daher könne es Architektur nicht geben, wo nichts zu verherrlichen sei.[2] Mikroarchitektur hält da wacker dagegen. Denn offenbar schreiten Erhabenes und Banales im Gleichschritt voran. 1964 veröffentlichte Susan Sontag ihre berühmten »Notes on Camp« und schuf damit die Basis für eine systematische Auseinandersetzung mit Kitsch als ambivalentem Treibsatz unserer Massenkultur. Ein Jahrzehnt später legten Venturi, Scott Brown und Izenour mit »Learning from Las Vegas« nach. Ihr antropologisch-architektonischer Streifzug ins Herz des Banalen und des Kommerzes zeigt, dass die Bauwelt besonders lebendig jenseits der Sphäre von Planung und geregelter Ästhetik funktioniert, wenn auch nur als billigste Unterkunft, als »regendichte Behausung mit applizierten Symbolen.«[3]

Offenbar liegt in der Massengesellschaft und ihrer Symbolik eine Quelle ständiger Irritation und Missverständnisse. Bis heute hält sich die Meinung, Architektur sei das Eigentliche, Design hingegen Mode, Verpackung und Applikation. Auf der einen Seite stehen da Architekturdenker, die Strukturen in den Mittelpunkt ihrer Arbeit stellen und Problemlösungen anbieten, also Langlebiges, fast möchte man sagen Überzeitliches entwickeln. Auf der anderen Seite arbeiten Verpackungskünstler, Designer und Stylisten, die Hüllen um scheinbar beliebige Inhalte ziehen.

Prozesstiefe und Zeit können nicht als trennscharfe Unterscheidungskriterien zwischen Architektur und Design dienen. Viel eher ist es der Gegensatz von Unikat und Serie, der die beiden Disziplinen nach der industriellen Revolution ausdifferenzierte. Thonets Sessel Nr. 14 hatte bereits im Jahr 1910 eine Auflage von 50 Millionen. Das unbequeme Objekt wurde zur eigentlichen Sitzmaschine der Moderne, die funktionale Logik vorformatierter Vierkanthölzer und ihre maschinelle Montage verband. Der Sessel Nr. 14 wurde als Serienprodukt zwischen 1859 und 1930 nahezu unverändert hergestellt. Welche Architektur könnte das von sich behaupten? Industrielle Herstellung prägt das Design, eine Mischung aus Handwerk und industrieller Baumethodik die Architektur – bislang zumindest. Denn der Computer ändert die Spielregeln. Grenzen der Gestaltungsdisziplinen lösen sich auf. Digitaler Entwurf, Rapid Prototyping und computergesteuerte Herstellung unterminieren die traditionelle Trennung von Unikat und Serie. Das Einzelstück entsteht heute – anders als Adolf Loos meinte – mit gleichem Aufwand wie die Serie. Ist Gestaltung plötzlich doch nur eine Frage des Maßstabs?

Unsere Welt prägen weniger megalomanische Bauten als intelligente Interventionen, namenlose Kioske, Ticketautoma-

2

ten, Bushaltestellen, Toilettenanlagen, Litfaßsäulen, Imbissstände und Touristeninformationsschalter. Mikroarchitekturen, jene oft mobilen und autarken Bauten, klinken sich in Infrastruktur ein wie Handys in Telekommunikationsnetze: unsichtbar, unaufdringlich und doch hoch effizient. Kleine Bauten nutzen sie und füllen sie mit Inhalten, sie bieten, obwohl selbst Teil der Hardware, einen Ausblick auf die Software, die es braucht, so komplexe Gebilde wie die Stadt mit Leben zu erfüllen. Kleinstarchitekturen und mobile Bauten zeigen: Es gibt fließende Übergänge zwischen Architektur und Design. Je nach Perspektive entstehen Objekte im Raum oder begehbare Raumobjekte.

Auf dem Tisch die ganze Bauwelt

Wo endet eigentlich Design und wo beginnt Architektur? Alessi gehört nicht zu jenen Firmen, die im Verdacht stünden, darauf tiefgreifende Antwort zu geben. Die Italiener schufen ab 1979 lieber Fakten mit der Kollektion »Tea & Coffee Piazza«, für die sie zunächst die Heroen der Postmoderne verplichteten. Michael Graves, Hans Hollein, Charles Jencks, Richard Meier, Alessandro Mendini, Paolo Portoghesi, Aldo Rossi, Stanley Tigerman, Oscar Tusquets, Robert Venturi und Kazumasa Yamashita entwarfen die auf 99 Exemplare limitierte erste Serie aus silbernen Tee- und Kaffeeservicen samt Milchkännchen, Zuckertopf und Tablett. Hinter dem Projekt stand Alessandro Mendini, dem Grundsätzliches vorschwebte.

Mendini ging es um mehr als nur schicken Hausrat: Er wollte ein tragbares Architekturmanifest, das Bilder schafft und keine Ideologie. Dazu musste er Häuser und Plätze, die

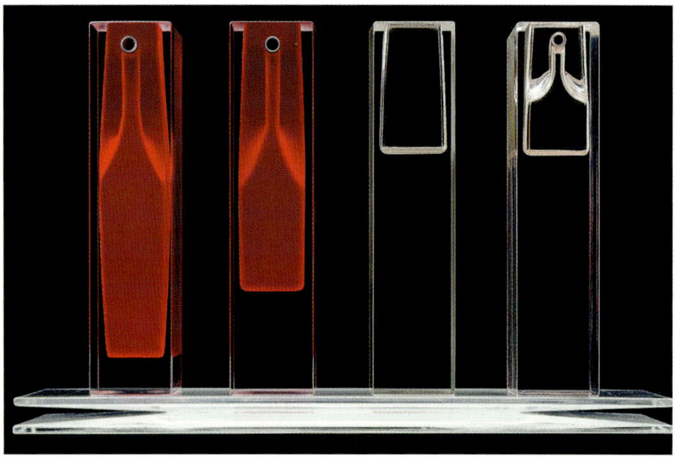

3

4

seiner Ansicht nach jahrzehntelang auf reinen Funktionalismus reduziert worden waren, wieder reemotionalisieren. Miniaturisierung und häusliche Mikroarchitekuren kamen auch dem Hersteller Alessi zupass, der sich gerade zum Produzenten der Postmoderne und ihrer rhetorischen Figuren aufschwang. Wie problematisch der Ansatz aber war, Produktdesign als Experimentierfeld für architektonische Ideen und Konzepte auszugeben, zeigt die ebenfalls von Mendini kuratierte Kollektion »Tea & Coffee Towers« (Abb. 3, 4). Sie vertrat eine Architektengeneration[4] zwischen Blob und Dekonstruktion, die sichtlich unbefangener mit den Gegensätzen von Theorie und Praxis, klein und groß, Spiel und Wirklichkeit umging. Die heute gefragten Sammlerstücke führen vor Augen, wie sehr Bauen und Design im Werk vieler Architekten zusammenklingen. Wer etwa Ben van Berkels »Tea & Coffee Towers« sieht, computergenerierte Freiformen für den Esstisch, ist sich nicht mehr sicher, ob auf dem Tisch nicht doch Miniaturarchitektur steht. Die Entwurfsmethode bestimmt das Produkt; CAD-Programme für Freiformflächen kamen bereits in verschiedenen Projekten von UNStudio zum Einsatz, besonders im gefeierten Mercedes Benz-Museum, das Hanno Rauterberg in der ZEIT gar als Zeichen der Digitalmoderne feierte.[5] Sind Kunstmuseum und Kaffeekanne also Verwandte im Geiste? Trotz gemeinsamer Basis nutzen Architekten und Designer funktional sehr unterschiedliche CAD-Programme um Objekte zu generieren. Wie auch immer, die Digitalmoderne öffnet neue Wege, sie fragt nicht mehr nach Unikat oder Serie, sie kennt nur ein Kriterium: gute oder schlechte Gestaltung.

Ihre Herkunft aus dem Rechner können auch Möbelentwürfe von Zaha Hadid nicht verbergen. Sie erscheinen geomorphologisch in Name und Form. Die Sofaentwürfe »Glacier« und »Moraine« für Sawaya & Moroni beispielsweise – dreidimensionale Vektorgrafiken oder vielmehr Designkunst für das traute Heim – gleichen Karambolagen, gestalterischen Unfällen im Wohnzimmer. Hadids programmatische Auflösung von Form und Funktion im Großen findet im Kleinen keine überzeugende Entsprechung, ebensowenig gelingt eine Neuerfindung des Wohnens im digitalen Zeitalter. Wesentlich pragmatischer zeigt sich UNStudio mit Ben van Berkels modularer Sofalandschaft »Circle« für Knoll, eine flexible Sitzgruppe aus sechs Elementen, die immer neue Kombinationen aus konvexen und konkaven Formen bilden (Abb. 5, 6).

Es lebe der Leichtsinn

Ende des letzten Jahrhunderts formulierte der italienische Schriftsteller Italo Calvino sechs Forderungen für die Zukunft: Leichtigkeit, Schnelligkeit, Genauigkeit, Anschaulichkeit, Vielschichtigkeit und Konsistenz. Die vielzitierten »Sechs Vorschläge für das nächste Jahrtausend«[6] gehen über eine literarische Bestandsaufnahme weit hinaus. Calvino lieferte die Blaupause für unser Leben, die sich schon bald in designtheoretischen Ansätzen wiederfand. Calvino forderte eine »Leichtigkeit der Nachdenklichkeit«[7], einen »schwerelosen Ernst«[8], noch bevor Begriffe wie Nachhaltigkeit die Debatten prägten.

Leichtigkeit umschreibt ziemlich genau das, was Richard Horden antreibt: weg von den massiven Bauten der Vergangenheit, hin zu flexiblen Formen, die sich niemandem aufzwingen, am wenigsten der Natur. »Touch the earth lightly«, lautet das Motto von Horden, der an der Technischen Universität München den Lehrstuhl für Gebäudelehre und Produktentwicklung bis 2010 innehat. »In Zukunft«, prophezeit Horden, »müssen wir lernen, mehr mit erheblich weniger Aufwand herzustellen.«[9] Wie flexibel und zugleich belastbar kann man bauen? Und wie viel Material braucht eigentlich eine Wetterstation, ein Bootshaus oder ein Ateliergebäude? Ziemlich wenig, wenn man auf die Prototypen schaut, die Horden zusammen mit den Studenten entwickelt hat. Die Arbeiten erinnern an Jachten, die mal kurz vor Anker gegangen sind, oder an verwegene Kreuzungen aus Zelt und Surfbrett.

»Cliffhanger« heißt eine Plattform aus etwas Kunststoff und Metall. Wie ein Schwalbennest klebt sie an einer Steilwand über dem Gardasee und dient Seglern und Kletterern als Ort zum Ausruhen, Sonnenbaden und Beobachten. Wer genug hat von spartanischen, auf das Minimum reduzierten Konstruktionen, ist mit dem »Sky Motel« besser bedient. Die aerodynamisch geformte Aluminiumschlange hängt direkt unter der Brennerautobahn, zumindest in der Simulation. In über 70 m Höhe bietet die Raststätte einen phantastischen Blick auf die Alpen, während sich darüber der Schwerlastverkehr über den Pass quält. »Es geht immer mit weniger Material«, meint Horden. Wie oft habe er angehende Architekten gefragt: »Wie schwer ist das?«, um einen überarbeiteten, eleganteren Entwurf zu erhalten.

Wie eine solche Architektur konkret aussehen kann, zeigt seit November 2005 das »O_2 Village« inmitten der Studentenstadt Freimann. Das Münchner Studentenwerk ließ eine Miniatursiedlung aus zunächst sieben kompakten Wohnwürfeln errichten. Das Innenleben des gerade 6,50 m^2 großen »micro compact home« von Horden, Cherry, Lee Architects aus London und Haack + Höpfner Architekten aus München lässt sich dank versenkbarer und flexibler Möbel im Handumdrehen umbauen. Das mobile Wohnmodell bietet den Studenten in einer Stadt mit wenig bezahlbarem Wohnraum eine kostengünstige Alternative.

Das Leichte wirkt schwer nach in der Bauwelt, als subversive Botschaft, Ressourcen anders, nämlich intelligenter einzusetzen. Ephemere Architekturen, die genau dann entstehen, wenn sie gebraucht werden und wie Jahrmarktsbuden oder Zeltstädte wieder verschwinden, haben die Chance, ein zentrales Diktum der Moderne einzulösen: Weniger ist tatsächlich mehr. Oder wie Calvino meinte: »So nähern wir uns auf unserem Kübel reitend dem neuen Jahrtausend, ohne Hoffnung, dort mehr vorzufinden als das, was wir selber dort hinzubringen vermögen. Beispielsweise durch Leichtigkeit (...).«[10]

Welches Minimum? Kleinstarchitekturen zum Wohnen

Shigeru Ban, beheimatet in Japan, wo Kleinststrukturen, die jede Nische besetzen, das Straßenbild von Millionenstädten wesentlich prägen, ist weltweit bekannt geworden mit seinem japanischen Pavillon für die Expo 2000 in Hannover. Zusammen mit Frei Otto hatte Ban ein Geflecht von Papprollen entworfen, die bis zu 40 m lang und 12 cm dick sind. Über

5

6

7

1 »Iris Dome«, Hannover, Expo 2000; Hoberman Associates
2 Wertstoffhof Sammeln, Landshut, 1996; Hild und K Architekten
3 »Tee & Coffee Towers«, 2000; Wiel Arets für Alessi
4 »Tee & Coffee Towers«, 2003; UNStudio für Alessi
5, 6 Sitzgruppe »Circle« aus vier Teilen, 2005; UNStudio für Walter Knoll
7 Einzelsessel »MYchair«, 2008; UNStudio für Walter Knoll

8

Steckverbindungen sind sie zusammengefügt und untereinander mit Polyesterbändern verschnürt. Ein speziell imprägniertes Gewebe aus Textilien und Papier bildet die Dachhaut. Dass der Japaner nach dem gleichen Prinzip für das UN-Hochkommissariat bereits in Ruanda Flüchtlingsunterkünfte errichtet hatte, ging angesichts des spektakulären Expo-Baus unter (Abb. 8). 50 Prototypen hatte er getestet, alle aus Papprohren, die insbesondere Termiten widerstehen mussten. Ban ersann eine Konstruktion aus vorgefertigten Plastik-Steckverbindungen, über die Planen als Wind- und Wetterschutz gezogen wurde. Ein verwandtes System hatte Ban 1994 bereits nach dem verheerenden Erdbeben von Kobe eingesetzt. Auf ausgedienten und mit Sand gefüllten Bierkästen entstanden Notunterkünfte aus vertikalen Pappröhren, Materialien, die kaum mehr als 2000 Euro pro Einheit kosteten und leicht zu entsorgen waren.
Bisweilen ist der Krieg doch Vater aller Dinge. Das Militärzelt »Eureka RDS« (Rapid Deployable System) von Johnson Outdoors – nach eigenen Angaben das augenblicklich am schnellsten zu entfaltende Notzelt der Welt – ist ein kleines großes konstruktives Wunder (Abb. 9). Das knapp 10 m lange Notzelt lässt sich von vier bis fünf Helfern in nur 14 Minuten aufbauen. Möglich macht dies ein faltbarer Aluminiumrahmen, der selbst gerade 315 kg wiegt, maßgeblich entwickelt von Chuck Hoberman. Er koppelt Scherensysteme zu dreidimensionalen Tragwerken, die sich räumlich entfalten lassen. Daraus entstanden auch die kinetischen Spielzeuge, die durch schieben, ziehen und drehen zu dreidimensionalen Objekten werden.

In Zentraleuropa ist von solch souveränem Umgang mit dem Minimum wenig zu spüren. Bauen ist eine ernste Angelegenheit, eine Sache von Normen und Vorschriften, von Abstandsflächen und bewährten Standards. Kein Wunder, dass Mikroarchitekturen hier einen Grad von Perfektion erreichen, der weit über das Pragmatische, weit über das Notwendige hinausgeht.

Als der Münchner Konzeptkünstler Stefan Eberstadt 2004 das Rucksackhaus vorstellte, das wie eine kubische Amöbe an ein vorhandenes Haus andockt und dessen Infrastruktur mitnutzt, war das Interesse groß (Abb. 10). Selbst Boulevardzeitungen stürzten sich auf den Exoten unter den Häusern, ohne das subversive Element dieses 2 t schweren parasitären Baus wahrzunehmen. Im Grunde hatte Eberstadt die Prinzipien seiner Kunst – schwarze Durchbrüche und Weißflächen – in die dritte Dimension übertragen und einen Kunstkubus geformt, der hoch über dem Bürgersteig mehr an ein perforiertes Blech erinnerte als an ein schwebendes Zimmer. Je nach Perspektive wurde das Rucksackhaus denn auch als Kunststück, bewohnbare Skulptur oder Antwort auf urbane Bedürfnisse nach Veränderung und Transformation wahrgenommen. Fast fünf Stunden dauert es, bis das Rucksackhaus an einer vorbereiteten Fassade andockt. Ein Autokran hievt die Box, ein mit Schichtholzplatten und Birkensperrholz verkleideter Stahlrohrkäfig, in die Höhe und befestigt sie über vorgebohrte Löcher in der Fassade. Das alleine würde zur Fixierung nicht reichen. Zwei Stahlseile zurren den durch Fenster an allen Seiten gelochten Wohnparasiten über Umlenkrollen an der rückwärtigen Fassade fest. Die Fensteröffnungen im Boden aus 2,5 cm starkem absturzsicherem Acrylglas. Das ausgefallene Konzept brachte es bis zur Architekturbiennale nach Vendig, getreu dem Motto des deutschen

9

Pavillons von 2006 »Convertible City – Verwandelbare Stadt« (siehe S. 133ff.).

Klein kommt gut. Allein mit Zeitungsausschnitten ihres Zusatzraums könnten Bibi und Eik Kammerl, Katrin Aldenhoven und Jörg Pottrick vom Planungsbüro Kammerl und Kollegen, vormals Exilhäuser, ganze Ordner füllen. Der Kubus aus Acrylglas, Aluminiumrahmen und Schichtholz ist als schnelle Erweiterung von Wohn- und Arbeitsraum konzipiert und kann z.B. als Atelier oder Gartenlaube genutzt werden. Sogar SPIEGEL SPEZIAL berichtete darüber im Rahmen eines Beitrags über Gartenlauben.[11] Gebracht hat so viel Öffentlichkeit wenig. Gute Presse allein genügt offenbar nicht. Anfragen verliefen im Sande, weil sich kein Hersteller fand, der den Container in Serie produziert hätte. Im Spannungsfeld zwischen den Professionen Architektur und Produktdesign tut sich offenbar ein Bereich auf, der ganz nach Belieben mal der einen, mal der anderen Seite zugeschlagen werden kann. Weder Materialien noch Maße bieten absolute Größen, sie geben höchstens Anhaltspunkte für eine Kategorisierung. Allein Kontext und Nutzung entscheiden, wie etwas wahrgenommen wird. So konnte der Zusatzraum sowohl als Design-Gartenlaube wie als Mikroarchitektur firmieren.

Maße sagen nichts über den Inhalt aus. Su-Si hat Abmessungen von ca. 12,63 × 4,33 m und bringt 12 t auf die Waage. Der schlanke Wohncontainer gibt keine Nutzung vor. Mal Atelierhaus, dann wieder Büro, Ausstellungspavillon oder Zweitwohnsitz. Johannes und Oskar Leo Kaufmann, Architekten des hölzernen Wohncontainers, nannten den Entwurf nach dem ersten Besitzerpaar, Susanne und Siegfried. Die wollten zwar extravagant wohnen, noch dazu im eigenen Haus, hatten aber nicht einmal ein Grundstück. Das vermittelten ihnen die Architekten obendrein.
Su-Si besteht aus einem einzigen 43 m² großen Raum, der in drei Bereiche aufgeteilt ist. Schlaf- bzw. Sanitärbereich befinden sich jeweils an der Außenseite, dazwischen liegt der Wohnraum. Gelebter Minimalismus. Su-Sis Vorzüge liegen unter anderem in der guten Materialwahl: außen Fichte, innen Weißtanne. Der Innenausbau bleibt den Wünschen des Kunden überlassen und kann je nach Belieben vom Bauherrn selbst vorgenommen werden. Lediglich die Größe bestimmt der Lkw. Weil das Ganze in einem Stück transportabel sein soll, reagiert die Konstruktion mit zusätzlicher Aussteifung darauf.

Ist Su-Si ein Luxus-Trailer, der amerikanischen Pioniergeist mit europäischen Standards und Raffinesse verbindet, eröffnet Cocobello eine ganz eigene Kategorie innerhalb der Abteilung Mobilität (Abb. 11, 12). Das stählerne Haus auf Rädern aus der Schmiede des Münchner Architekten Peter Haimerl vollzog auf der ersten Architekturbiennale in Rotterdam 2003 jeden Tag das gleiche Schauspiel vor dem Eingang zur Ausstellung Satelliten. Die stählerne Box besteht aus drei ineinander verschachtelten Bauteilen, die sich horizontal und vertikal auseinanderfahren lassen. Durch seine integrierte Hubmechanik

10

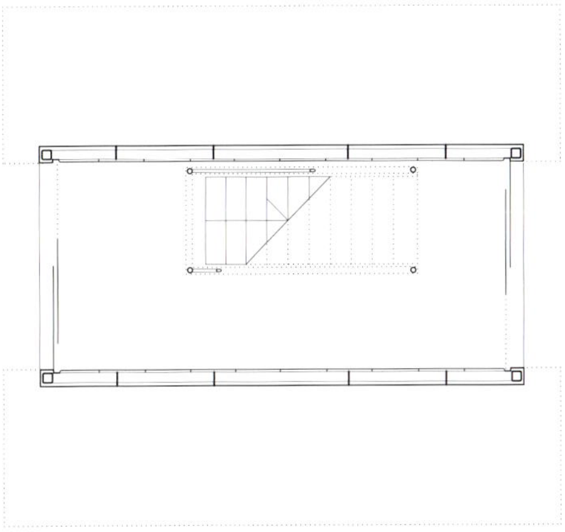
11

12

8 Schutzbauten nach dem Erdbeben in Ruanda, 1998; Shigeru Ban Architects
9 Aufbausequenz Militärzelt »Eureka RDS« (Rapid Deployable System), 2006; Chuck Hoberman für Johnson Outdoors Eureka Brand
10 Montage und Befestigung des Rucksackhauses im Rahmen einer Installation für die plan05 in Köln, 2005; Stefan Eberstadt
11, 12 Mobiles Atelier Cocobello, München, 2001; Peter Haimerl

13

kann es ohne zusätzliches Hebezeug auf- und abgeladen werden. So verwandelt sich der geschlossene Container innerhalb einer Stunde in eine 42 m^2 große Einheit. Cocobello verkörpert ein Stück mobiler Architektur, die sich ins urbane Netz einklinkt, Raum schafft und wieder Platz macht für andere Nutzungen, ein nomadisierender Bau, der Erfahrungen der Automobil- und Flugzeugbauer in seine Konstruktion aufnimmt. Cocobello gleicht mit seinen gerundeten Ecken und breiten Panoramafenstern mehr einem elaborierten Wohnmobil denn einem Stück mobiler Architektur.

Ohnehin scheint das Wohnmobil die Konsequenz mobiler Architektur zu sein, wenn Camper die Autobahnen in rollende Städte verwandeln und Amerikaner das Prinzip »my home is my castle« ungezwungen auf jeden fahrbaren Untersatz ausweiten. Vielleicht liegt es an der Siedlungsgeschichte der USA, an den schier endlosen Treks aus Siedlern mit Planwagen, vielleicht einfach nur daran, dass sich die rüstigen Rentner von heute nicht länger aufs Altenteil abschieben lassen. Lieber steuern sie per Wohnmobil Kalifornien oder Texas an, um in Gesellschaft Gleichgesinnter das Leben zu genießen. Sogenannte mobile homes bezeichnen eine eigene Kultur, vom VW-Bully mit Zeltdach bis zum rollenden Heim, das mit Ziegelsteinen schnell mal aufdockt und dingfest gemacht wird. Die Idee des Heute-hier-morgen-dort bildet die teils romantische, teils pragmatische Verlängerung der Nomadenkultur, die vorgezeichnete Reihenhausidylle gegen ein Stück Freiheit eintauscht. Mit der Mobilität der Behausung wächst auch die Bereitschaft zu einer Beweglichkeit in der Vorstellung davon, wo Architektur beginnt. Vielerorts stehen heute Pavillons, mobile Bauten, die auf Zeit errichtet sind und bald wieder verschwinden, Provisorien mit eingebautem Haltbarkeitsdatum, Illusionen von Nomadentum und leichtem Leben.

Infrastruktur zwischen Architektur und Kunststücken
An der Grenze von Architektur, Kunst und Design tut sich etwas. In bester Tradition von Tee- und Lusthäusern zeigen die alljährlichen Pavillons der Serpentine Gallery längst nicht nur den Stand der Baukunst, sie beschreiben die ästhetischen Parameter unseres guten Geschmacks. Die Experimente verbindet oft nur eines: Sie sind nicht von Dauer, und diese Freiheit verleiht den temporären Pavillons eine Durchlässigkeit, wie sie sonst schwer zu finden ist, durchlässig vor allem in Richtung Kunst und Design.

Als der Soziologe Lucius Burckhardt 1981 ketzerisch bemerkte, Design sei unsichtbar, schreckte er die festgefügte Welt der Gestaltung auf. Der ehemalige Dozent an der Ulmer Hochschule für Gestaltung argumentierte systemtheoretisch. Er wollte sich nicht damit abfinden, einen Kosmos mehr oder weniger gut gestalteter Dinge zu kritisieren, eine nach Gegenständen eingeteilte Welt, er lenkte den Blick auf dahinterliegende Strukturen. Statt sich also auf das Design eines Autos zu beschränken, nahm er das Phänomen Mobilität ins Visier. Burckhardt war überzeugt, dass Objekte ihre eigentliche »Gestalt durch die Interaktionen des Entwurfsprozesses«[12] erhielten. Dass Design »eine unsichtbare Komponente hat, die institutionell-organisatorische, über welche der Designer ständig mitbestimmt, die aber durch die gängige Art der Einteilung unserer Umwelt im Verborgenen bleibt«, will keiner mehr bestreiten. Das Unsichtbare der Versorgungsinfrastruktur ans Licht zu holen, mag ein weiterer Antrieb der Gestalter sein, wenn sie sich mit Reglerstationen

14

einlassen, mit Tankstellen, Kiosken und Pavillons. Damit treten sie in Wettstreit mit einer anderen Profession, die sich der Gestaltung von Alltagsgütern verschrieben hat, den Industriedesignern.

Architektur wie aus der Spritzgussmaschine, vergrößerte Designteile, die zufällig begehbar, bewohnbar sind. Genau das zeigte Rem Koolhaas 2006 mit seinem »Serpentine Gallery Pavilion« in London. Kein solider Bau stand da, sondern eine luftige Erscheinung. Das Dach, ein Heliumballon, schwebte über dem 5 m hohen Sockelgeschoss aus Polycarbonatwänden. Der flexible Luftraum veränderte sich mit dem Wetter. Bei Wind und Kälte sackte der Ballon in sich zusammen und isolierte das Erdgeschoss zusätzlich. Wand und Ballondach dienten zudem als Projektionsflächen für Lichtinstallationen und Filme. So entwarf der niederländische Architekt eine bewegliche Litfaßsäule, einen Informationsballon, der nicht nur seinen Vorgängern Paroli bot, sondern auch dem Duo Olafur Eliasson und Kjetil Thorsen. Diese errichteten ein Jahr später einen Illusionsraum, der zwar aus Stahl und dunkel gebeiztem Sperrholz bestand, aber seine Dimensionen vor den Zuschauern immer wieder aufs Neue verbarg. Temporär, experimentell und alles andere als solide, so reizten generell viele der Pavillons die Sinne ihrer Besucher. Dabei stehen sie nicht allein. Offenbar beleben Grenzüberschreitungen die einzelnen Gattungen.

Sind es nun aufgepumpte Designteile, aufgeblähte Kunststücke oder einfach konzentrierte Architekturen, die aus dem Rahmen fallen? Thomas Heatherwick verbindet Architektur, Design und bildende Kunst zu einer neuen Einheit. Der Brite versteht sich als Designer im Dreidimensionalen. Er möchte bessere Umwelten für die Menschen schaffen – und stimulierende dazu. Das bewies Heatherwick mit seiner spektakulären Serie von Sommerhäusern, »sitooteries« (abgeleitet vom Schottischen Englisch: »sit oot«; zu deutsch: aussitzen, hier: im Freien sitzen) aus Holz und Aluminium. »Sitooterie II« auf Barnards Farm in Essex sieht aus wie ein außerirdisches Artefakt: 5000 hohle Aluminiumstacheln, die mit orangenem Acrylglas gefüllt sind, dienen als »Fenster« des 2,40 × 2,40 m großen Kubus und heben ihn zugleich vom Boden ab. Das im Zentrum gebündelte Licht lässt das Kunstobjekt glühen, das über eine Rampe zu betreten ist (Abb. 14).
Dass der studierte Produktdesigner und Absolvent des Royal College of Art in London durchaus einen Sinn für Praktisches hat, bewies er unlängst, als ihn die Londoner Stadtteilverwaltung von Chelsea und Kensington bat, neue Zeitungsbuden zu entwerfen, die Graffitis standhalten sollten. Die Londoner Künstler-Designer-Architekten von Heatherwick Studio nahmen die Aufgabe sehr ernst und ersannen funktionale Kioske. Wehrhaft sehen die 2009 vorgestellten Stände aus, als hätten überdimensionale Ritter Helme auf dem Trottoir abgestellt. Die ovalen Kioske werden von einem Lkw in einem Stück an den Aufstellungsort gebracht. Die Konstruktion besteht aus vertikalen Flachstählen. Ein 2 mm dickes Stahlblech ist zwischen die Flachstähle geschweißt und mit Sperrholz im Inneren und Messing als Außenhülle verkleidet. Morgens schieben die Standbesitzer die glänzende Schale zur Seite und zeigen ihr Sortiment, abends schließt sich der Kiosk wie ein Visier, zum Missvergnügen der Graffiti-Szene, die Zeichen lieber auf Mauern hinterlässt (siehe S. 94ff.).

In der Designtheorie des 20. Jahrhunderts erweist sich die Frage von Inhalt und Form, von Technik und Hülle immer wieder als problematisch. Raymond Loewy, begnadeter Stylist, der etwa die Shell-Muschel und das Verpackungsdesign von Lucky Strike entworfen hat, beschreibt seinen ersten großen Auftrag, den Gestetner-Vervielfältiger (einen Matritzen-Kopierer) zu modernisieren, in seinem Erfolgsband »Hässlichkeit verkauft sich schlecht« wie folgt: »So beschloss ich, mich auf eine Amputation der vier Beine und auf plastische Chirurgie am Körper zu beschränken.« Loewy propagiert ein »face-lifting«: »[Ich würde] einfach all die kniffligen Maschinenteile in eine saubere, wohlgeformte und leicht abzunehmende Hülle einkapseln. Dann würde ich das Rad, die Kurbel und das Tablett neu entwerfen. Das Ganze würde schließlich auf vier schlanke, aber feste Beine gesetzt, munter angemalt und in das Geschäftsleben zurückgeschickt werden.«[13] Was aber, wenn die Maschinerie so groß wird, dass ihre Verkleidung ein Stück Architektur hervorbringt? Deffner Voitländer Architekten aus Dachau nutzten die Gestaltung einer Gasübergabestation der Stadtwerke für ein interessantes Experiment: die Verkleidung, die verhüllt und zugleich enthüllt (Abb. 13). Wer die Gasübergabestation mit ihrer zitronengelben Hülle aus glasfaserverstärktem Kunststoff sieht, deren Abgasschläuche aus dem Dach wuchern, erlebt Technik zum Anfassen: Rohre, Stangen, Schalter und Ventile ziehen sich als technische Zeichnung um die Außenflächen. Die »Blackbox«, das geheimnisvolle Innenleben der Technik,

15

16

13 Gasübergabestation, Dachau, 2004; Deffner Voitländer Architekten
14 »Sitooterie II«, Barnards Farm, Essex, 2003; Heatherwick Studio
15 Aussichtsturm im Wetterpark Offenbach, 2006; bb22 architekten und stadtplaner zusammen mit unit-design
16 »Frame Building« auf der documenta 6 in Kassel, 1977; Haus-Rucker-Co

17

18

haben die Architekten auf die Gebäudehülle projiziert. Nachts leuchtet die Station von innen wie eine überdimensionale Laterne. Steht hier nun ein unverhältnismäßig großes Stück Design? Oder doch »nur« Architektur? In jedem Fall ist die Frage der Hülle für die Beantwortung solcherlei Grenzgängerei entscheidend. Sie ist selbstreflexiv und pragmatisch, zudem preiswert. Loewy jedenfalls konnte ästhetischen Entscheidungen immer eine pragmatische Seite abgewinnen, eine Entwurfslogik vorführen, die selbst für die Gasübergabestation gültig scheint: »Die Hülle verbarg nicht nur all die kleinen Vorrichtungen, die vorher freilagen, sondern hatte auch noch andere Vorteile. Solange die Einzelteile sichtbar waren, mussten ihre Oberflächen bearbeitet, vernickelt und handpoliert werden. Und das waren sehr kostspielige Arbeitsgänge.«[14]

War Loewy Meister des Re-Designs, der genialen Überarbeitung eines bestehenden Entwurfs mit der Maßgabe, diesen zu verbessern und plakativer, erfolgreicher zu machen? Gehört das Zitieren von Ikonen und Vorgängern längst zum guten Ton in der Welt der Gestaltung?
Ganz selten aber wagen sich Designer an den Hochbau und auch dann nur mithilfe ihrer Kollegen Baumeister. Bernd Hilpert von unit-design sieht den universalen Anspruch der Architekten nicht ohne Schmunzeln: Architekten würden sich immer als Gesamtkünstler verstehen, die alles überragen, meint der Frankfurter Designer. Zusammen mit Jan Schulz von bb22 architekten und stadtplaner hat unit-design von 2005 bis 2006 den »Wetterpark Offenbach« gestaltet, einen großen Landschaftspark am Sitz des Deutschen Wetterdienstes voller Objekte und gekrönt von einem knapp 10 m hohen Turm, dessen Panoramarahmen die Installation »Landschaft im Dia« von Haus-Rucker-Co auf der documenta 6 in Kassel von 1977 zitiert (Abb. 16). Für die Designer ging es nicht um klassischen Hochbau, sondern um gebaute Kommunikation. Der Turm ist ein Seh-Objekt, eine Gemeinschaftsarbeit von Designern und Architekten (Abb. 15).

Große Utopien mit wenig Material
Am ehemaligen Stuttgarter Institut für Leichte Flächentragwerke wandelte sich unter Frei Ottos Leitung der Architekt zum Wissenschaftler, um in Versuchsreihen beispielsweise die Oberflächenspannung von Seifenlaugen zu erforschen. »Der moderne Architekt«, forderte Frei, »muss das Beste und Passendste nehmen, gleichgültig, woher es stammt. Er muss erfinden, experimentieren, entwickeln und forschen.«[15]
Gleich ob mechanisch vorgespannte Membranen, krakenähnliche Schutzdächer, die bei Open-Air-Veranstaltungen Schutz bieten, Seilnetzkonstruktionen, die mit minimalem Aufwand große Flächen überspannen, oder Pneubauten – die Suche nach minimaler Architektur ist Frei Ottos Berufung. So entstanden nicht nur Megaprojekte wie 1971 die Projektstudie »Stadt in der Arktis« oder 1972 die Olympischen Sportstätten in München, sondern so elegante Miniaturarchitekturen wie zehn Bühnenschirme für die Konzerttourne von Pink Floyd 1976, die zu den subtilsten Architekturen der 1970er-Jahre zählen: Schirme wie Pfifferlinge, die an langen Stengeln nach oben wachsen und sich langsam entfalten.

19

17 Deutscher Pavillon auf der Weltausstellung in Montreal, 1967; Rolf Gutbrod, Frei Otto und Fritz Leonhardt
18 Pavillon der USA auf der Weltausstellung in Montreal, 1967; Richard Buckminster Fuller
19 Traglufthalle Airquarium; Axel Thallemer

»Don't fight forces, use them« – kämpfe nicht gegen Kräfte, nutze sie – war ein Grundsatz von Frei Ottos amerikanischem Pendant, dem Tüftler und Universalgelehrten Richard Buckminster Fuller. Ob dieser nun das Bild vom »Raumschiff Erde« erfand oder das »Dymaxion-Prinzip«[16] vermarktete, Buckminster Fuller brachte das Branding und Marketing seiner ganzheitlichen Designphilosophie gleich mit: »To do more with less«[17] wurde zum geflügelten Wort. Nicht nur das, Buckminster Fuller setzte es im schwebenden »Dymaxion House« um, das wie ein Segelschiff von einem mittigen Mast abgespannt war.
Buckminster Fuller sei glücklicherweise kein Architekt, begann Harvey W. Corbett, Vorsitzender der Architectural League, am 9. Juli 1929 einen Diskussionsabend über das »Dymaxion House«. »Er ist auch kein Ingenieur. Er hat nichts von dem uns Bekannten.«[18] Corbett war durchaus angetan von Buckminster Fullers Ansatz. Er sähe »keinen Grund, warum Häuser nicht in Großserie produziert werden sollten wie andere Alltagsgüter«[19], fuhr er fort. Nichts davon trat ein. Buckminster Fuller aber wirkte weiter – als Lehrer.
Er errichtete Tragwerke aus Aluminium, Holz, Pappe oder Bambus. Acrylglasscheiben machten Kuppeln zu ultraleichten Lichtinstallationen. Auf der Weltausstellung 1967 in Montreal bewiesen seine geodätischen Dome und Frei Ottos Membrandächer, wie klein die Welt geworden war (Abb. 17, 18). Mit ihnen lieferten sich Alte und Neue Welt einen regelrechten Wettkampf der Konstruktionskonzepte. Hier die gewaltige geodätische Weltkugel der Amerikaner aus kurzen Stäben, die an den Kreuzungspunkten verbunden waren, zu Polyedern wuchsen und schließlich von einer Kunststoffhaut überspannt wurden. Dort eine künstliche Landschaft, ein wogendes Zeltdach aus Stahlseilen und transluzentem Polycarbonat. Technologie, Architektur und Ingenieurskunst verschmelzen zu immer neuen, fantastischen Leichtbauten.

Was ist aus den blubbernden Utopien der 1960er-Jahre geworden? 120 t Wasser gurgeln um den Fuß der von dem Unternehmen Festo konstruierten Pneuhalle Airquarium des Industriedesigners Axel Thallemer (Abb. 19). Der prall gefüllte Ring verleiht der Kuppel Standfestigkeit. Himmelblau schimmert ihr Gewebe aus Kunststoff. Keine Stützen, nirgends. Nichts als Luft trägt die 8 m hohe Halbkugel; über eine Schleuse gerät man in das Innere. Ihre Membran wölbt sich so elegant nach oben, dass man der Linie unwillkürlich folgt. Airquarium fügt Wasser und Luft so selbstverständlich in den Kanon der Baustoffe, als wären sie Holz oder Stein. Mehr noch: Sie werden zu Katalysatoren der reinen Formgebung, in der Konstruktion und Hülle – Haut und Knochen des Gebäudes – zusammenfallen. Inspiration für die Pneuhalle boten Blasen, die über ihre gespannte Haut gleichmäßig Lasten abtragen. Auffüllen und Haustechnik anschließen – fertig ist die mobile Ausstellungs- und Veranstaltungshalle. Zwei Schritte, die eher an die Inbetriebnahme eines Sodageräts denken lassen als an ein Stück Architektur. Genau darin liegt ihr Reiz.

Das Große im Kleinen
Das Große verliert sich gern im Kleinen, Architekten zeigen als Totalgestalter eine Vorliebe für überschaubare, scheinbar banale Aufgaben. Wenn heute die Grenzen zwischen Bauen und Industriedesign verwischen, hat das ganz pragmatische Gründe: Beide Professionen arbeiten mit den gleichen Werkzeugen, mit CAD-Programmen sowie CNC- und Rapid-Prototyping-Produktion. Der Graben zwischen Einzelstück und Serie schwindet, dafür erhöht sich der Wettlauf der Ideen, gleich, aus welcher Ecke sie kommen. Im »Design-Lexikon Deutschland« stehen sie inzwischen einträchtig nebeneinander: Peter Behrens und Dieter Rams, Walter Gropius und Luigi Colani, ausgebildete Designer, Künstler und Aerodynamiker, durch Zusätze wie »Architekt und Produktdesigner« oder »Architekt, Möbel- und Produktdesigner« charakterisiert.

Wenn Mikroarchitekturen tatsächlich im Grenzbereich zwischen Design, Kunst und Bauwerk anzusiedeln sind und eine Einteilung zugleich eine Frage des Blickwinkels wird, drängt sich eine andere Perspektive auf, die verdeutlicht, was Ausstellungsstück ist, was Wohnparasit oder Wohncontainer: ihre gesellschaftliche Relevanz. Mikroarchitekturen mögen in Mitteleuropa hochtechnisierte temporäre Lösungen für konkrete Anforderungen sein, in der sogenannten Dritten Welt jedoch Lebensnotwendigkeit, geschickte Improvisation all derer, die sich ein echtes Haus nicht leisten können. Wo beginnt Architektur? Diese Frage stellt sich bekanntlich nicht nur bei der Urhütte, sie setzt vor allem dort an, wo es um das Minimum von Wohnen geht. Heißt das ästhetische Prinzip einer übersättigten Wohlstandsgesellschaft Reduktion, so geht es bei vielen Notsiedlungen ums nackte Überleben. Zwischen hochpreisigem Minimalismus und purer Not pendeln bemerkenswerte Lösungen, raffinierte Mikroarchitekturen für jeden Kontext, unabhängig von den Mitteln, die in ihre Entstehung geflossen sind.

Anmerkungen:
1 Ungers, Oswald Mathias: Mass. Zahl. Proportion. In: O. M. Ungers – Architekt. Stuttgart 1994, S. 10
2 ebd., S. 11
3 Venturi, Robert; Scott Brown, Denise; Izenour, Steven: Lernen von Las Vegas. Zur Ikonographie und Architektursymbolik der Geschäftsstadt. Basel 1978
4 Will Alsop, Wiel Arets, Gary Chang, David Chipperfield, Denton Corker Marshall, Dezsö Ekler, Massimilliano Fuksas, Future Systems, Zaha Hadid, Toyo Ito, Tom Kovac, Greg Lynn FORM, Alessandro Mendini, Morphosis, MVRDV, Juan Navarro Baldeweg, Jean Nouvel, Dominique Perrault, SANAA und UNStudio.
5 Rauterberg, Hanno: Barock aus dem Rechner. In: DIE ZEIT Nr. 45/2005
6 Calvino, Italo: Sechs Vorschläge für das nächste Jahrtausend. München 1991
7 ebd., S. 25
8 ebd., S. 37
9 Herwig, Oliver: Muskelbepackte Luftnummern. Leichtbaukonzepte gewinnen in der Architektur immer mehr an Bedeutung. In: Frankfurter Rundschau 27.09.2003
10 ebd. [6], S. 48
11 Beyer, Susanne: Laube, Liebe, Hoffnung. In: SPIEGEL SPEZIAL Nr.4/2008
12 Burckhardt, Lucius: Design ist unsichtbar. In: Design ist unsichtbar. Hrsg. von Helmut Gsöllpointer, Angela Hareiter und Laurits Ortner. Wien 1981, S. 13–20
13 Loewy, Raymond; Weseloh, Hans Achim: Hässlichkeit verkauft sich schlecht. Die Erlebnisse des erfolgreichsten Formgestalters unserer Zeit. Düsseldorf 1953, S. 73–81
14 ebd.
15 Bach, Klaus; Burkhardt, Berthold; Otto, Frei: Seifenblasen. Forming Bubbles (IL 18). Stuttgart 1987, S. 11
16 Neologismus aus Dynamik und Maximum
17 Vgl. die Betrachtungen von Joachim Krausse. Krausse, Joachim: Buckminster Fullers Vorschule der Synergetik. In: Buckminster Fuller, Richard: Bedienungsanleitung für das Raumschiff Erde und andere Schriften. Dresden 1998, S. 213–306
18 Buckminster Fuller, Richard: Your Private Sky: Diskurs. Hrsg. von Joachim Krausse und Claude Lichtenstein. Baden 2001, S. 90
19 ebd.

Projektübersicht

Seite	Projekt	Nutzung	Abmessungen	Konstruktion
	Stadt- und Landschaftsraum			
62	Aussichtsturm an der Mur terrain: loenhart&mayr architekten und landschaftsarchitekten mit osd - office for structural design	Freizeiteinrichtung	9,10 × 9,10 m	Stahl
66	Gipfelplattform »Top of Tyrol« LAAC Architekten	Freizeiteinrichtung	10 × 15 m	wetterfester Stahl
69	Temporäre Bambuspavillons Markus Heinsdorff	Pavillon	11,35 × 7,60 m (Navette)	Bambus
74	Wartehäuschen in Darmstadt netzwerkarchitekten	Infrastruktur	7,00 × 3,46 m 7,00 × 5,55 m	Stahl
78	Marktstände in Augsburg Tilman Schalk Architekten	Verkauf	2,84 × 5,50 m (Uhl) 3,92 × 6,72 m (Müller) 3,60 × 6,72 m (Neubert)	Stahlbau, Massivholz
	Gemeinschaftsraum			
82	Theaterpodium in Rotterdam Atelier Kempe Thill architects and planners	Kultur	40 × 5 m	Sichtbeton
86	Pavillon am Genfer See Bakker & Blanc Architectes	Bistro	2,80 × 10,14 m	Stahl
90	Pavillon in Zürich phalt architekten	Werkstatt, Büro, Lager	8 × 7 m (Gebäude) 16,00 × 12,50 m (Dach)	Stahl-Skelett
94	Zeitungskioske in London Heatherwick Studio	Verkauf	4,43 × 3,03 m	Stahl
97	Kiosk am Staufensee bei Dornbirn Wellmann Ladinger	Verkauf	3,60 × 7,10 m	Sichtbeton
100	Temporäre Bar in Porto Diogo Aguiar und Teresa Otto	Gastronomie	3 × 3 m	Stahl-, Holzrahmen
102	Baumrestaurant bei Auckland Pacific Environments Architects	Gastronomie	10 × 8 m	Holz
105	Kapelle St. Benedikt in Kolbermoor kunze seeholzer architektur & stadtplanung	Sakralbau	3,08 × 5,54 m	Sichtbeton
	Mobiler Raum			
108	Kapelle in Lustenau Hugo Dworzak	Sakralbau	5,00 × 2,50 m	Holzständer
110	»Sehstation« in Nordrhein-Westfalen Andy Brauneis	Stadtpodium	12,00 × 6,80 m	Holzlamellen
112	Mobiles Baumstammhaus olgga architectes	Wohnen	2,50 × 6,00 m 2,50 × 3,00 m	Holz
114	Transformbox Bernhard Geiger mit Armin Kathan	Survival	60 × 50 cm (Rucksackhaus)	Holz
118	Wandelbarer Pavillon Kalhöfer-Korschildgen	Pavillon	3,20 × 3,20 m	Stahl
122	Teehaus in Frankfurt am Main Kengo Kuma & Associates mit formTL	Event	9,00 × 4,60 m	selbsttragende pneumatische Membran
126	Aero Haus Richard Horden, Wieland Schmidt, TU München, Helmut Richter, TU Wien, mit Studenten	Wohnen	2,70 × 1,30 m	kohlefaserverstärkter Kunststoff
130	Wüstenzelt »Desert Seal« Architecture and Vision	Survival, Wohnen	2,35 × 1,25 m	Membran, aufblasbare A-Rahmenkonstruktion
133	Rucksackhaus Stefan Eberstadt	Wohnen	2,50 × 3,60 m	Stahl
	Privater Raum			
136	Mobile Dachterrasse in Köln Kalhöfer-Korschildgen	Wohnen	4,40 × 3,00 m	Stahl, Sperrholzverkleidung mit Stahlblech beschichtet
139	Spiel- und Schlafmöbel h2o architectes	Wohnen	2,96 × 1,28 m	Holz
142	Gartenlauben in Berlin Hütten & Paläste	Freizeiteinrichtung	5,00 × 3,17 m (MiLa)	Holzständer
145	Strandhäuser in Domburg WTS Architecten	Wohnen	3,52 × 7,52 m	Stahl-, Holzrahmen
148	Wohnhaus in Tokio Claus en Kaan Architecten mit Souhei Imamura/Atelier IMAMU	Wohnen	11,00 m × 4,50 m	Stahlrahmen
152	Wohnhaus in München meck architekten	Wohnen	4,80 × 16,00 m	Stahlbeton, Holzrahmen
157	Erneuerung von Studentenwohnungen im Olympischen Dorf München arge werner wirsing bogevischs buero	Wohnen	4,20 × 3,15 m	Stahlbeton-Fertigteilbauweise
162	Kapselhotel in Kioto Fumie Shibata, Masaaki Hiromura, Takaaki Nakamura, Sigma Architectural Design	Wohnen	2,15 × 1,07 m (Kapsel)	Kapsel: glasfaserverstärkter Kunststoff

Aussichtsturm an der Mur

Architekten: terrain: loenhart&mayr architekten und landschaftsarchitekten, München/Graz
Tragwerksplaner: osd - office for structural design, Frankfurt am Main

Die Aussichtsskulptur mit ihren beiden verschraubten Treppenläufen bietet auf dem kontinuierlichen Weg des Auf- und Absteigens immer neue Ausblicke.

Der Grenzfluss Mur zwischen Österreich und Slowenien liegt im Bereich »Grünes Band Europa«, das entlang des ehemaligen eisernen Vorhangs vom Eismeer bis zum Schwarzen Meer verläuft. Als bauliches Zeichen erhebt sich der Aussichtsturm an der Mündung des Saßbachs in die renaturierte Mur inmitten des Auenwalds am Mur Wander- und Radweg.

Der Weg als architektonisches Ziel

Der Besucher folgt auf dem Weg nach Ausblick einem kontinuierlichem Treppenlauf in einer spiralförmigen Bewegung bis an den höchsten Punkt. Nach 168 Stufen erreicht er auf 27 m Höhe eine kleine Aussichtsplattform. Von dort führt ein weiterer Treppenlauf nach unten; auf- und absteigende Besucher begegnen sich deshalb nicht.
Unterstützt wird die kontinuierliche Bewegung im Raum durch ein angenehmes Steigungsverhältnis von 15,20/28,50 cm und dem Verzicht auf Zwischenpodeste, die den Bewegungsfluss unterbrechen würden. Das Ziel ist bereits der Weg zum höchsten Punkt des Turms, auf dem ständig wechselnde Blickwinkel die ökologischen Höhenschichten des Auenwalds erlebbar machen.
Die endgültige Gestalt der Treppenskulptur ist das Ergebnis eines integrativen Prozesses als Zusammenspiel von Form, Bewegung und Tragwerk. Die Architektur, entworfen in analogen Modellstudien, wurde im Dialog mit der Tragwerksplanung digital statisch entwickelt und dimensioniert.

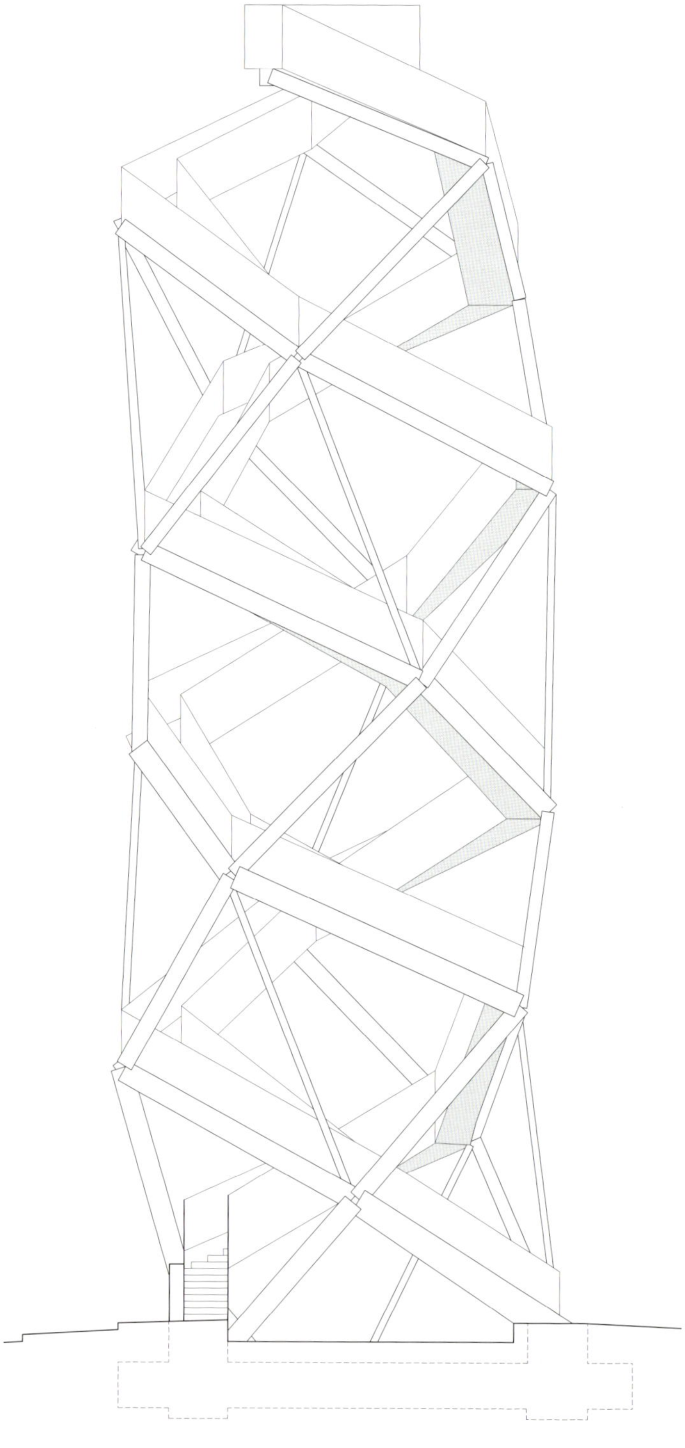

Tragwerkskonzept

Beim angewendeten Hybridtragwerk bilden biegesteife Knotenverbindungen in Kombination mit einer Verseilung und Druckstäben das Tragsystem. Das Haupttragwerk aus Trag- und Stützrohren funktioniert als räumlich zusammenhängendes Stabwerk und gewährleistet die Standsicherheit. Während die vertikale Verseilung das Schwingungsverhalten steuert, kontrollieren die sich horizontal nach oben windenden Seile die Kopfauslenkung. Durch diese intelligente Anordnung der Verseilung sind keine zusätzlichen Schwingungsdämpfer nötig. Die geometrischen Kreuzungspunkte der Doppelspirale sind gleichzeitig die Schnittpunkte des Tragsystems. Die Querschnitte der Träger verjüngen sich entsprechend den statischen Erfordernissen nach oben hin, um Material zu reduzieren.

Ansicht • Aufsicht
Maßstab 1:150

Projektdaten:

Nutzung:	Freizeiteinrichtung feststehend
Konstruktion:	Stahl
Abmessungen:	9,10 × 9,10 × 26,60 m
Baukosten:	490 000 €
Baujahr:	2010
Bauzeit:	6 Monate

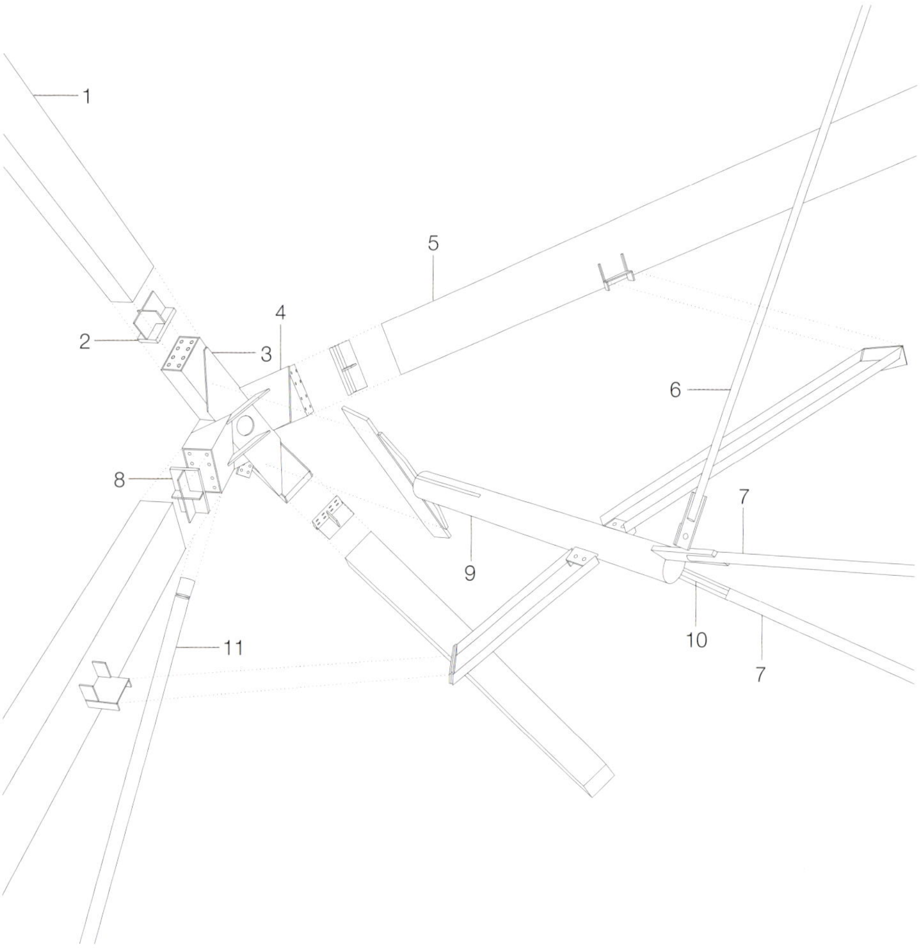

Explosionszeichnung biegesteifer Knoten »Leitdetail« in ca. 9 m Höhe
Axonometrien Tragsystem

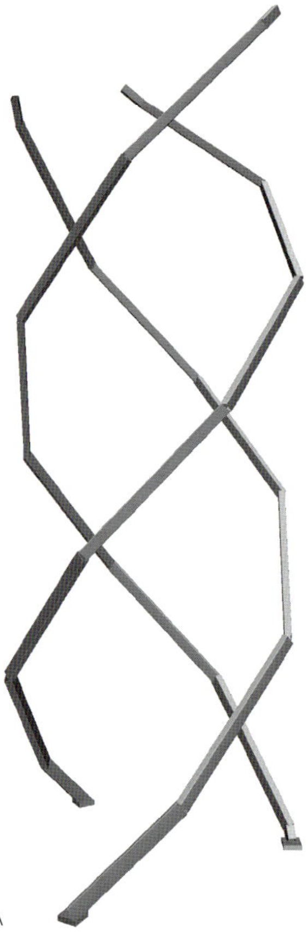

Die Komplexität der Knotenverbindungen erforderte eine konsequente 3-D-Planung. Es wurde ein Bausatzprinzip für ein Leitdetail entwickelt, das auf alle weiteren Knoten übertragbar ist. Trotz unterschiedlicher Maßstäblichkeit und Materialstärke ermöglichte dieses Prinzip der wiederkehrenden Knotengeometrie eine effiziente Fertigung und hohe Ausführungsqualität.

A Stützrohr
B Tragrohr
C Pirmärkonstruktion
D Sekundärkonstruktion
E Gesamtkonstruktion

1 Stützrohr Stahl ▭ 350/250/12,5 mm
2 Montagestoß mit innen liegendem Schraubanschluss HV-Platte 40 mm mit 8 HV-Schrauben M 27
3 biegesteifer Stützrohrübergang, Blechkasten Stahl 325/275/15 mm
4 biegesteifer Tragrohrübergang Stahlplatte 25 mm mit Stahlrippen 20 mm
5 Tragrohr Stahl ▭ 450/250/12,5 mm
6 Zugseil zur Längsaussteifung innen gehärteter Stahl ∅ 24 mm, Vorspannung 70 kN
7 Zugseil zur Queraussteifung gehärteter Stahl ∅ 32 mm, Vorspannung 150 kN
8 Montagestoß mit innenliegendem Schraubanschluss HV-Platte 50 mm mit 8 HV-Schrauben M 33
9 Kragrohr Stahl ∅ 193,7/17,5 mm mit biegesteifem Kragrohrübergang Blechschwert Flachstahl 20 mm
10 Anschlusslaschenkonstruktion zum Zugseil Laschen Flachstahl ▭ 35 und 47 mm
11 Druckstäbe zur Längsaussteifung außen Stahlrohr ∅ 152,5/20 mm

B

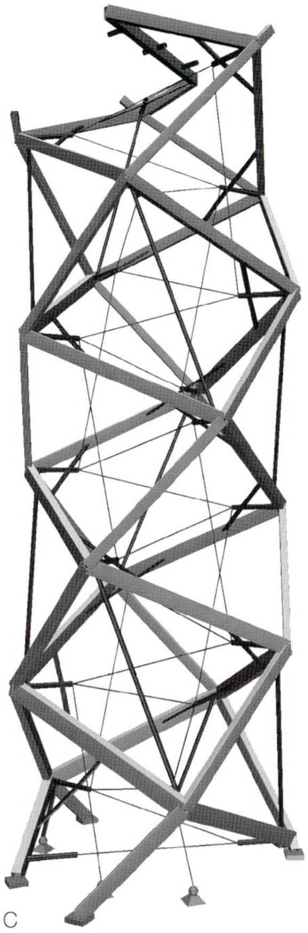

C

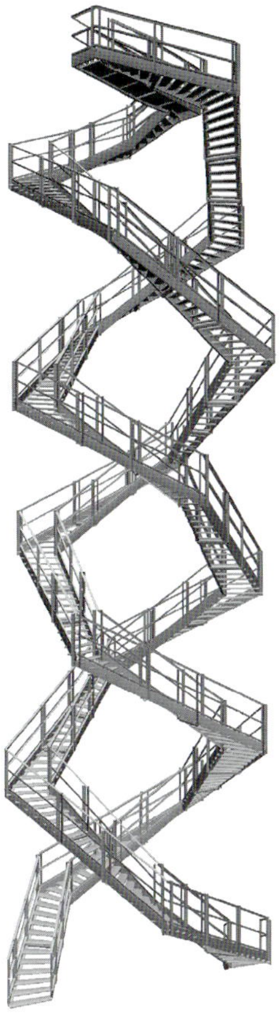

D

E

Gipfelplattform »Top of Tyrol«

Architekten: LAAC Architekten, Innsbruck

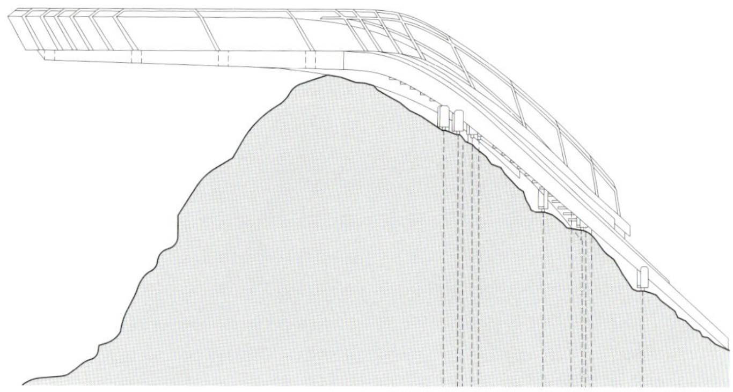

Am Grat des Großen Isidor sorgt die Gipfelplattform – weit auskragend über dem Fels – für einen faszinierenden Rundblick auf das umliegende Alpenpanorama.

Der knapp eine Autostunde von Innsbruck entfernte Stubaier Gletscher bietet seinen Besuchern sowohl im Sommer als auch im Winter zahlreiche Freitzeitmöglichkeiten. Dort befindet sich mit der Gipfelplattform »Top of Tyrol« auf über 3200 m Höhe eine weitere Attraktion, die einen atemberaubenden Rundblick auf die Tiroler Bergwelt eröffnet. Von der Bergstation der Schaufeljochbahn aus führt der Weg über mehrere Treppen auf den Grat des Großen Isidor und durch natürliches Gelände weiter zu der über eine Felskante hinausragenden Plattform. Sandgestrahlte Stahlschwerter tragen den Boden aus Gitterrosten. Die fließenden Konturen der Plattform schmiegen sich an den Felsgrat und fügen sich in die topografischen Gegebenheiten ein. Ein monolithisch gefertigtes geschwungendes Geländer mit einem Handlauf aus Lärchenholz folgt der Grundform und unterstreicht deren Dynamik.
So wie sich die Gletscherlandschaft mit den Jahreszeiten verändert, transformiert sich auch das Erscheinungsbild der Plattform. Im Sommer fügt sich die Konstruktion aus wetterfestem Stahl in die aufgrund des hohen Eisenanteils stark rot gefärbte Felslandschaft, im Winter verschwinden die Lamellen im Schnee und nur die über die Nordwand auskragenden Schwerter bleiben sichtbar.

Der Planungs- und Produktionsprozess

Konstruktiv ist das Tragwerk als verzerrter Trägerrost konzipiert. Die gekrümmten, 9 m auskragenden Schwerter aus Stahlblechen sind als Kastenträger mit dreieckigem Querschnitt ausgeführt. Die stehenden Bleche, die auf dem Berg aufliegen, sind mit Beulsteifen zur Stabilisierung versehen. Zwischen den ca. 50 cm hohen Trägern sind die Gitterroste befestigt. Die Auflagerkräfte werden linear über ein Fundament und punktuell über die hangseitigen Felsanker abgeführt. Da sich die Plattform im hochalpinen Permafrost befindet, war es notwendig, die Fundierung mit 15 m langen Felsankern im Zugbereich und einem Stahlbetonfundament im Bereich der Druckzone auszuführen.
Aufgrund der exponierten Lage erfolgte die Montage zur Gänze mit dem Hubschrauber. Ein hoher Vorfertigungsgrad, einfachste Montagestöße und Passgenauigkeit waren dabei unbedingte Vorraussetzung. Ein wesentlicher Teil der Entwurfsoptimierung bestand auch darin, die einzelnen Bauteile an die Lastengrenze des Helikopters anzupassen. Für die gesamte Baustelleneinrichtung, Betonarbeiten sowie die Montage aller Bauteile war die unmittelbare Wetterabhängigkeit ein einzukalkulierender Planungsfaktor. Die ca. 80 m^2 große Fläche wurde im Zeitraum von lediglich sechs Wochen montiert.

Projektdaten:

Nutzung:	Freizeiteinrichtung feststehend
Konstruktion:	wetterfester Stahl
Abmessungen:	10 × 15 m
Baukosten:	300000 € (brutto)
Baujahr:	2009
Bauzeit:	3 Monate
Montagezeit:	6 Wochen

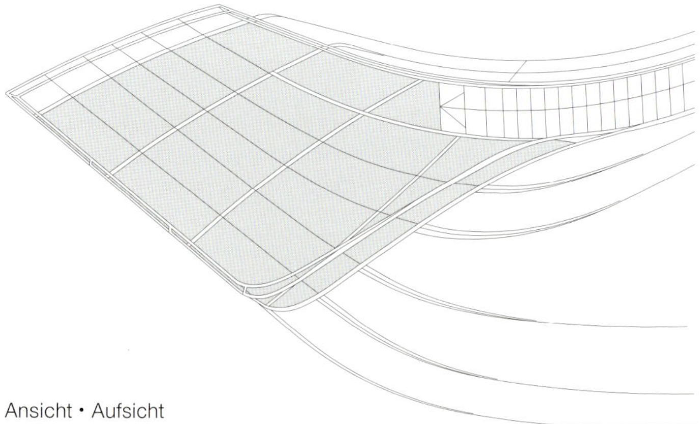

Ansicht • Aufsicht
Maßstab 1:200

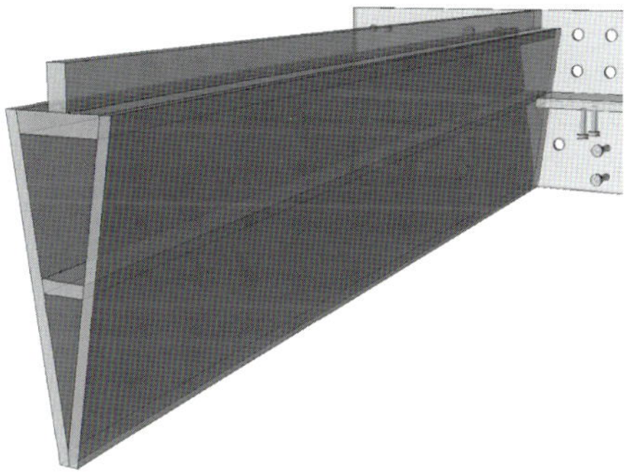

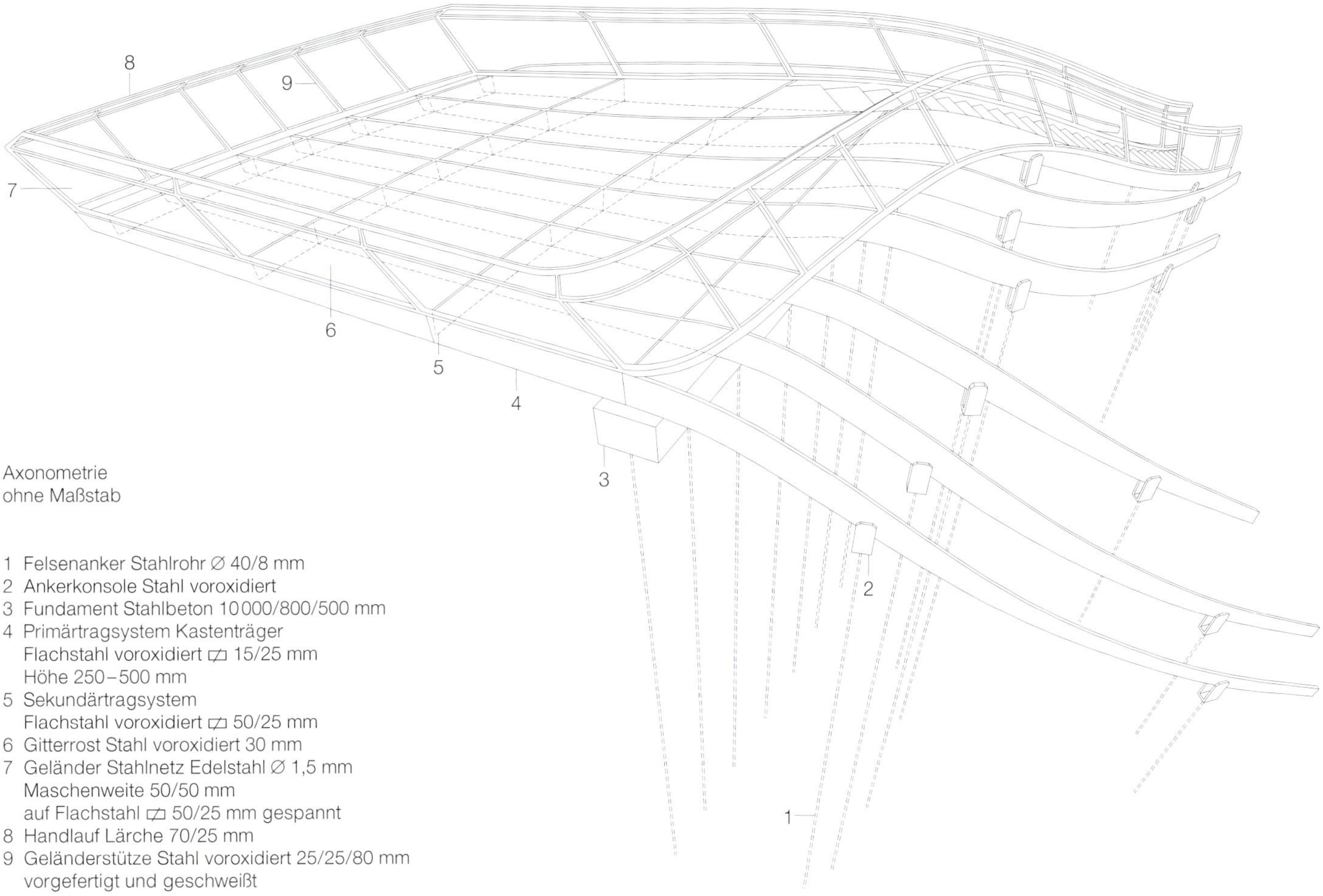

Axonometrie
ohne Maßstab

1 Felsenanker Stahlrohr ∅ 40/8 mm
2 Ankerkonsole Stahl voroxidiert
3 Fundament Stahlbeton 10 000/800/500 mm
4 Primärtragsystem Kastenträger
Flachstahl voroxidiert ⏥ 15/25 mm
Höhe 250–500 mm
5 Sekundärtragsystem
Flachstahl voroxidiert ⏥ 50/25 mm
6 Gitterrost Stahl voroxidiert 30 mm
7 Geländer Stahlnetz Edelstahl ∅ 1,5 mm
Maschenweite 50/50 mm
auf Flachstahl ⏥ 50/25 mm gespannt
8 Handlauf Lärche 70/25 mm
9 Geländerstütze Stahl voroxidiert 25/25/80 mm
vorgefertigt und geschweißt

Temporäre Bambuspavillons

Architekt: Markus Heinsdorff, München

Projektdaten »Navette-Pavillon«:

Nutzung:	Pavillon temporär
Konstruktion:	Bambus
lichte Raumhöhe:	3,60 m
Bruttorauminhalt:	198 m^3
Bruttogrundfläche:	55 m^2
Abmessungen:	11,35 × 7,60 × 4,20 m
Baukosten:	29 975 €
Baujahr:	2007–2009
Bauzeit:	6 Monate

Das traditionelle, nachhaltige Baumaterial Bambus prägt zusammen mit modernen transluzenten Geweben die Pavillons.

Als »Deutschlandpromenade« bereisen die temporären Pavillons seit Herbst 2007 über mehrere Jahre verschiedene Stationen in China und bilden eine städtebauliche Installation unterschiedlicher Kunstobjekte. Alle Pavillontypen sind als moderne, multifunktionale Räume konzipiert, jeder mit eigener Form und Besonderheit. Ihre Größen reichen von 36 bis 142 m^2, außerdem sind sie modular aufgebaut und lassen sich zu Gruppen in unterschiedlicher Anordnung verbinden. Das überwiegende Baumaterial der Pavillons ist Bambus in Form von Rohren und eigens entwickelten Laminaten, bei denen Bambusstäbe zu 20 mm starken Platten verleimt sind. Als eines der ältesten Baumaterialien gewinnt Bambus heute aufgrund seiner Nachhaltigkeit wieder an Bedeutung. Er wächst mit 20 m pro Monat schneller als jede andere Pflanze und ist durch die hohlen Rohre ein leichter und elastischer, aber dennoch sehr stabiler, dauerhafter Baustoff. Die Tragstruktur besteht aus vertikalen Bambusrohren und umlaufenden Stegen aus Laminat, die durch Halterungen verbunden sind. Das Fassadenmaterial kann jedoch variieren. Gewebe aus Metall oder Stoff werden durch die Stege geflochten und lassen in ihren Zwischenräumen einen Luftaustausch zu. Als Regenschutz ist zum Innenraum hin eine weitere Membran gespannt. Alternativ kann die Hülle glatt und einschalig in Acrylglas ausgeführt werden. In beiden Fällen ist der Pavillon lichtdurchlässig und leuchtet nachts von innen heraus. Die Türen, ebenfalls bespannt, sind innerhalb des Fassadenrasters frei positionierbar.

Aufgrund der runden Formen der Pavillons laufen die horizontalen Dachträger aus Bambusrohren radial zusammen. Bei einigen Pavillons liegen sie zusätzlich auf einer Mittelstütze auf, die anderen sind stützenfrei. Gleich einem Schirm spannt sich die transluzente Dachmembran vom Firstpunkt zu den Rändern und ist auf einem umlaufenden Stahlrahmen mit Seilen an eine Stahlreling geschnürt.

Schnitte • Grundrisse
Maßstab 1:250

A Dome-Pavillon,
Bruttogeschossfläche: 36 m²
B Diamant-Pavillon
Bruttogeschossfläche: 72 m²
C Navette-Pavillon
Bruttogeschossfläche: 55 m²
D Zentral-Pavillon
Bruttogeschossfläche: 69 m²
E Lotus-Pavillon
Bruttogeschossfläche: 142 m²
F Konferenz-Pavillon
Bruttogeschossfläche: 121 m²

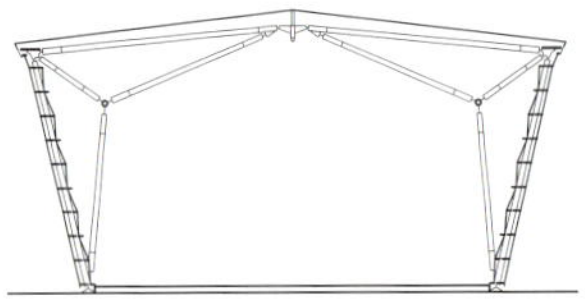

aa

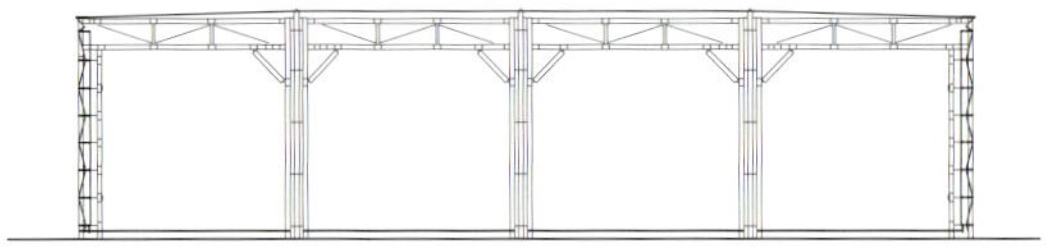

bb

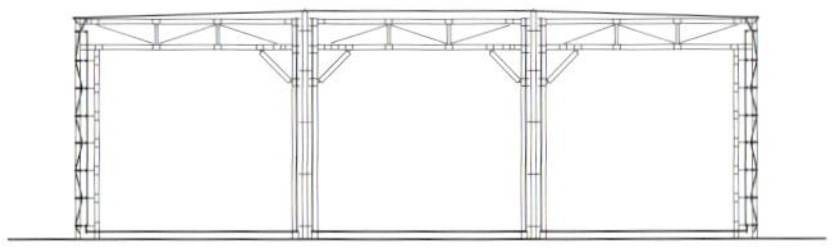

cc

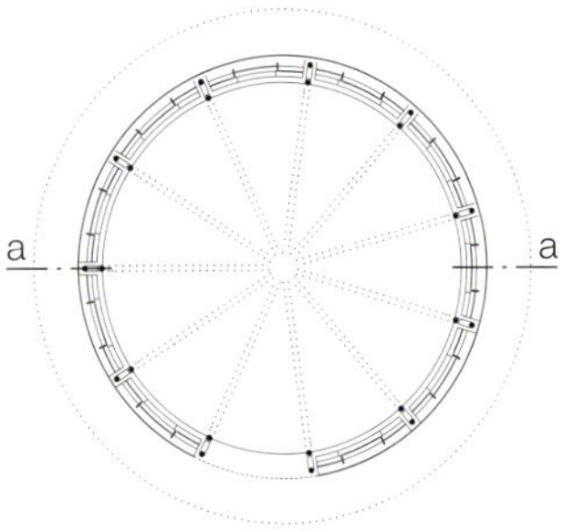

A

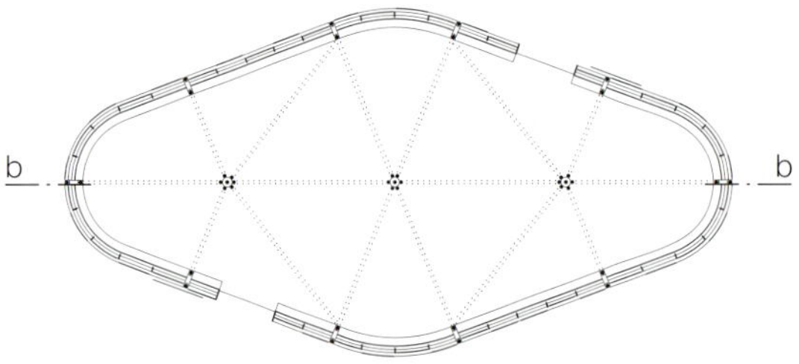

B

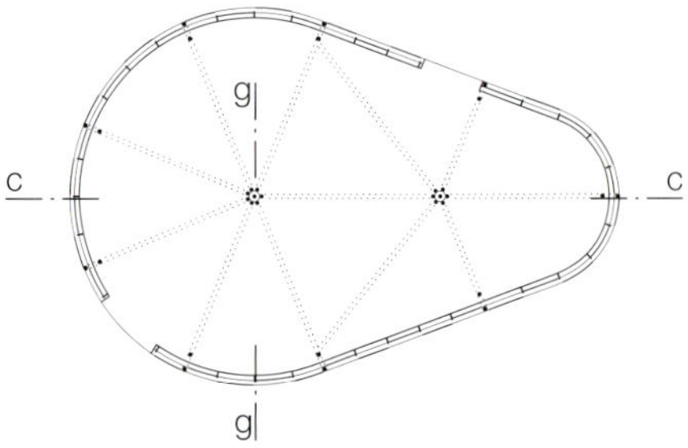

C

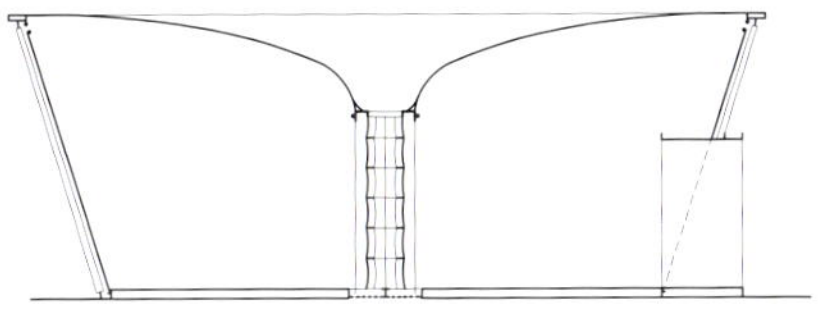

dd

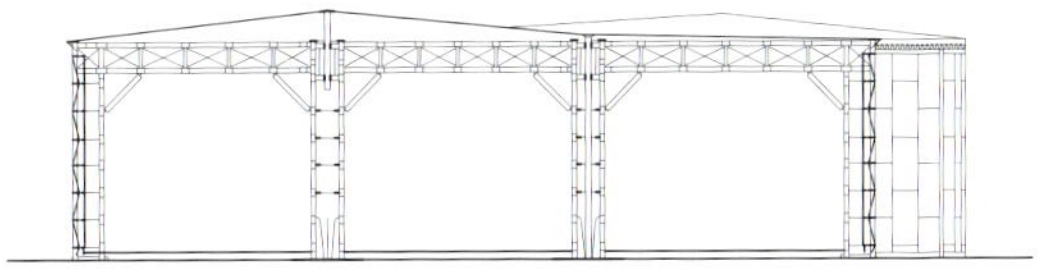

ee

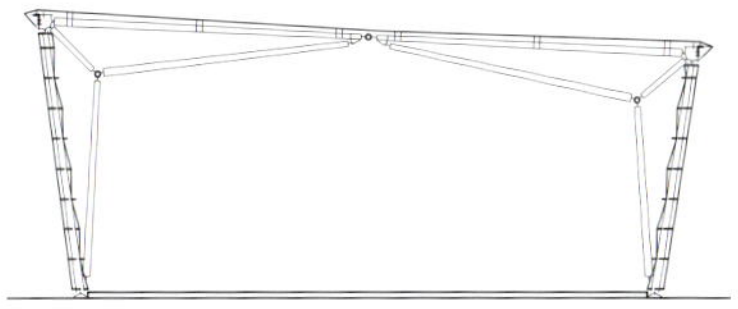

ff

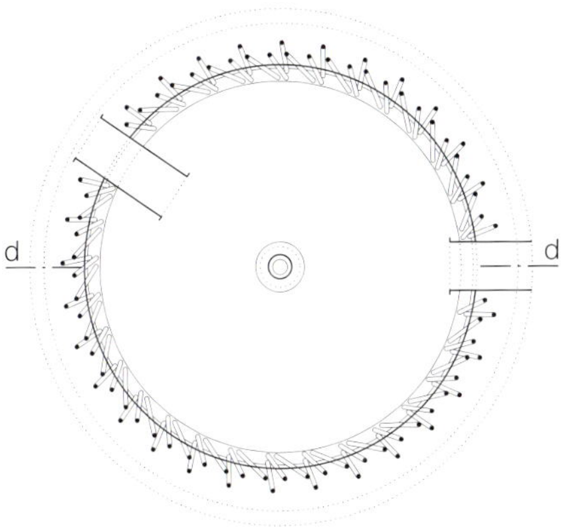

D

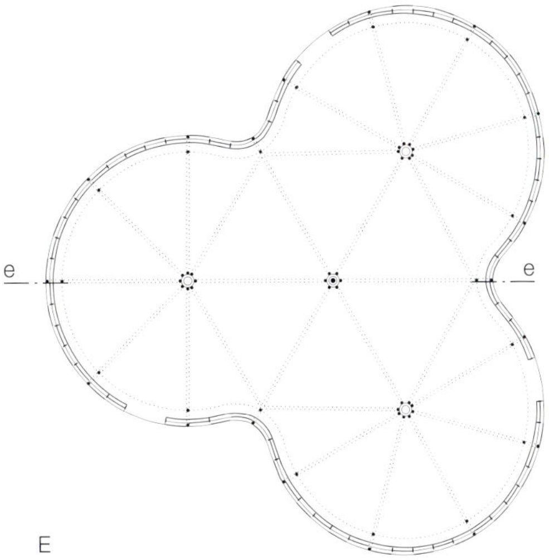

E

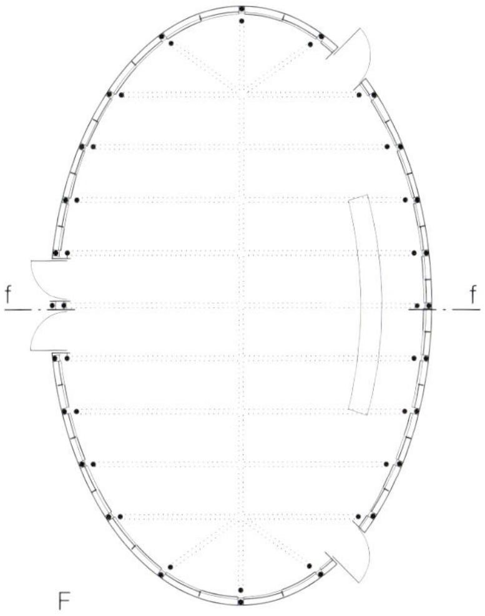

F

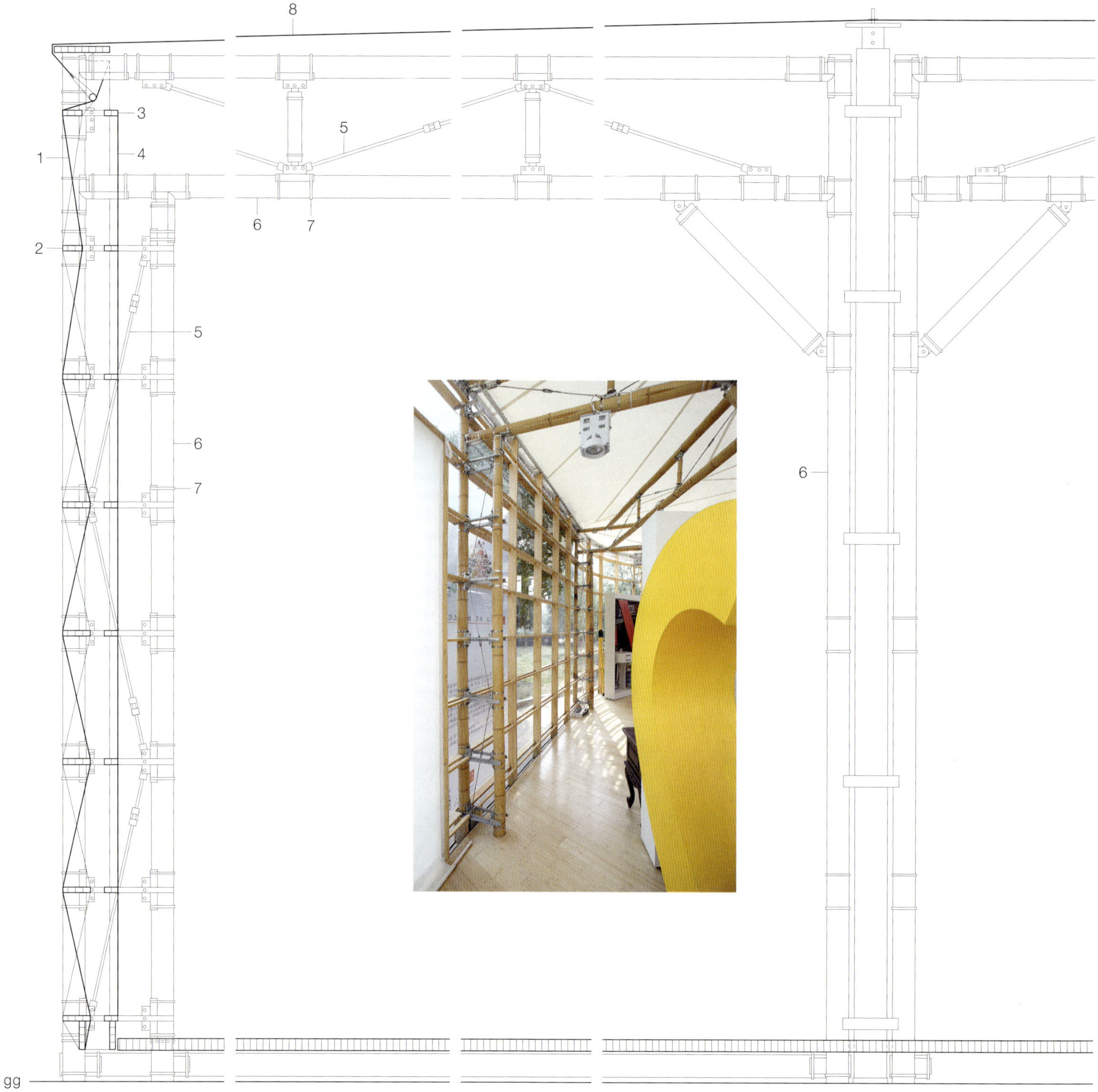

8
3
1
4
5
2
5
6
7
6
7
6
gg

Die Form des Navette-Pavillons ähnelt einem Wassertropfen. Aus dessen Rundungen ergibt sich eine stabile Bauform mit einer Höhe von 3,60 m. Die Stützen der Außenwand und die horizontalen Dachträger sind aus Bambusrohren konstruiert, die wie eine Leiter im Abstand von 35 bzw. 40 cm verbunden sind. Zusätzlich steifen diagonal verspannte Stahlseile das Tragwerk aus. Das Metallgewebe der Fassade ist zwischen den horizontal umlaufenden Stegen aus Bambuslaminat gewebt. Die zusätzliche höhenverstellbare Mittelstütze besteht aus gebündelten Bambusrohren. Diagonale Streben stützen die horizontalen Dachträger. Alle Bambusrohre sind entweder mit eingegossenen Halterungen versehen, die miteinander verschraubt werden können, oder sind mit eigens entwickelten schalenförmigen Halterungen aus Stahl mittels Stahlschellen verbunden.

Vertikalschnitt
Maßstab 1:20

1 Edelstahl Metallgewebe eingeflochten zwischen Fassadenstegen gewebt Maschenweite 1,12 mm, Drahtstärke 0,25 mm, Gewicht 0,58 kg/m²
2 äußerer umlaufender Fassadensteg Bambuslaminat 100/20 mm
3 innerer umlaufende Fassadensteg Bambuslaminat 40/20 mm
4 textile Innenwand
5 Abspannung Stahldraht ∅ 5 mm
6 Bambusrohr ∅ 80 mm
7 Halterung Stahlhalbschale verzinkt 100 mm lang, mit Stahlwinkeln verbunden
8 Dachmembran 1,2 mm mit Lochnieten im Abstand von ca.100 mm, mit sich überkreuzenden Seilen an der umlaufenden Reling aus Stahlrohr ∅ 20 mm befestigt

Wartehäuschen in Darmstadt

Architekten: netzwerkarchitekten, Darmstadt

Klare geometrische Skulpturen in drei Farben falten sich vor dem Bahnhof aus dem Boden und bieten Information und Wartemöglichkeiten.

Der Bahnreisende sollte bei seiner Ankunft in Darmstadt eine klare städtebauliche Struktur, Übersichtlichkeit und Wartemöglichkeiten auf öffentliche Verkehrsmittel vorfinden. Dort wo sich die Reisenden zuvor mühsam einen Weg über Straßen, Verkehrsinseln und zwischen Haltestellen zum Haupteingang des Bahnhofs bahnen mussten, ist ein großzügiger Stadtraum entstanden, der durch die eigenwillige Architektur der Wartehäuschen gegliedert ist.

Anordnung der Module

Die Neubauten falten sich als aufsteigende Flächen aus dem Boden heraus und bilden eine Familie geometrisch abstrakter Skulpturen in Blau, Gelb und Grün. Die in rechtwinkligen, jeweils um 90 Grad gekippten Z-, L- und T-Formen ausgeführten Module sind Hinweistafel, Wartehäuschen und Fahrkartenautomat in einem. Auskragende Flächen erzeugen dabei einen stützenfreien, überdachten Bereich als Witterungsschutz.
Vor dem Bahnhofsgebäude stehen vier Module in einem gedachten Rechteck. Dabei dienen die beiden T-Module als Haltestellen für die Straßenbahn, die beiden Z-Module für Stadtbusse. Südlich schließt sich hinter einem weiteren T-Modul der Bereich des Regionalbusverkehrs an, der mit vier schmalen L-Modulen bestückt ist. Im Norden bildet die Mobilitätszentrale als Informationsstelle den Kopf des Platzes.

Wirkung und Funktion

Die Stahlkonstruktion ist beidseitig von einer rahmenlosen Verglasung umgeben. Diese besteht aus Verbundsicherheitsglas mit farbigen PVB-Folien im Scheibenzwischenraum. Die Deckenunterseite ist mit Gitterrosten verkleidet. Fahrkartenautomaten und alle wichtigen, teilweise dynamisch wechselnden Nah- und Fernverkehrsinformationen wie Abfahrtszeiten sind in die Konstruktion ebenso integriert wie die Beleuchtung. Tagsüber erhellt die Sonne die durchscheinenden farbigen Glasskulpturen; nachts werden sie zu von innen heraus strahlenden Leuchtkörpern, die das Bahnhofsensemble in eine Lichtlandschaft verwandeln und den Wartebereich beleuchten. Eine mittig in die quaderförmige Sitzbank eingespannte Glasscheibe bietet zusätzlichen Witterungsschutz. Außerdem ist eine Vitrine für weitere Informationen integriert.

Konstruktion

Das Primärtragwerk besteht aus Stahlträgern, die ein horizontaler Querträger am Ende der Auskragung zu einem biegesteifen Rahmen ergänzt. In Querrichtung verläuft das Sekundärtragwerk aus zwei T-Profilen, die punktuell durch Stahlplatten verbunden sind. Hierauf befestigte Punkthalter nehmen die farbige Verglasung auf.
Eine Rinne an den jeweiligen Außenkanten entwässert die horizontale Glasfläche des Dachs. Das vertikale Regenrohr verläuft unsichtbar innerhalb der Konstruktion. Die innenseitigen Gläser lassen sich dank gelenkig gelagerter Punkthalter zu Revisionszwecken öffnen.

T-Modul

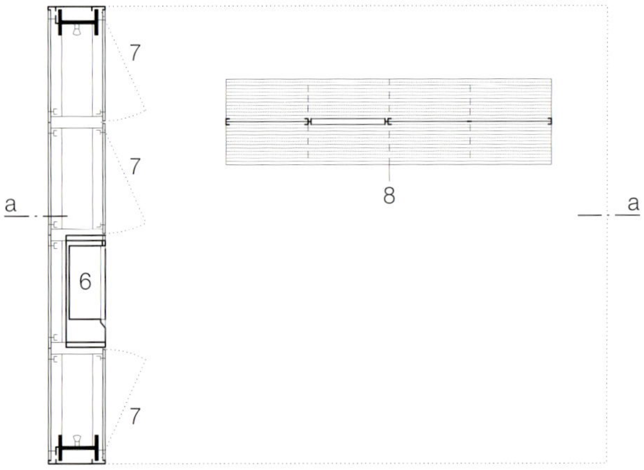

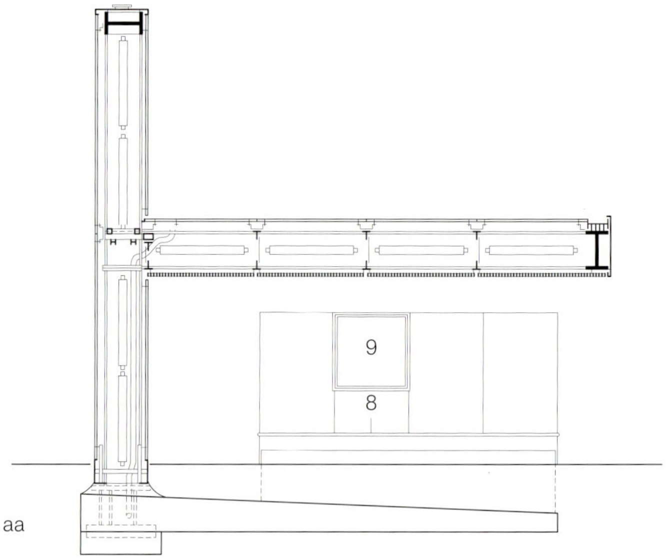

aa

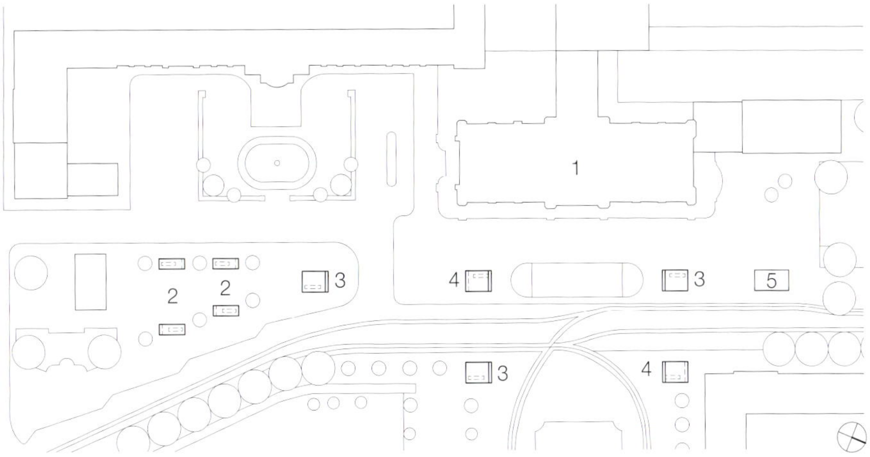

Lageplan
Maßstab 1:2000
Grundriss • Schnitte
Maßstab 1:100

1 Hauptbahnhof
2 L-Modul für Regionalbusverkehr
3 T-Modul für Straßenbahn
4 Z-Modul für Stadtbusverkehr
5 Mobilitätszentrale
6 Fahrkartenautomat
7 Klappen zur Wartung Leuchten
8 Sitzbank
9 Vitrine für Fahrplanaushang

Schnitt L-Modul

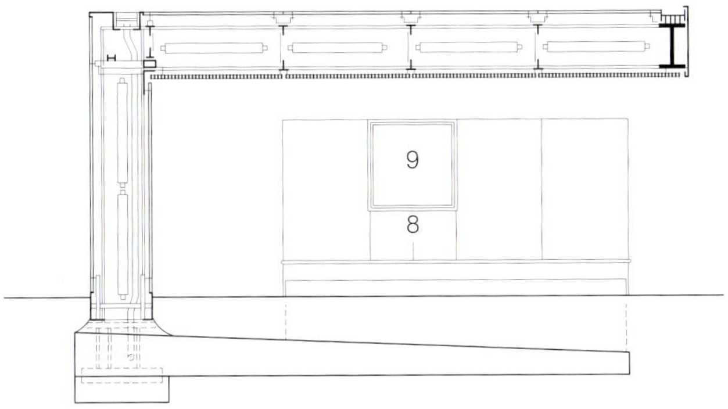

Schnitt Z-Modul

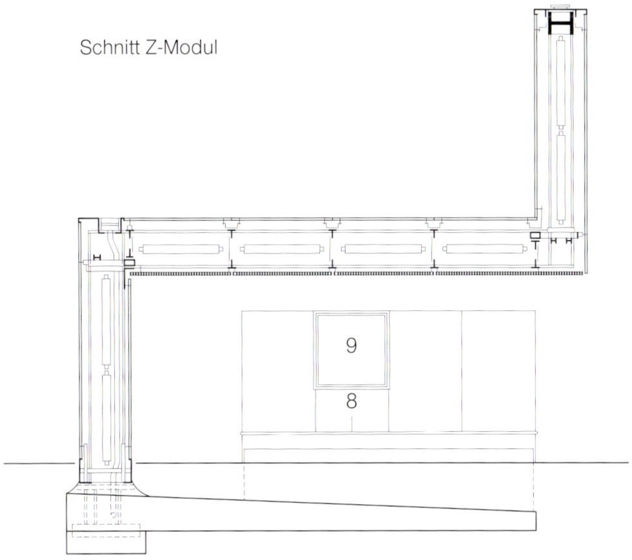

Projektdaten:

Nutzung:	Infrastruktur feststehend
Konstruktion:	Stahl
lichte Raumhöhe:	2,60 m
Bruttogrundfläche:	110 m^2 (gesamt)
überdachte Fläche:	272 m^2 (gesamt)
Abmessungen:	7,00 × 3,46 × 3,30 m (L-Modul) 7,00 × 5,55 × 6,10 m (T/Z-Modul)
Baukosten:	2 Mio. €
Baujahr:	2005
Bauzeit:	18 Monate

Vertikalschnitte Z-Modul
Maßstab 1:20

1 Verglasung VSG aus ESG-H 10 + 12 mm, mit Zwischenschicht aus farbigen PVB-Folien und Mattierung als Ätzton-Imitat
2 Stahlträger HEA 500
3 Senkkopf-Punkthalter Edelstahl verschraubt mit M16
4 Stahlträger HEB 500
5 Reflektorleuchte 1× 54 W, dimmbar 1–10 V
6 Stahlprofil ⊔ 80 mm
7 gekantetes Stahlblech 4 mm
8 Stahlprofil ⊔ 140 mm
9 Regenrinne: Rinnenblech auf Holzunterkonstruktion mit Längsgefälle 1 %
10 Stahlprofil L 125/75/8 mm
11 Entwässerungsrohr DN 70
12 Stahlprofil T 100/100 mm
13 Flachstahl ▭ 300/400/8 mm
14 Stahlrohr ▭ 120/80/5,6 mm
15 Gitterrost 30 mm mit eingeschweißter Lochplatte mit Imbusschraube abschraubbar
16 Stahlprofil HEA 340
17 Vitrine zweiseitig öffenbar
18 Verglasung VSG 2× 10 mm
19 Sitzbank:
Sitzauflage Bankirai wasserfest verleimt 40/68 mm, Außenkanten rundgeschliffen
Unterkonstruktion Holzbalken 53/60 mm
Z-Profil Stahl 65/140/65 mm 8 mm stark
20 Flachstahl ▭ 150/20 mm
21 Stahlprofil T 252/183/20 mm aus Flachstahl geschweißt

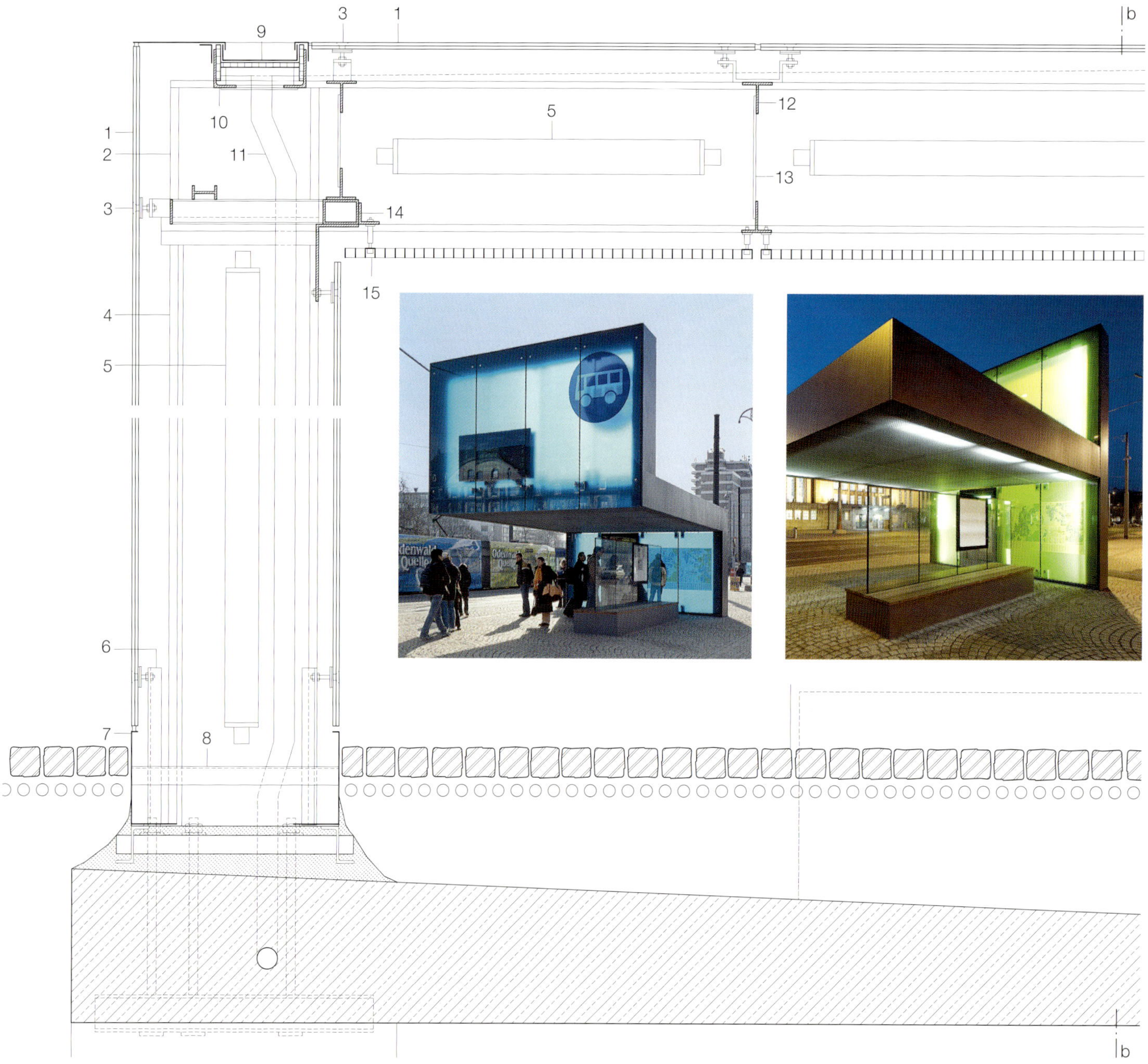

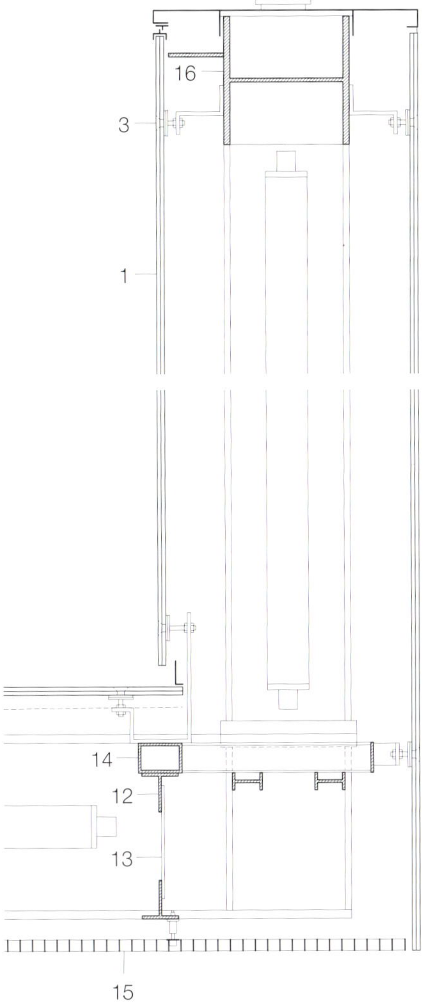

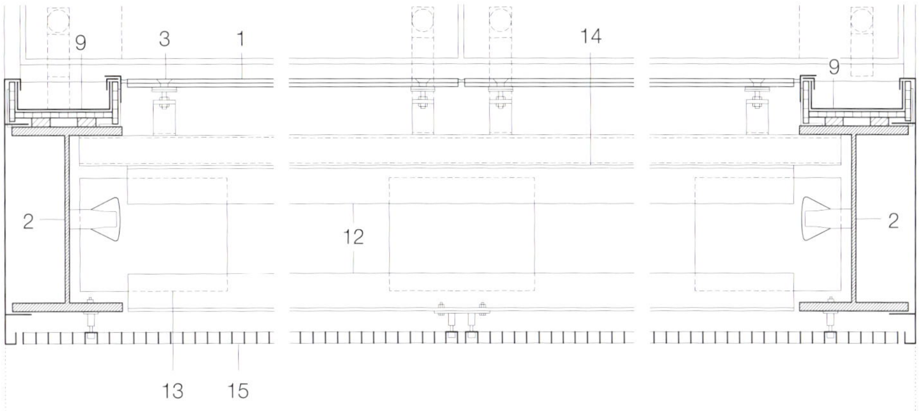

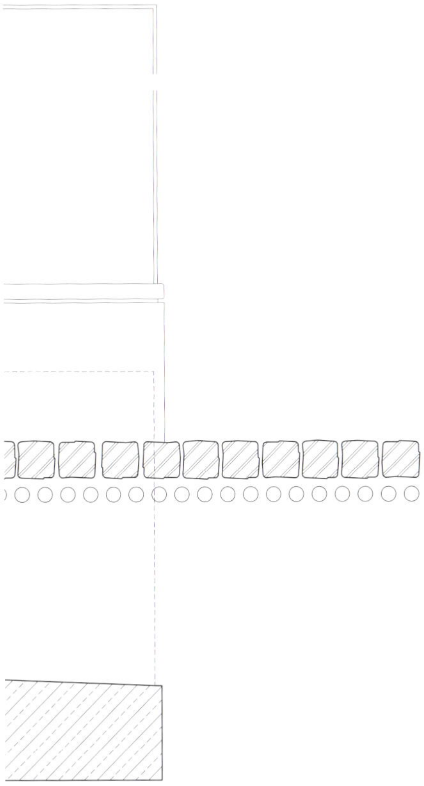

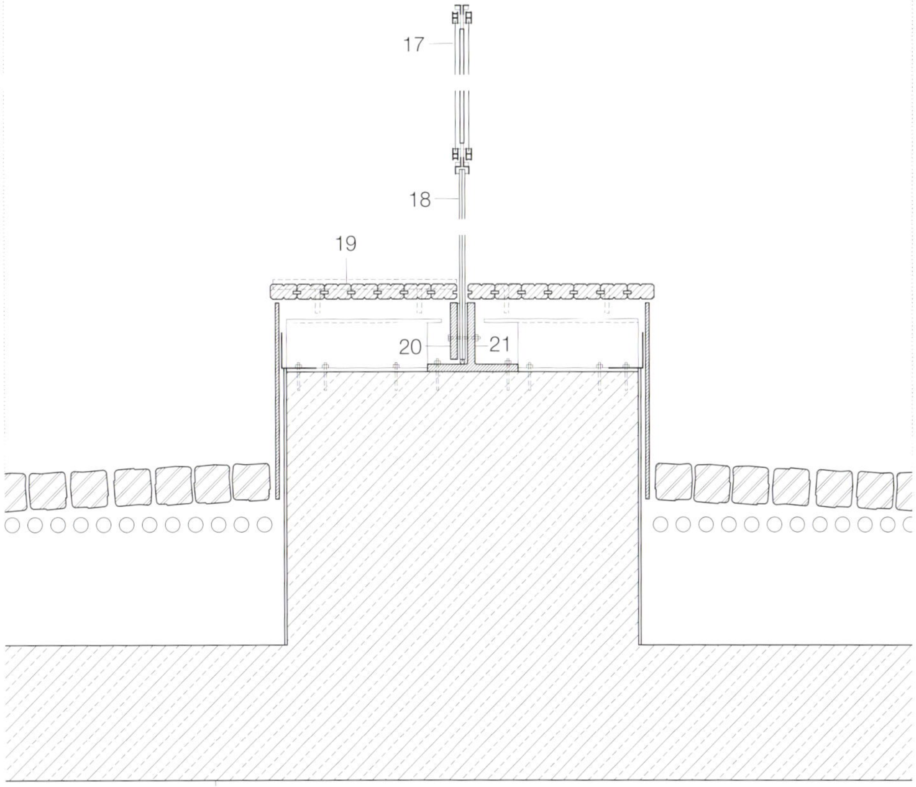

bb

Marktstände in Augsburg

Architekt: Tilman Schalk Architekten, Stuttgart
Freianlagen: Helleckes Landschaftsarchitektur, Karlsruhe

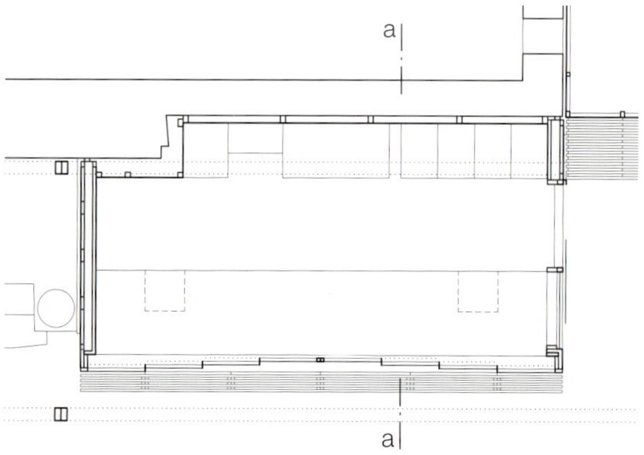

Der neu strukturierte Marktbrunnenplatz zeigt sich einheitlich mit homogenem Bodenbelag und gleichen Marktständen, die den Platz fassen.

Zentral in der Augsburger Altstadt zwischen Fugger- und Annastraße gelegen, vermittelt der Stadtmarkt großstädtisches Flair. Mit seinen Gässchen, Plätzen und Passagen wirkt er wie eine kleine Stadt in der Stadt und ist entsprechend seinem Sortiment strukturiert. Der Freibereich teilt sich in Gemüsegasse, Obstgasse, Fischgasse, Bäckergasse, Blumengasse und den temporären Bauernmarkt auf. In der historischen Fleischhalle befindet sich der Metzgereiverkauf; in der Viktualienhalle wird ein breites Spektrum an internationaler Feinkost angeboten.
Aufgrund des sehr uneinheitlichen Erscheinungsbilds der Marktstände, der fehlenden Raumqualität sowie der mangelhaften Funktionstüchtigkeit der Infrastruktur lobte die Stadt Augsburg im Jahr 2005 einen Architektenwettbewerb zur Neustrukturierung des Stadtmarkts aus. Um das Marktgeschehen möglichst wenig zu beeinträchtigen, sollten in mehreren Bauabschnitten Bodenbeläge und Verkaufsstände umgestaltet und erneuert werden.

Platzgestaltung

Der Marktbrunnenplatz östlich der Fleischhalle bildet die Schnittstelle zwischen hektischer Fußgängerzone und regem Marktbetrieb. Seine Neuordnung schafft einen urbanen Raum, der sowohl zum Aufenthalt einlädt als auch der Orientierung dient. Ein langes, auf die Proportionen der angrenzenden Bebauung abgestimmtes Vordach wertet nun die dominierende Hauptfassade der Fleischhalle auf. Die im rechten Winkel hierzu platzierten neuen Marktstände fassen den zentralen Platz im Norden und Süden. Eine Fläche aus hellen Granitplatten markiert den neu gewonnenen Stadtraum. Um ein einheitliches Gesamterscheinungsbild zu schaffen, wurde für den Bodenbelag der den Platz umgebenden befahrbaren Fläche, ein Splitt-Mastix-Asphalt gewählt, dessen Farbmischung auf die Farbigkeit des Granits abgestimmt ist. Der Marktbrunnen wurde freigestellt und zum Mittelpunkt des Platzbereichs.

Architektur der Marktstände

Die raumbildenden Stahl-Glas-Überdachungen sind in ruhiger Architektursprache gestaltet und spenden mit ihren transluzenten Spanndecken den Verkaufsflächen angenehmes Licht. Da mit Anpralllasten zu rechnen ist, muss die Stahlkonstruktion hohe statische Anforderungen erfüllen. Vertikal verlaufende Schattenfugen profilieren die geschweißten Stützen und verleihen ihnen optische Leichtigkeit.
Die darunter angeordneten Verkaufsboxen sind in einem vorfabrizierten Massivholzsystem erstellt, der hierfür kostengünstigsten Bauform. Sie stehen frei mit Abstand zum Dach, dessen Überstand auch den zum Marktstand gehörenden Freibereich vor der Witterung schützt.
Die Größe und die Art der Fassadenöffnungen der Boxen reagieren auf das jeweilige Warenangebot und geben jedem Stand ein individuelles Erscheinungsbild. Gebäudehohe Schiebeelemente öffnen die Fassaden großzügig und erweitern die Verkaufsfläche nach außen. Die Faserzementverkleidung der geschlossenen Flächen ist in einem dezenten Grünton gehalten, der einen neutralen Hintergrund für die feilgebotenen Produkte bietet.

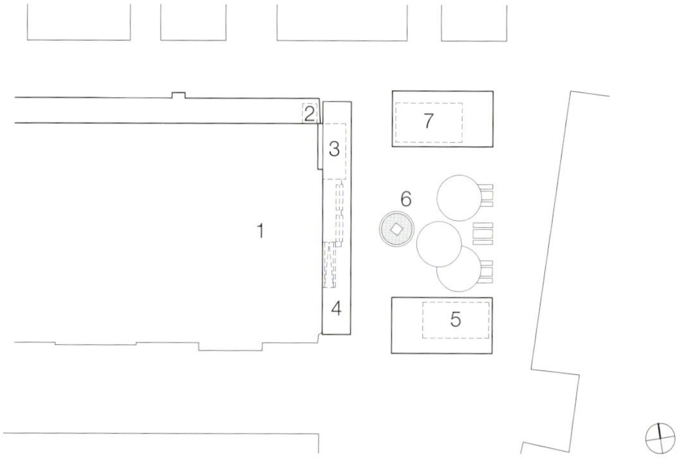

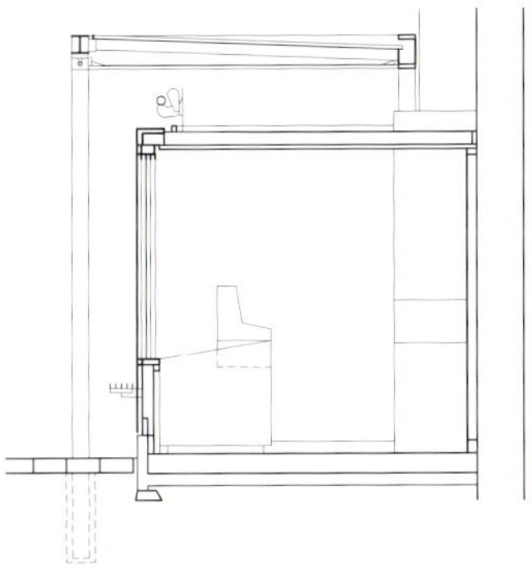

aa

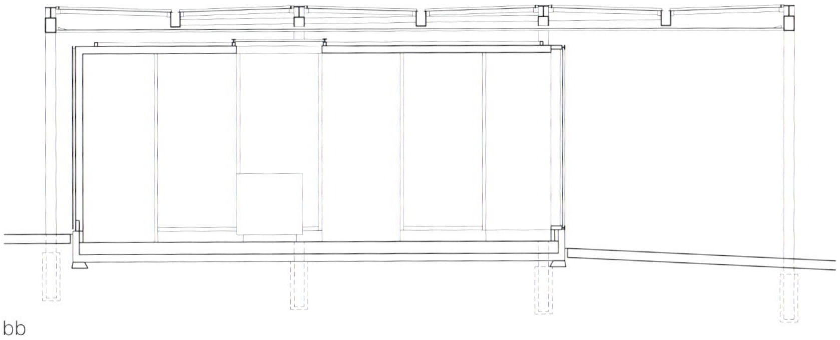

bb

Lageplan
Maßstab 1:750

Grundrisse • Schnitte
Marktstand Uhl und
Marktstand Müller
Maßstab 1:100

1 Fleischhalle
2 Lagerfläche
3 Marktstand Uhl
4 Vordach
5 Marktstand Neubert
6 Marktbrunnen
7 Marktstand Müller

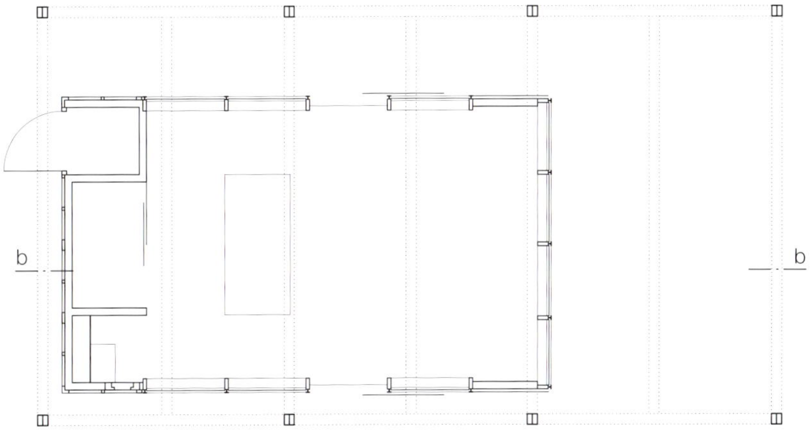

Grundriss Marktstand Neubert
Maßstab 1:100

Horizontalschnitt • Vertikalschnitte
Maßstab 1:20

1 Festverglasung VSG 32 mm
2 Fassadenpfosten/-riegel
Brettschichtholz 180/50 mm
3 Massivholzelemente
Fichte 98 mm
4 Faserzementplatte 8 mm
auf Aluminium Tür System geklebt
5 Stahlprofil HEB 120
6 Flachstahl ▭ 10 mm
7 Verglasung VSG 16 mm
8 Licht- und Akustikgewebe aus hochfestem
Polyester, transluzent
9 Stahlprofil HEB 140
10 Dachaufbau:
Dichtungsbahn
Decke Massivholzelemente Fichte 95 mm
11 Ablage Aluminiumprofile ▭ 40/20/4 mm
verschraubt
12 Bodenaufbau:
Ortbeton beheizt
flügelgeglättet 190 mm
Dampfsperre, Wärmedämmung 100 mm
Frostschutzkies

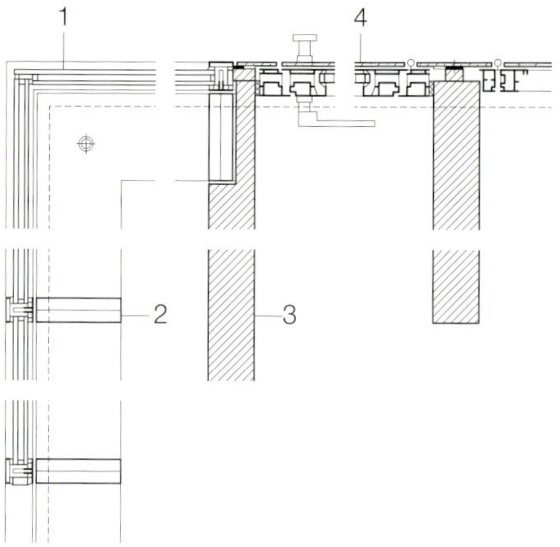

ee

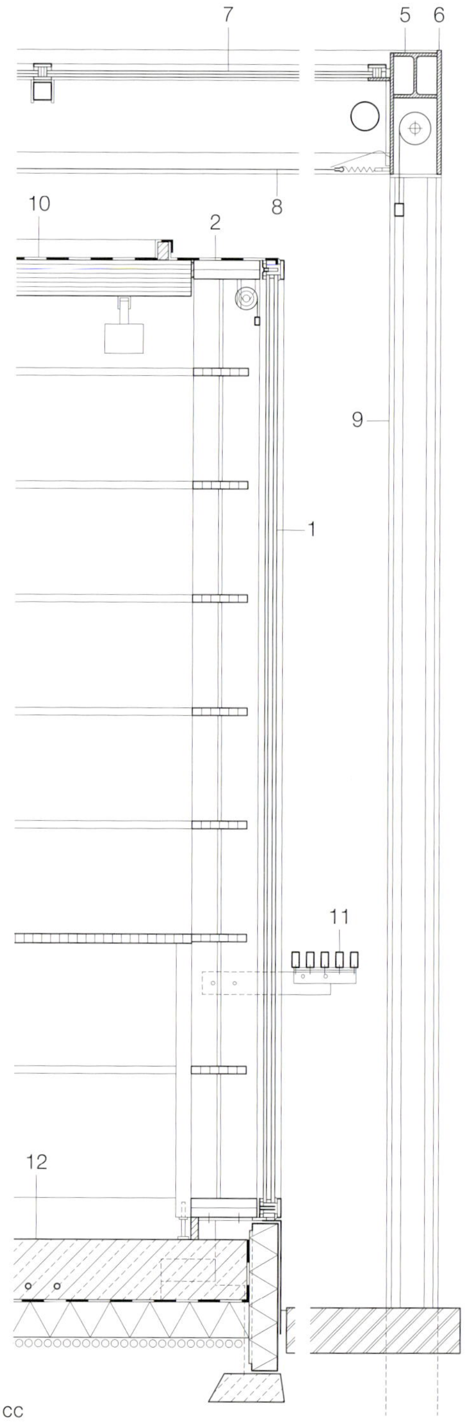

cc

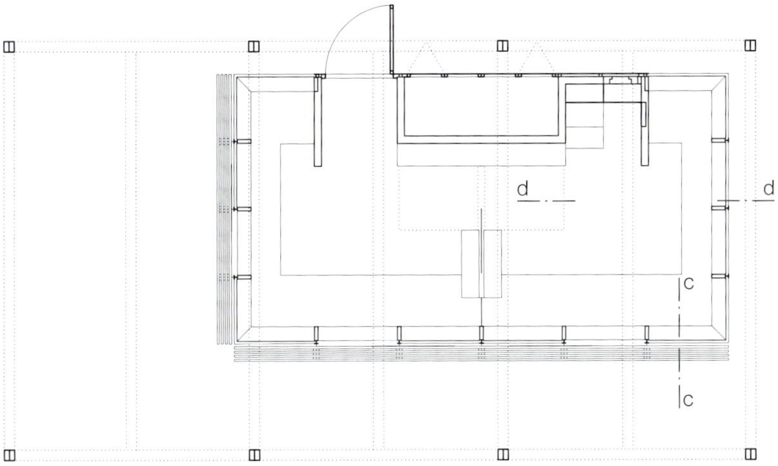

Projektdaten:

Nutzung:	Verkauf feststehend
Konstruktion:	Stahl, Massivholz
lichte Raumhöhe:	3 m (Überdachung) 2,50 m (Verkaufsstände)
Bruttorauminhalt:	240 m³ (Verkaufsstände)
Bruttogrundfläche:	66 m² (Verkaufsstände)
Abmessungen:	2,84 × 5,50 m (Uhl) 3,92 × 6,72 m (Müller) 3,60 × 6,72 m (Neubert)
Baukosten:	550 000 € (brutto, reiner Hochbau)
Baujahr:	2008/2009
Bauzeit:	9 Monate

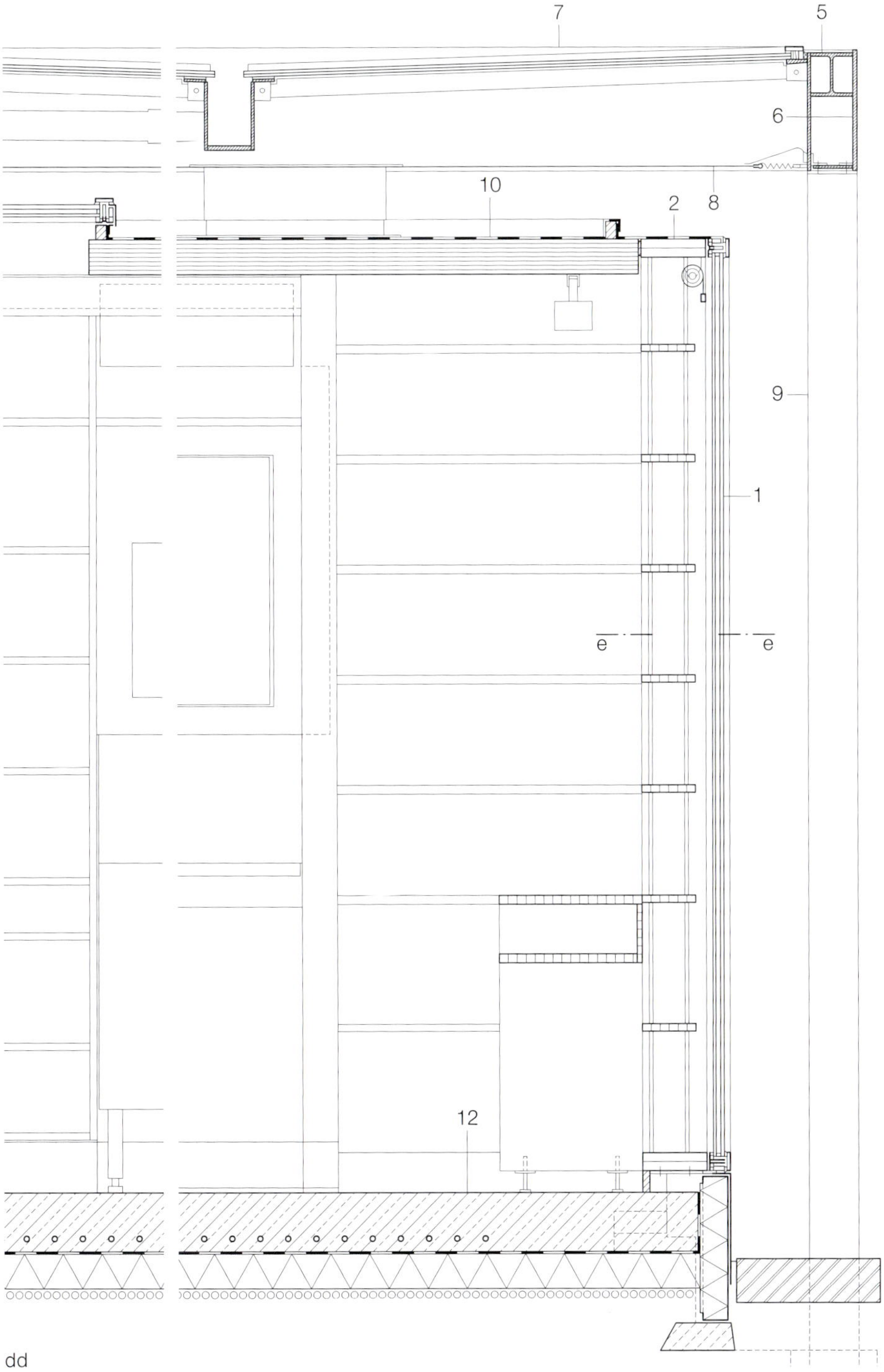

dd

Theaterpodium in Rotterdam

Architekten: Atelier Kempe Thill architects and planners, Rotterdam

Das Stadtpodium am Ufer eines Kanals mitten in Rotterdam ist nicht nur Theaterbühne, sondern bietet »überdachte Leere« zur kreativen Nutzung.

Beim Wiederaufbau Rotterdams nach den Zerstörungen des Zweiten Weltkriegs entstand zwischen Kirche und Kanal der Platz Grotekerkplein. Trotz seiner sehr zentralen Lage spielt der Platz kaum eine Rolle innerhalb des städtischen Lebens, da ihn keine Einkaufsstraßen mit dem öffentlichen Raum verbinden. Ein Wettbewerb sah zur Belebung dieses Stadtraums einen kleinen Theaterpavillon als Treffpunkt der Stadtbevölkerung und für Aufführungen vor.
Das entstandene 40 m lange Podium schließt als Pendant zur Sint Laurenskerk die Westseite des Platzes und trennt ihn konsequent vom angrenzenden Kanal Delftsevaart. Da der Baukörper transparent und offen ist, bleiben Sichtverbindungen erhalten, und es entsteht keine räumliche Enge.

Räumliches Konzept des Podiums

Das Theaterpodium ist als große Stadtbühne konzipiert. Das zurückhaltende Gebäude bietet einen leeren Raum ohne festgelegte Funktion. Er soll die Rotterdammer Stadtbevölkerung anregen, ihn zu entdecken und kreativ zu nutzen. Unter dem monumentalen Dach bietet das Podium einen Rahmen für inspirierte Treffen.
Zwei 5 m hohe Servicekuben fassen zusammen mit einer 50 cm starken Grundplatte und dem zwischen beiden Volumen frei spannenden Dach den Bühnenraum. Dieser orientiert sich zum Platz und zum Wasser. Die Bühne ist beidseitig bespielbar und kann außerdem zum bestuhlten Zuschauerraum werden, auf dem das Publikum selbst Platz nimmt.

Im südlichen Servicekubus ist der 70 m lange textile Bühnenvorhang untergebracht. Dieser kann abhängig vom stattfindenden Ereignis die Größe der Bühne nach Belieben regulieren oder eine »Rückwand« bilden. Die Bewegung des Vorhangs im Wind unterstreicht die Leichtigkeit und den temporären Charakter der Veranstaltungen.
In der nördlichen Serviceeinheit befinden sich WC, Umkleideraum und Lager der Künstler. Die dort vorhandene Teeküche kann auch zum Betreiben eines kleinen Cafés genutzt werden.

Robustheit und Feinheit im Material

Das Podium ist in Sichtbeton und Edelstahl konstruiert, um Einwirkungen durch Benutzung, Witterung und Vandalismus standzuhalten. Die Betonoberfläche ist zusätzlich mit einem Antigraphiticoating versiegelt.
Seine ungewöhnlich schlanke Dimension von 50 cm Dicke am Rand und 75 cm in der Mitte erlangt das Dach durch die vorgespannte Konstruktion. Zugunsten einer möglichst feinen hellen Sichtbetonoberfläche kamen ein Titanoxidzuschlag als Weißmacher in Verbindung mit sehr großen Schalungsplatten von 10,00 × 2,50 m zum Einsatz. Außerdem sind alle technischen Installationen wie Elektroleitungen und die Vorhangschiene in die Konstruktion integriert.
Zwischen die beiden Betonplatten eingespannt, heben sich die Servicekuben mit einem vorgehängten Edelstahlgewebe ab. Für eine nahtlose Oberfläche sind die Bahnen mit 5 m sehr breit. Die Erschließung erfolgt über jeweils zwei raumhohe Edelstahltüren, ebenfalls eine Spezialanfertigung. Ein LED-Lichtbalken hinter dem Edelstahlgewebe lässt die Baukörper abends von innen heraus leuchten.

Projektdaten:

Nutzung:	Kultur feststehend
Konstruktion:	Sichtbeton
lichte Raumhöhe:	5 m
Bruttorauminhalt:	1200 m³
Bruttogrundfläche:	200 m²
Abmessungen:	40,00 × 5,00 × 6,25 m (2× 5 m lange Servicekuben, dazwischen 30 m freispannendes Dach)
Baukosten:	798 500 € (netto)
Baujahr:	2009
Bauzeit:	15 Monate

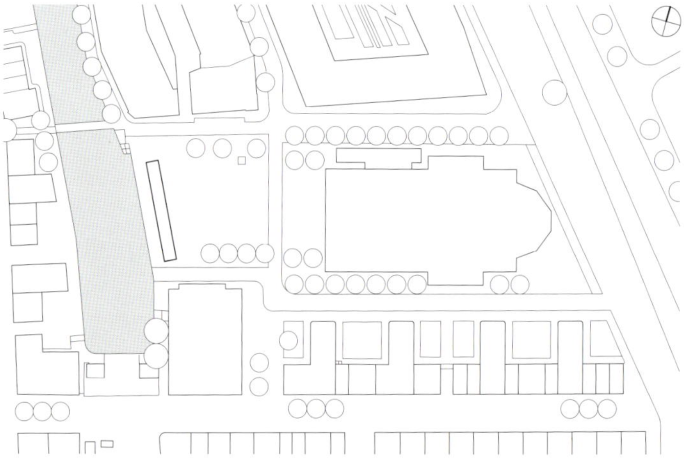

aa

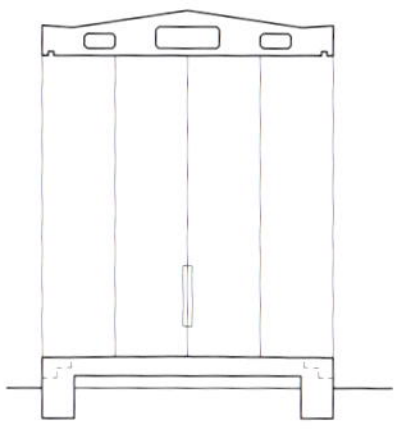

bb

Lageplan
Maßstab 1:3000

Schnitte
Grundriss
Maßstab 1:250

1 Stadtpodium
2 Technik / Lager für Vorhang
3 Teeküche / Umkleide

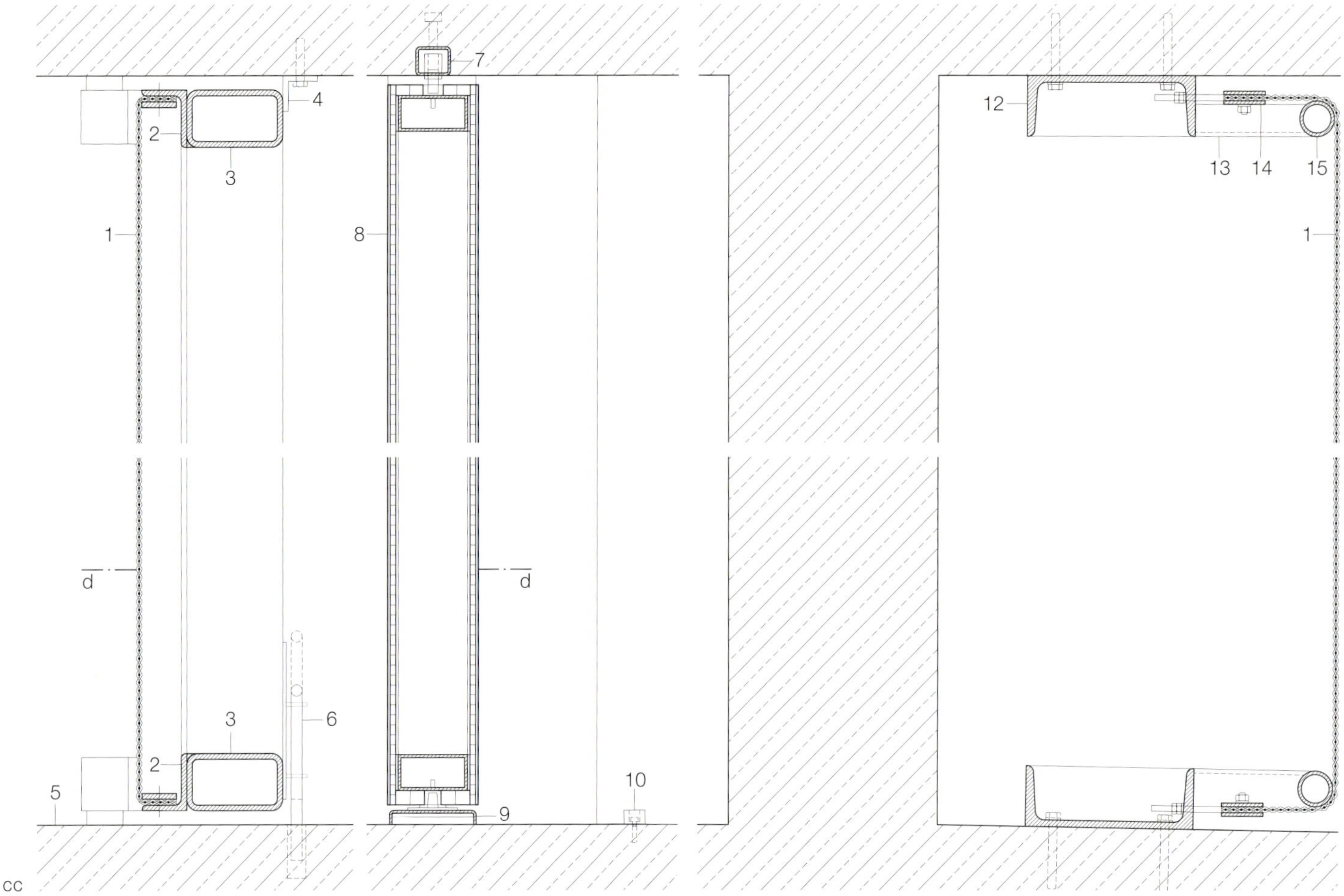
1
2
3
4
5
6
7
8
9
10
12
13
14
15
d
cc

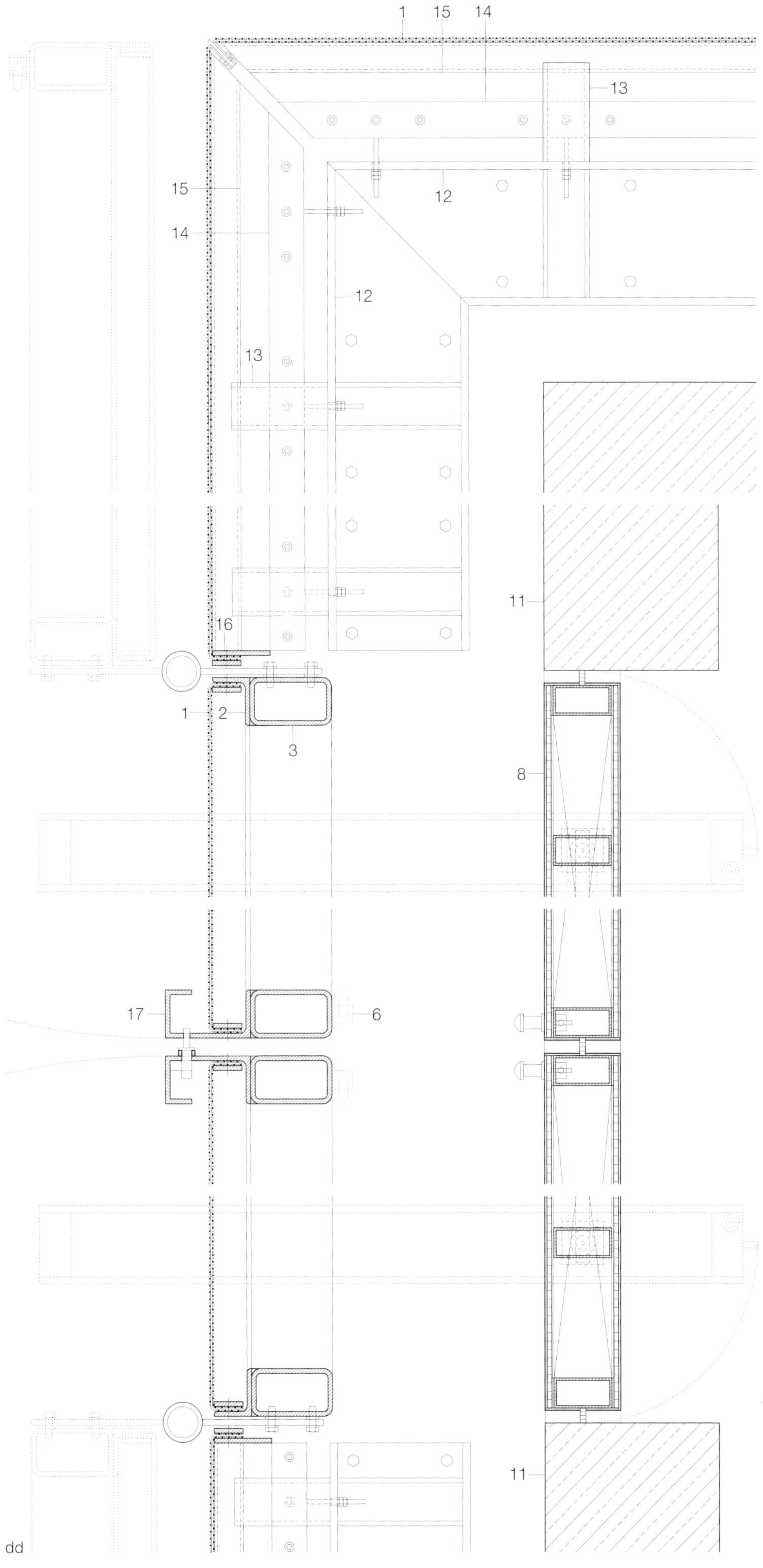

Detailschnitte
Maßstab 1:10

1 Edelstahlgewebe ca. 7,5 mm, ca. 14,8 kg/m²
aus Kettseil und Schlussstab je Ø 3 mm,
Paneelgrößen 1250 (5000) /5000 mm
2 Edelstahlprofil ∟ 65/80/8 mm an Türprofil
geschweißt
3 Türrahmen Edelstahlrohr ▭ 140/80/8 mm
4 Türstopper Edelstahlprofil ∟ 50/50/8 mm
5 Bodenplatte Sichtbeton flügelgeglättet
300–320 mm, Gefälle 0,8 %
6 Befestigungsstab Ø 16 mm zur Verriegelung
der Tür in Edelstahlhülse im Betonboden
7 Edelstahlrohr einbetoniert ▭ 40/50/3 mm
8 Türblatt:
Aluminiumblech 2 mm geklebt auf
Multiplexplatte wasserfest 8 mm geklebt auf
Aluminiumrahmen 100/50/4 mm
9 Edelstahlprofil ⊔ 125/20/3 mm
10 Edelstahlhülse zur Arretierung der Tür
Ø 30 mm, Höhe 20 mm
11 Sichtbeton 300 mm
12 Stahlprofil UNP 240 mit Bohrungen Ø 15 mm
als Ablauf für Regenwasser
13 Stahlprofil UNP 80 mit Stahlrohr und UNP 240
verschweißt
14 Klemmprofil aus Stahlblech verschraubt
2× 60/5 mm
15 Edelstahlrohr Ø 50/5 mm
16 Klemmprofil aus Edelstahlblech verschraubt
100/8 mm und 50/8 mm
17 Türgriff zusammengesetztes Profil aus
Edelstahlblech 8 mm an Winkelprofil
geschweißt

Pavillon am Genfer See

Architekten: Bakker & Blanc Architectes, Lausanne

Modular aufgebaute Pavillons nehmen verschiedene Nutzungen auf und lassen sich je nach Bedarf erweitern.

Die Seeuferpromenade von Genf ist ein Ort von hoher Freizeitqualität. Sie lädt nicht nur zum Flanieren ein, auch ein Yachtclub, eine Schiffsanlegestelle und Angelplätze befinden sich dort. Im Lauf der Jahre jedoch ergaben sich strukturelle Probleme wie der zunehmende Autoverkehr auf den Seestraßen als auch das heterogene Erscheinungsbild der neu entstandenen Gebäude auf der Promenade. Daher schrieb die Stadt Genf einen Wettbewerb aus, mit dem Ziel, auf dem Areal Serviceleistungen in einheitlicher Form zu schaffen. Das Siegerprojekt von Bakker & Blanc Architectes schlägt einen einzigen Gebäudetyp für sämtliche Nutzungen vor, der lediglich bezüglich Größe und Umgebungsgestaltung variiert.

Räumliche Vielfalt

Die Ausrichtung der geplanten Pavillons senkrecht zum See – bisher steht erst ein Prototyp – bricht mit der Struktur der Bebauung hinter den Kais und unterstreicht den Bezug der Wohnquartiere Eaux Vives und Pâquis zur Promenade. Die Freiräume zwischen den Kleinbauten sollen den Blick auf den See ermöglichen. Abgeschirmt vom Verkehr entstehen geschützte Bereiche. Der Grundtypus ist eine auf das Minimum reduzierte Hausform mit leicht geneigtem Satteldach, kubisch auf rechteckiger Grundfläche ohne Vorsprünge oder Dachüberstände. Der modulare Aufbau des Pavillons erlaubt die Variation von Gebäudetypen mit verschiedenen Nutzungsarten. Die kleinste mögliche Einheit mit dem Grundmaß von 2,00 × 2,80 m ist eine behindertengerechte öffentliche Toilette. Beim Kiosk kommt eine weitere Einheit hinzu. Der ausgeführte Prototyp, der als Verpflegungsstand mit Restaurant und Kiosk genutzt wird, stellt mit 10 m Länge die größtmögliche der vorgesehenen Varianten dar. Ein textiles Sonnendach, in dessen Schatten Tische und Stühle zum Verweilen einladen, ergänzt den Kubus. Abends, wenn die Klappen geschlossen sind, bleibt ein schlichter Baukörper im öffentlichen Raum.

Konstruktion

Die Stahlrahmenkonstruktion wurde mit biegesteifen Ecken hergestellt. Über Gasdruckzylinder öffenbare Klappen gewähren Einblick in den Innenraum, den der Betreiber individuell gestaltet. Die Außenhaut besteht aus Bronzeblech, dessen Patina die Blessuren durch Nutzung, Transport und Wetter ausgleicht. Die Bleche sind auf Sandwichpaneele montiert und fugenlos aneinandergestoßen. Die Materialwahl erfolgte in Anlehnung an die Bronzeskulpturen, die im Stadtbild häufiger zu finden sind.
Im Frühjahr angeliefert und aufgestellt, erfolgt im Herbst der Abtransport der Pavillons per Lkw, um Platz zu schaffen für die Boote, die im Winter hier an Land gezogen und repariert werden.

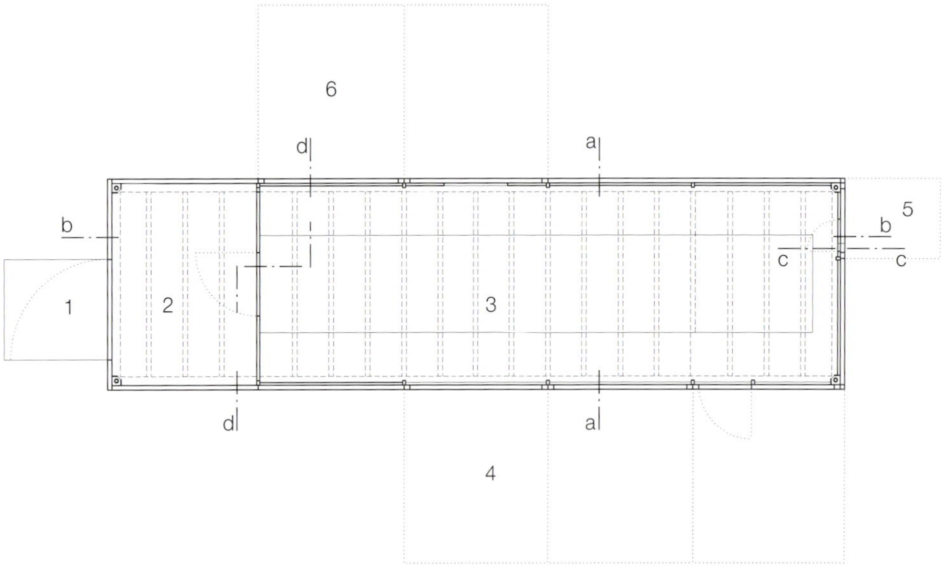

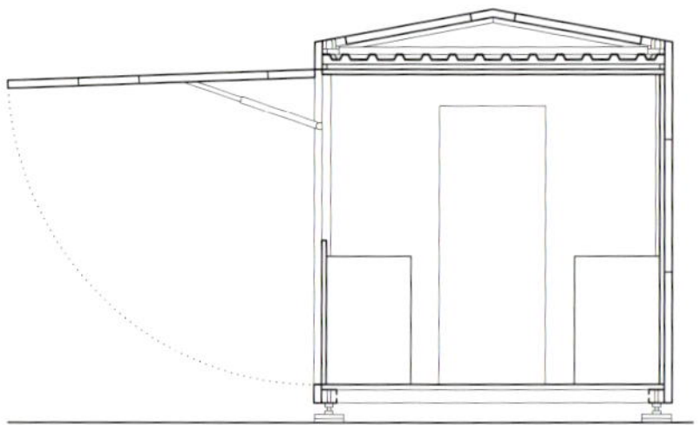

aa

Grundriss • Schnitte
Ansicht Straßenseite
Maßstab 1:100

1 Anlieferung
2 Lager
3 Küche/ Ausgabebereich
4 Restaurant
5 Kiosk
6 Eisverkauf

Axonometrie
Gebäudetypen

A Restaurant
B Ticketverkauf/
Segelschule/Kiosk
C WC-Anlage

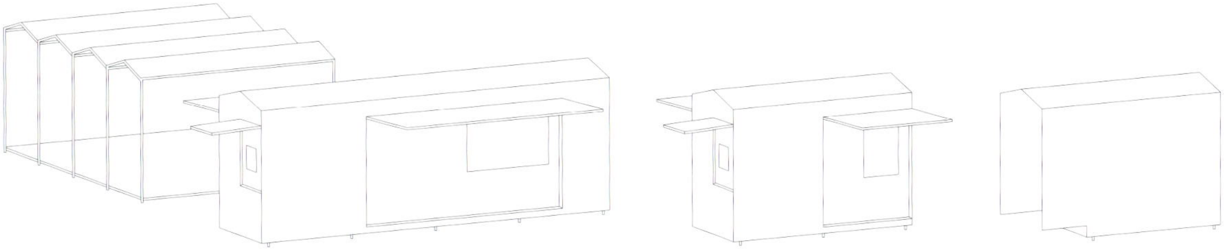

A B C

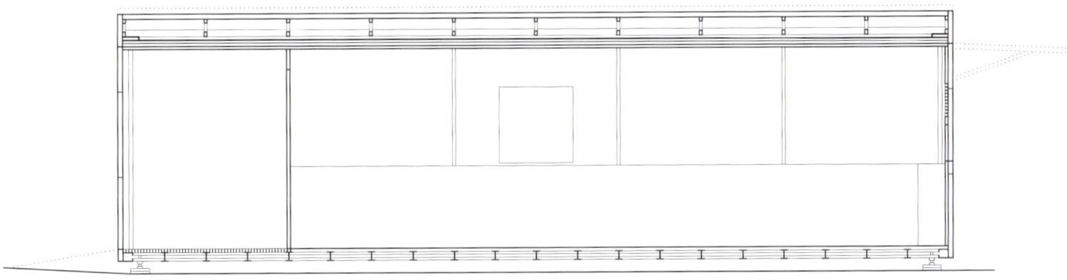

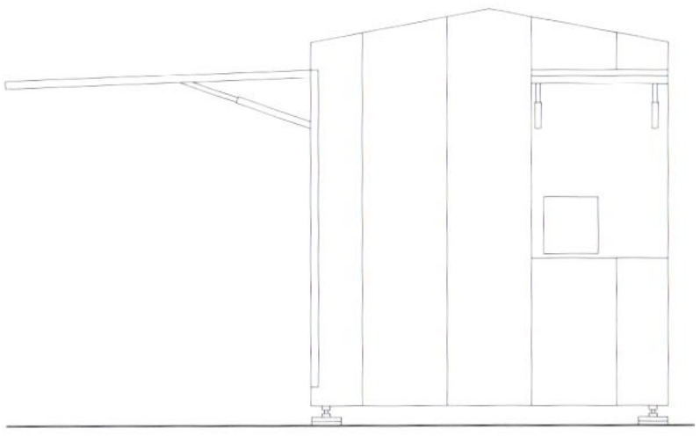

bb

Projektdaten:

Nutzung:	Bistro mobil
Konstruktion:	Stahl
lichte Raumhöhe:	2,50 m
Bruttorauminhalt:	73 m³
Bruttogrundfläche:	28 m²
Abmessungen:	2,80 × 10,14 m
Kosten Prototyp:	258 393 €
Baujahr:	2006
Bauzeit:	1,5 Monate

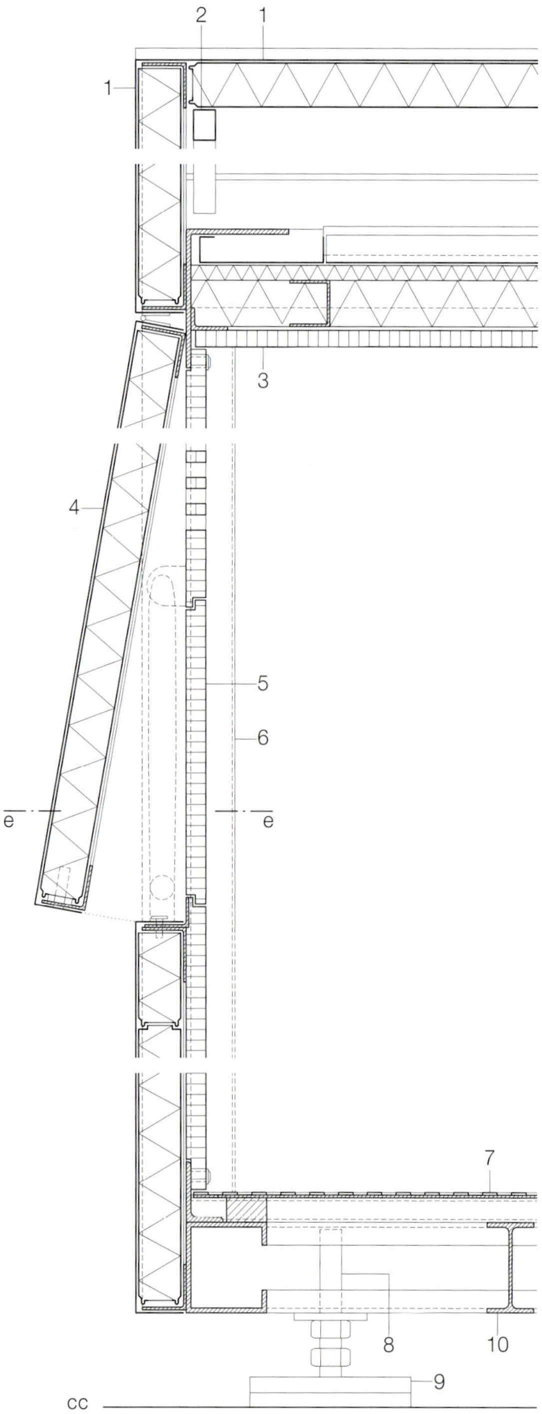

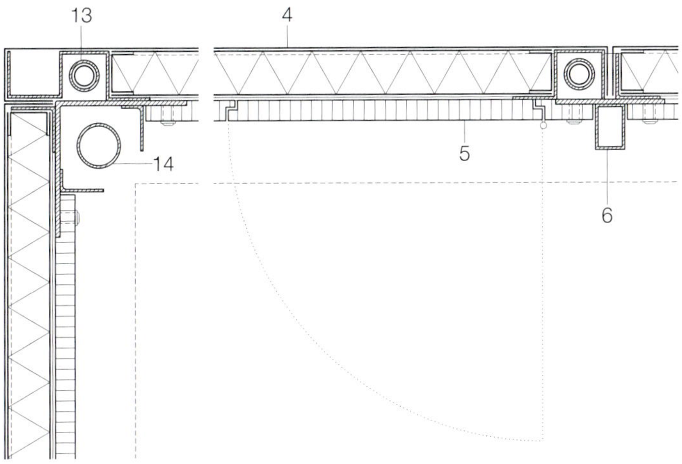

ee

Detailschnitte
Maßstab 1:10

1 Bronze-Messingblech vorpatiniert 1,2 mm vollverklebt mit Paneel Aluminium-Polyurethan 60 mm
2 Stahlprofil ▭ 40/30/2 mm
3 Dreischichtplatte 27 mm Wärmedämmung Steinwolle 60 mm Wärmedämmung 20 mm Trapezblech wärmegedämmt 40 mm
4 Paneel in Stahlrahmen L 60/60/5 mm teilweise öffenbar
5 Öffnungsflügel Dreischichtplatte 27 mm
6 Pfosten Stahlrohr ▭ 60/40/4 mm
7 Gummiplattenbelag 2 mm
8 Planier-Einstellgewinde 150 mm
9 Metallscheibe 220/20 mm auf Unterlegscheibe Gummi 220/20 mm
10 Stahlprofil IPE 120
11 Gitterrost 35 mm
12 Transportösen, über Klappen erreichbar
13 Gasdruckzylinder
14 Regenrohr Ø 60 mm

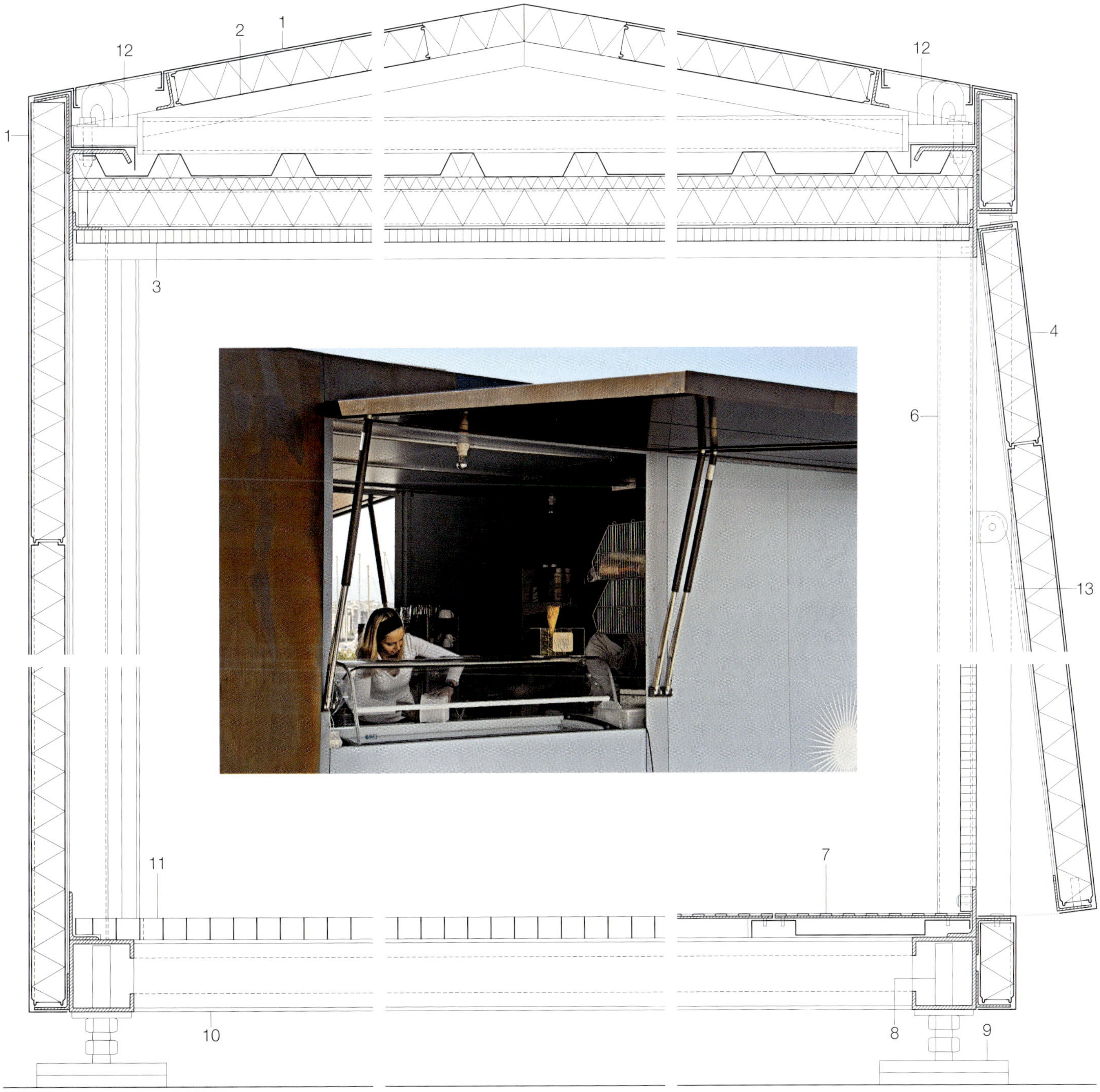

dd

Pavillon in Zürich

Architekten: phalt architekten, Zürich

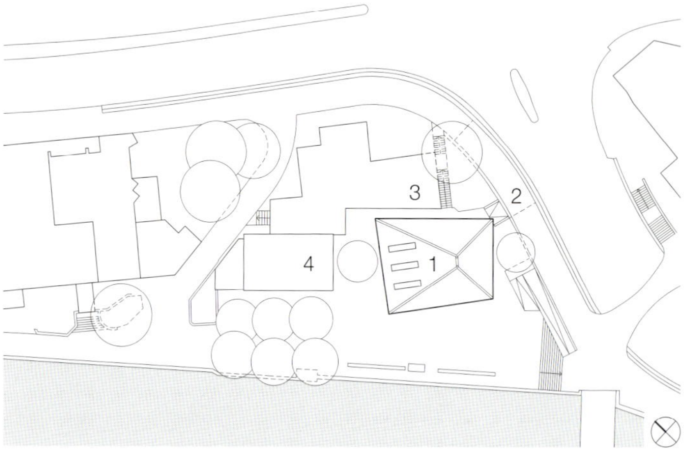

Die kleine Werkstatt greift das Thema Metall in Konstruktion und Verkleidung auf und ermöglicht unterschiedliche Nutzungen.

Das zentral gelegene Jugendkulturhaus Dynamo bietet jungen Menschen seit seiner Gründung vor 20 Jahren die Möglichkeit, sich auf vielfältige Weise gestalterisch zu betätigen. Ziel ist es, Jugendlichen und jungen Erwachsenen Freiräume zur Verfügung zu stellen, in denen sie Eigeninitiative entwickeln und Verantwortung übernehmen sowie ihre kreativen Ideen umsetzen können.
Zwischen Limmat-Ufer und einem denkmalgeschützten Gebäudeensemble, das die diversen Räumlichkeiten des Kulturhauses beherbergt, ist ein weiterer Ort der Kreativität entstanden: die neue Metallwerkstatt. Aufgrund von umfangreichen Bauarbeiten mussten provisorische Abstellräume abgebrochen und ein neuer Büro- und Lagerraum errichtet werden. Der neue markante, pilzförmige Pavillon gliedert den ehemals heterogenen Platz und schafft Raum. Sein weit auskragendes Dach nutzt die gesamte bebaubare Fläche vollständig aus und dient als überdeckter, stützenfreier Arbeitsbereich im Freien, der ganzjährig genutzt werden kann.
Die Fassade lässt sich mit einfachen Flügeltüren großflächig öffnen und zeigt nach außen, wann die Werkstatt in Betrieb ist.

Besonderer »Werkraum«

Konstruktion und Verkleidung der Werkstatt spiegeln ihre Funktion wider: Ein Stahl-Skelettbau als Tragwerk überspannt eine eingestellte, gedämmte Bürobox aus Holz und den Lagerraum. Ein industriell gefertigtes, gelochtes Stahlblech umhüllt das gesamte Gebäude und verleiht ihm ein homogenes Erscheinungsbild. Seine tiefgezogene Lochung erzeugt einerseits genügend Stabilität gegen mechanische Einwirkungen, andererseits erfüllt sie ästhetische Ansprüche. Sie bietet zudem die Möglichkeit, Haken, Schilder und weitere Hilfsmittel einfach einzuhängen. Für die Schriftzüge der Aussenwerkstatt wird die Lochung des Profilrosts zum Raster umfunktioniert und schwarze Gumminoppen als Pixel verwendet. Die korrosionsgeschützte, feuerverzinkte Hülle spielt mit dem Kontrast zu den bei der Stahlverarbeitung anfallenden rostenden Eisenspänen, welche den neuen Asphaltbelag rötlich verfärben. Je nach Lichtverhältnissen und Blickwinkel des Betrachters gibt sich das Gebäude mal transparent, mal geschlossen, erlaubt nachts Einblicke in den beleuchteten Innenraum oder schottet sich im Sonnenschein durch seinen glitzernden Metallschirm ab. Das Wechselspiel zwischen Transparenz und Geschlossenheit, zwischen Leichtigkeit und Massivität verleiht dem Pavillon seinen besonderen Reiz.

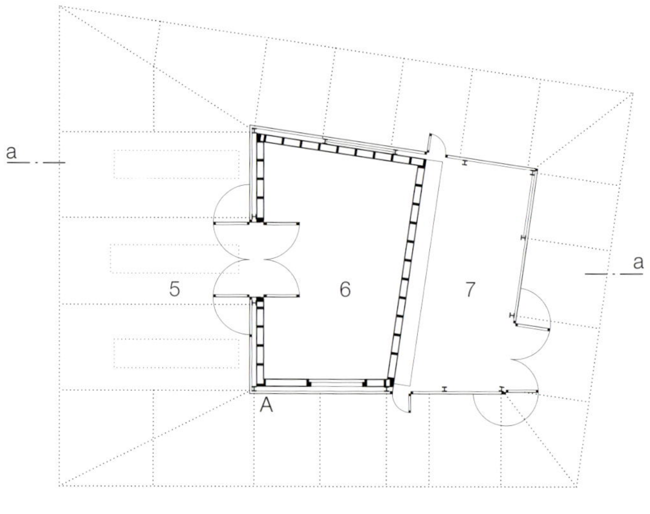

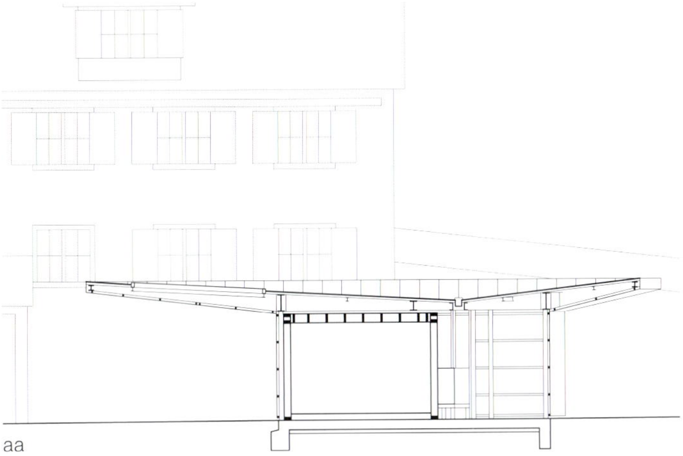

aa

Lageplan
Maßstab 1:1000
Grundriss • Schnitt
Maßstab 1:200

1 Metallwerkstatt
2 WC/Garderobe
3 Schmuckwerkstatt
4 Restaurant
5 überdachter Arbeitsbereich
6 Büro
7 Lager

Projektdaten:

Nutzung:	Werkstatt, Büro und Lagerraum feststehend
Konstruktion:	Stahl-Skelett
lichte Raumhöhe:	2,40 m (Büro) 2,83–3,42 m (Außenarbeitsbereich)
Bruttorauminhalt:	160 m³
Bruttogrundfläche:	49 m²
Abmessungen:	8 × 7 m (Gebäude) 16,00 × 12,50 m (Dach)
Baukosten:	592 000 Schweizer Franken (brutto)
Baujahr:	2008
Bauzeit:	4 Monate

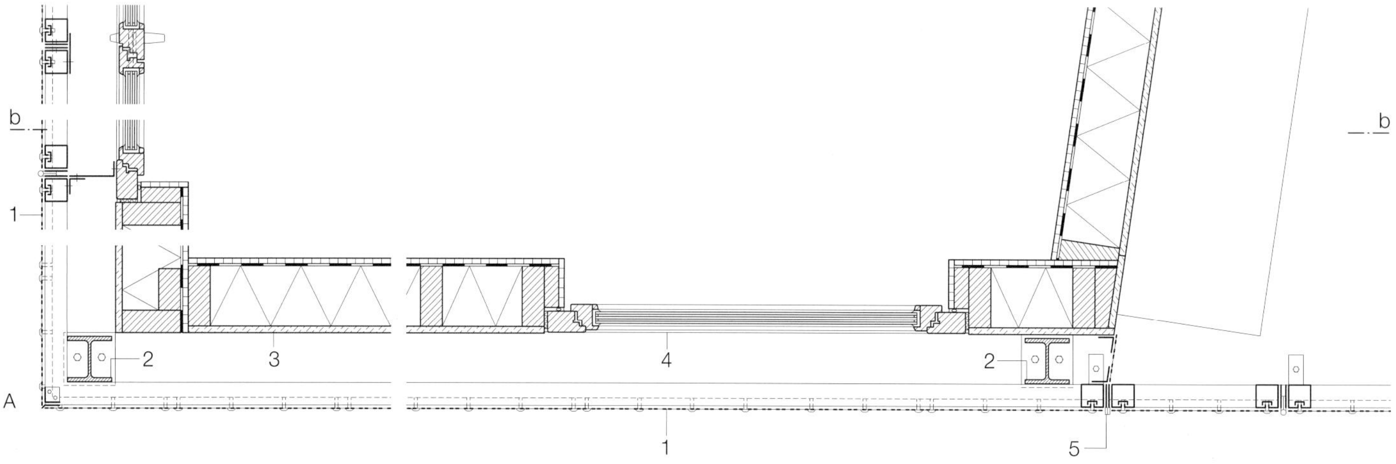
b
b
1
2
3
4
2
A
1
5

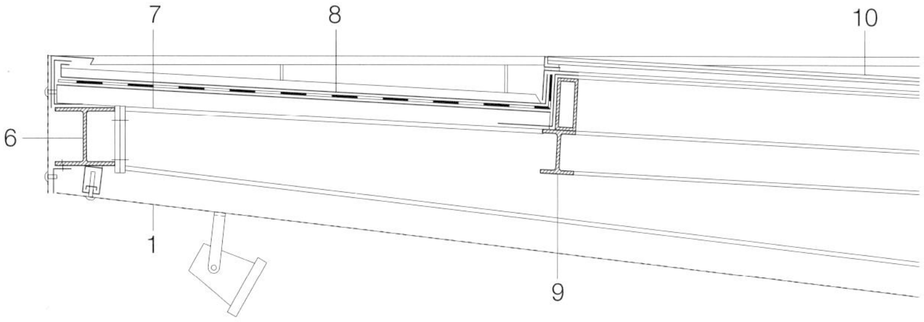
7
8
10
6
1
9

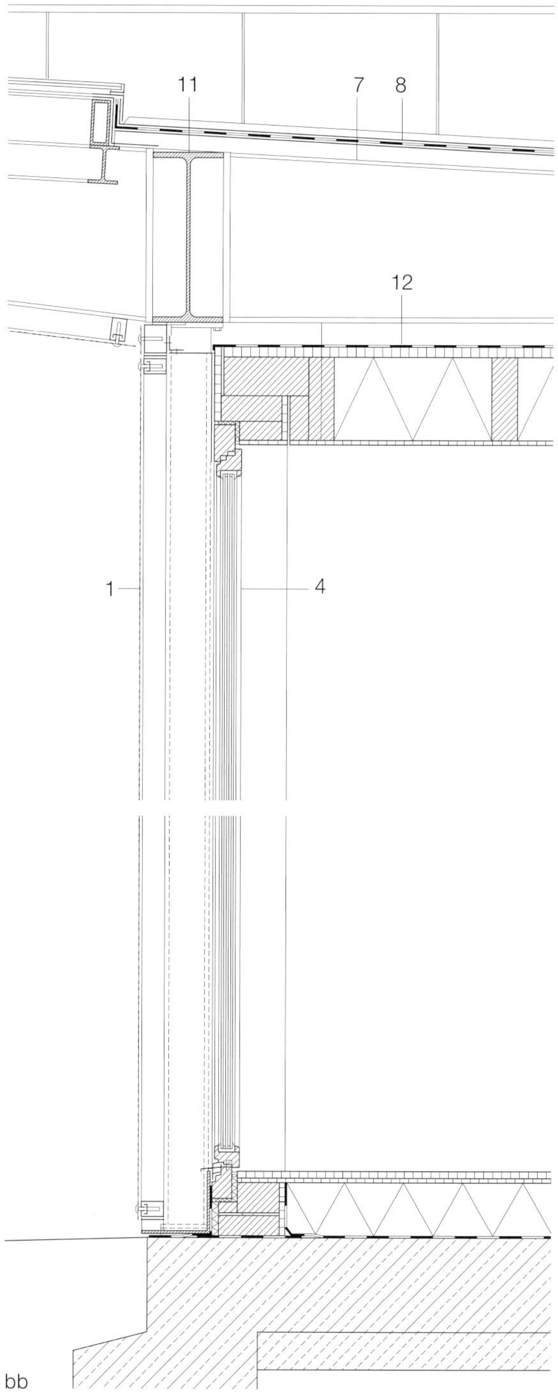
11
7
8
12
1
4
bb

Detailschnitte Maßstab 1:20

1 Stahlblech geprägt, gestanzt, feuerverzinkt 2 mm
Unterkonstuktion Stahlprofil feuerverzinkt, geschraubt
⧄ 60/60 mm bzw. ▭ 60/40 mm
2 Stütze Stahlprofil HEB 120
3 Wandaufbau:
Spanplatte zementgebunden 18 mm
Wärmedämmung Zellulose 160 mm
Dampfbremse
OSB-Platte 15 mm
4 Holzfenster mit Dreifachverglasung
5 Flachstahlprofil ▭ 100/20/5 mm als Vorrichtung für Vorhängeschloss
6 Randträger HEA 140
7 Träger IPE 300 konisch zulaufend
8 Dachaufbau:
Doppelfalzdach
Kupfertitanzinkblech 7 mm
Strukturmatte schalldämmend
Trapezblech 41 mm
9 Sekundärträger IPE 100
10 Verglasung Oberlicht VSG aus 2× Float 8 mm
11 Träger umlaufend IPE 450
12 Dichtungsbahn als Notdeckung
Deckenelement:
Sperrholzplatte 27 mm
Wärmedämmung Zellulose 220 mm
OSB-Platte 12 mm
13 Stahlprofil ⊔ 200 mm
14 Holzständerelement:
Spanplatte zementgebunden 18 mm
Wärmedämmung Zellulose 160 mm
Dampfbremse
OSB-Platte 15 mm
15 Bodenaufbau:
OSB-Platte geschliffen, geölt 18 mm
Weichfaserplatte 12 mm
Wärmedämmung Hartschaum 140 mm Feuchtigkeitssperre
Bodenplatte Stahlbeton 250 mm
Sauberkeitsschicht Magerbeton 100 mm
16 Profillager

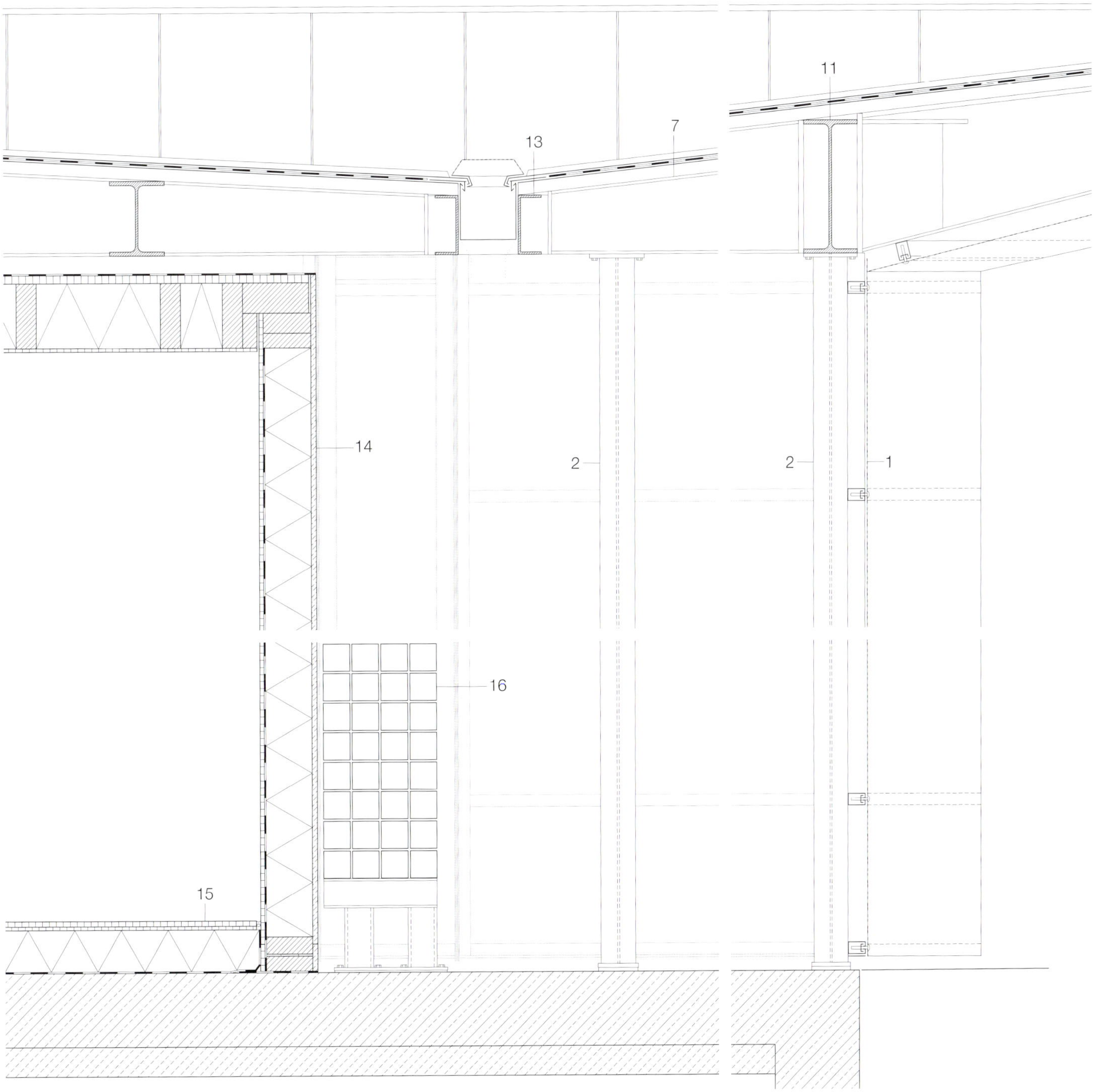

Zeitungskioske in London

Designer: Heatherwick Studio, London

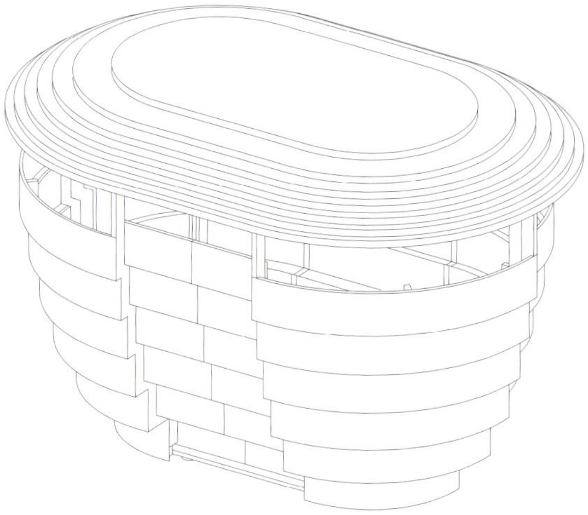

Eine einladende Form, Schutz vor Vandalismus und eine integrierte Zeitungsauslage vereinen die ovalen Kioske mit ihrer abgestuften Hülle.

Die Londoner Stadtteile Kensington und Chelsea wollten ihre langweiligen rechteckigen Buden durch neue Kioske mit einer lebendigeren Form ersetzen. Erklärtes Ziel war ein besserer Schutz vor Vandalismus und eine einfache Benutzbarkeit für den Zeitungsverkäufer.
Der Umfang der ovalen Baukörper nimmt nach oben durch eine stufenförmig herausspringende Außenwand zu. Diese Geometrie erfüllt gleich mehrere Anforderungen: Die Stände wirken nicht abweisend sondern ziehen selbst in geschlossenem Zustand das Interesse der Passanten auf ihre skulpturale Form; die gebogene, in Bänder unterteilte Verkleidung aus patiniertem Messing wirkt edel und bietet keine Angriffsfläche für Verunstaltungen durch Graffiti; im Innenraum dienen die Stufen als Holzregal zur Auslage der Zeitschriften. Ein umlaufendes Fensterband direkt unterhalb des ebenfalls abgestuften Dachs lässt dieses schweben und sorgt für eine ausreichende natürliche Belichtung. Nachts leuchtet der Kiosk von innen heraus.
Zur Öffnung des Verkaufsstands muss der Verkäufer statt den schwerfälligen Mechanismus eines Rolltors zu bedienen lediglich die gebogene Vorderseite um die angrenzenden Fassadenteile rotieren lassen. Das Oval öffnet sich zur Hälfte und gibt den großzügigen Tresen frei. Das Verkaufspersonal dahinter steht erhöht mit gutem Überblick und Schutz vor der Witterung. Die Regale sind bereits bestückt und ersparen ein zeitintensives Auf- und Abbauen.
Die Kioske können frei oder an einer Hauswand stehen, da ihre Rückwand teilweise gerade ist. Sie werden vorgefertigt und von einem Lkw in einem Stück an den Aufstellungsort gebracht. Wegen ihres hohen Gewichts von rund 2 t, erzeugt durch zusätzliche Beschwerungen im Bereich der Bodenplatte, benötigen sie keine weitere Befestigung. Die Konstruktion besteht aus vertikalen CNC-gefrästen Rippen aus Flachstahl von 130 mm Breite, die den Träger des Dachs und die ihn kreuzenden Kragarme stützen. Die Rippen sind auf gebogenen asymmetrischen Doppel-T-Trägern befestigt, die als Führungsschiene für die Nylonrollen der Türen dienen. Weitere Doppel-T-Träger steifen die Bodenplatte aus. Sechs Stellschrauben kompensieren Unebenheiten des Straßenbelags. Das Profil der Rippen entspricht den Stufen der Regale und Außenhaut. Ein 2 mm dickes Stahlblech ist dazwischen geschweißt und mit Sperrholz im Inneren und Messing als äußere Hülle verkleidet.

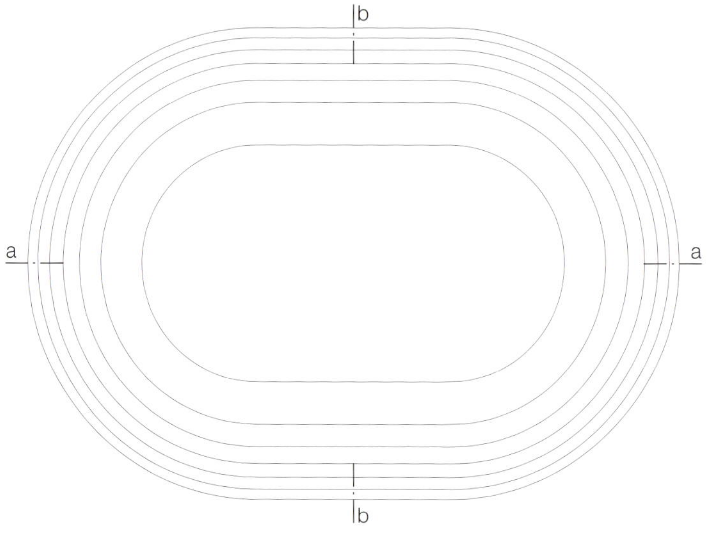

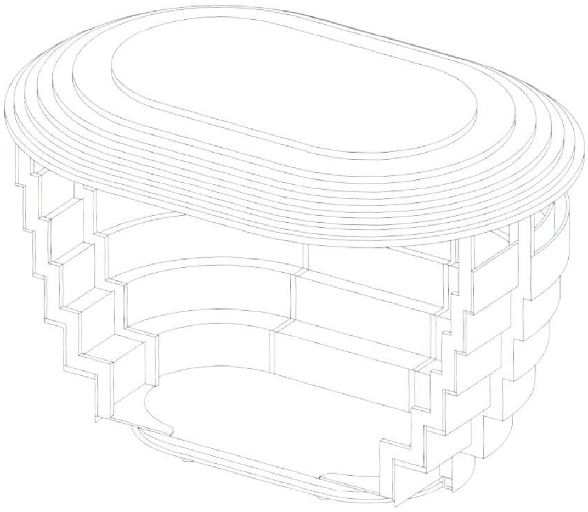

Axonometrie Gebäudehülle in geschlossenem und geöffnetem Zustand

Dachaufsicht • Schnitte
Maßstab 1:50

Projektdaten:

Nutzung:	Verkauf feststehend
Konstruktion:	Stahl
lichte Raumhöhe:	ca. 2,35 m
Bruttorauminhalt:	11,25 m³
Bruttogrundfläche:	2,60 m²
Abmessungen:	4,43 × 3,03 × 2,83 m
Baukosten:	34 700 € (£ 30 000)
Baujahr:	2009
Bauzeit:	12 Wochen

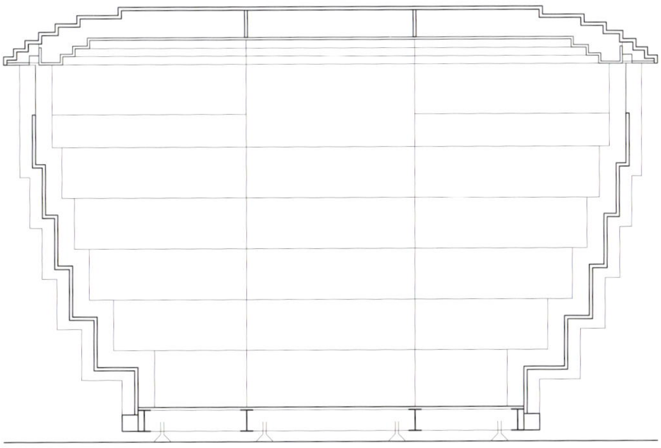

aa

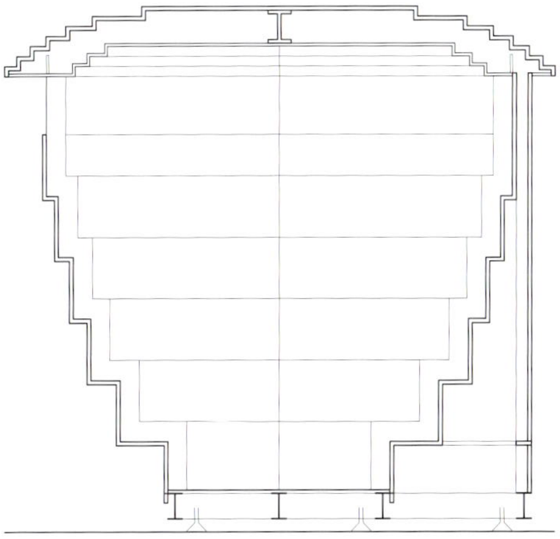

bb

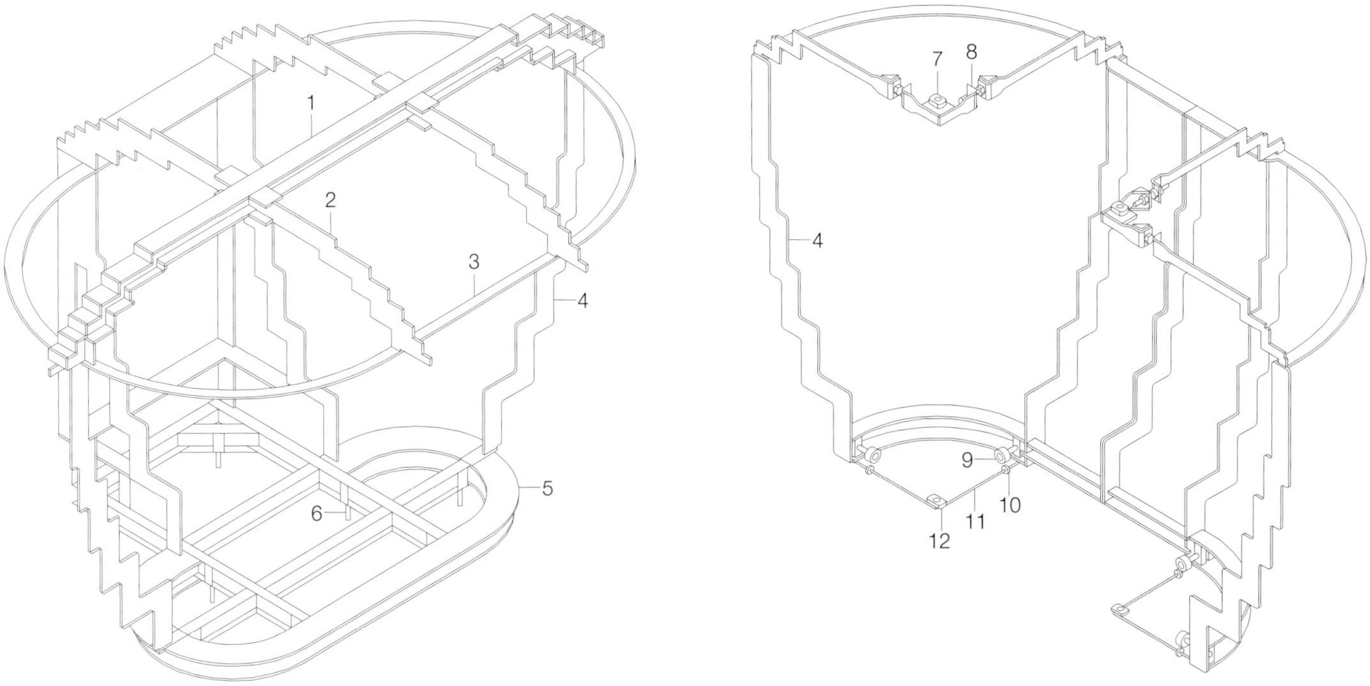

Axonometrie
Stahlrahmen und Türelement

1 Hauptträger Dach I 130 mm
2 Kragarm Dach Flachstahl
3 Randauflager Dach Flachstahl gebogen 64/8 mm
4 Rippen Gebäude/Tür Formblech Stahl 130/15 mm
5 Randträger gebogen, asymmetrisch gefertigt als Laufschiene für die Türen 142/108 mm
6 verstellbare Füße
7 obere Drehachse
8 Stange zur oberen Türarretierung und Toleranzausgleich
9 Welle und oberes Rad
10 Stange zur unteren Türarretierung
11 unteres Rad
12 untere Drehachse

Kiosk am Staufensee bei Dornbirn

Architekten: Wellmann Ladinger, Bregenz

Projektdaten:

Nutzung:	Verkauf feststehend
Konstruktion:	Sichtbeton
lichte Raumhöhe:	2,30–3,70 m (Hauptraum) 2,10 m (Sanitär/Lager) 1,55 m (Schlafkoje)
Bruttorauminhalt:	96 m³
Bruttogrundfläche:	25,56 m²
Nutzflächen:	18,60 m²
Abmessungen:	3,60 × 7,10 m
Baukosten:	67 500 €
Baujahr:	2005
Bauzeit:	5 Monate

Der monolithische Kiosk aus Stahlbeton bietet nicht nur Verpflegung für Wanderer, sondern auch eine Übernachtungsmöglichkeit für die Besitzerin.

Der massive, in rohem Stahlbeton »gegossene« Kiosk liegt oberhalb von Dornbirn auf einem flachen Flussuferstück im Durchbruch der Dornbirner Ache zwischen Rappen- und Alploch. Das nur 7,10 × 3,60 m große Häuschen dient Wanderern als Rast- und Versorgungsstation und setzt sich in seiner elementaren Form einer Urhütte klar von der umgebenden Natur ab.

Klare äußere Form

Der scharfkantig begrenzte monolithische Baukörper weist keine sichtbaren architektonischen Details auf. Wände und Dach gehen nahtlos ohne Regenrinne ineinander über. Flächenbündig sitzen die Eingangstür und das großformatige Klappfenster in der Fassade. Sie sind durchgängig in sägerauer Weißtanne ausgeführt und bilden damit ein Pendant zur rauen, sandgestrahlten Struktur des Betons, die die Bretterschalung nachzeichnet. Ein weiteres schmales Fensterband auf der Südwestseite mit einem bündig vorgesetzten Rost aus Weißtanne gewährleistet die natürliche Belichtung auch bei geschlossenem Klappfenster. Mit fortschreitender Alterung werden die Fassadenelemente aus Weißtanne vergrauen und sich der Farbigkeit des Betons annähern.
Der hochgeklappte Fensterladen und die aufgeschlagene Außentür, deren schwarz lackierte Innenseite als Preistafel fungiert, signalisieren, dass der Kiosk geöffnet ist.

Kontrastierender Innenraum

Im Inneren ist die in den steinernen Bau eingefügte Stube der eines traditionellen Bauernhauses nachempfunden. Zur Archaik der harten Ungeschliffenheit des Betons außen kontrastieren die Materialität und warme Farbigkeit des Innenraums mit einer Beplankung aus rötlich braun lackierten Schaltafeln und dem schwarz versiegelten Betonboden. Neben dem zentralen Verkaufsraum, der mit Theke und integriertem Regalsystem ausgestattet ist, sind im abgetrennten Nebenbereich ein Lagerraum und ein Bad mit Minimalausstattung untergebracht. Unter dem Giebelbereich der Nebenzone wurde eine zusätzliche Ebene eingezogen, die über eine einfache Trittleiter zu erreichen ist. Der Bereich kann als Ruheraum und zur Übernachtung genutzt werden für den Fall, dass die Besitzerin abends nicht mehr den Abstieg ins Tal antreten will.

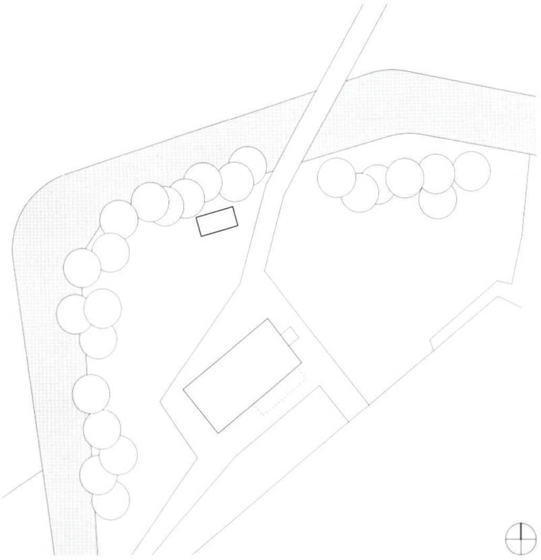

Lageplan
Maßstab 1:500

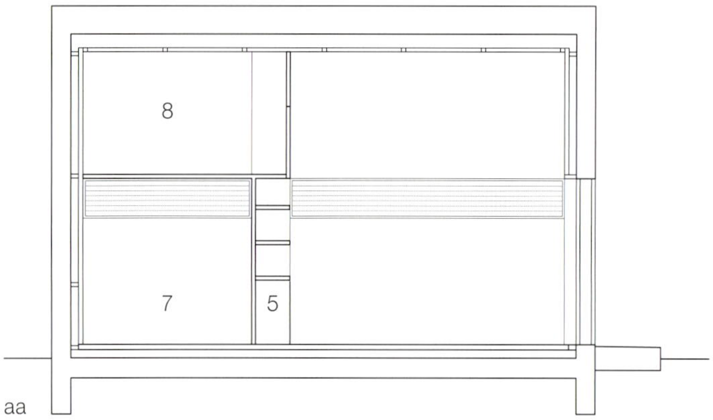

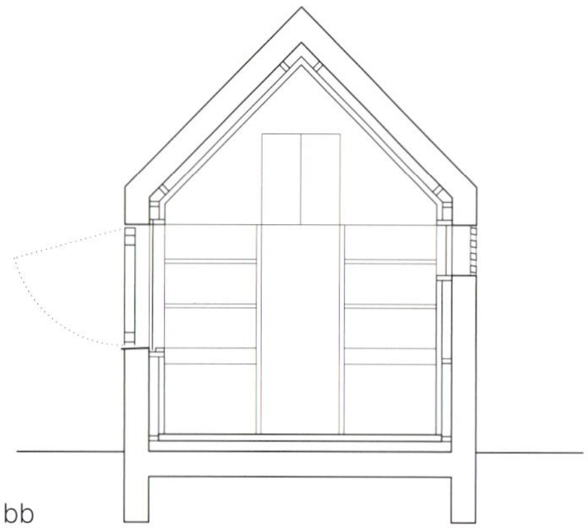

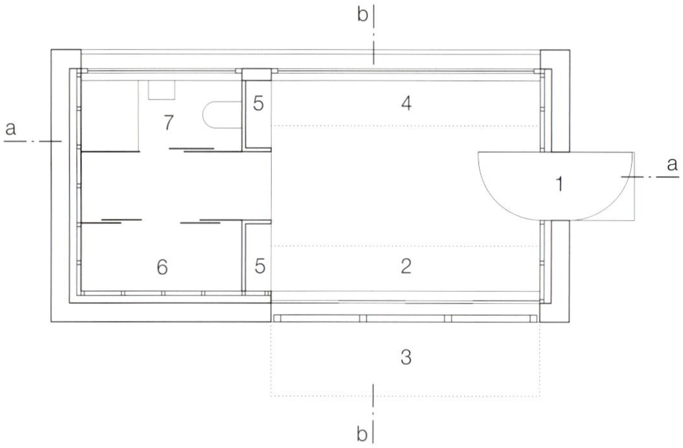

Schnitte • Grundriss
Maßstab 1:100

1 Eingang
2 Ausgabebereich
3 Klappfenster
4 Küchenbereich
5 Technik / Regale
6 Lager
7 Dusche / WC
8 Schlafkoje

Vertikalschnitt • Horizontalschnitt
Maßstab 1:20

9 Stahlbeton wasserundurchlässig, sandgestrahlt, sägeraue Bretterschalung 250 mm
Lattung 100/50 mm dazwischen
Dämmung Mineralwolle 100 mm
Dampfsperre 2 mm
Konterlattung 37 mm
Schaltafel Furniersperrholz, rötlich braun lackiert 21 mm
10 Beplankung Weißtanne 25 mm
Rahmen Stahlrohr ⌀ 80/80 mm
dazwischen Dämmung 80 mm
Hubarm Gasdruckzylinder
Beplankung Furniersperrholz schwarz beschichtet 10 mm
11 Fensterbank Stahlblech verzinkt 6 mm
12 Fenster Schiebeelement in Aluminiumprofil
Abdeckung Edelstahl 3 mm
13 Schaltafel Furniersperrholz 37 mm
14 Rost Weißtanne 4× 63/63 mm
15 Fensterband Isolierverglasung in Holzrahmen Weißtanne
Abdeckprofil Aluminium 2 mm
16 Zementestrich versiegelt 60 mm
Dampfsperre 2 mm
Wärmedämmung XPS 100 mm
Trennlage Pappe 2 mm
Bodenplatte Stahlbeton 250 mm

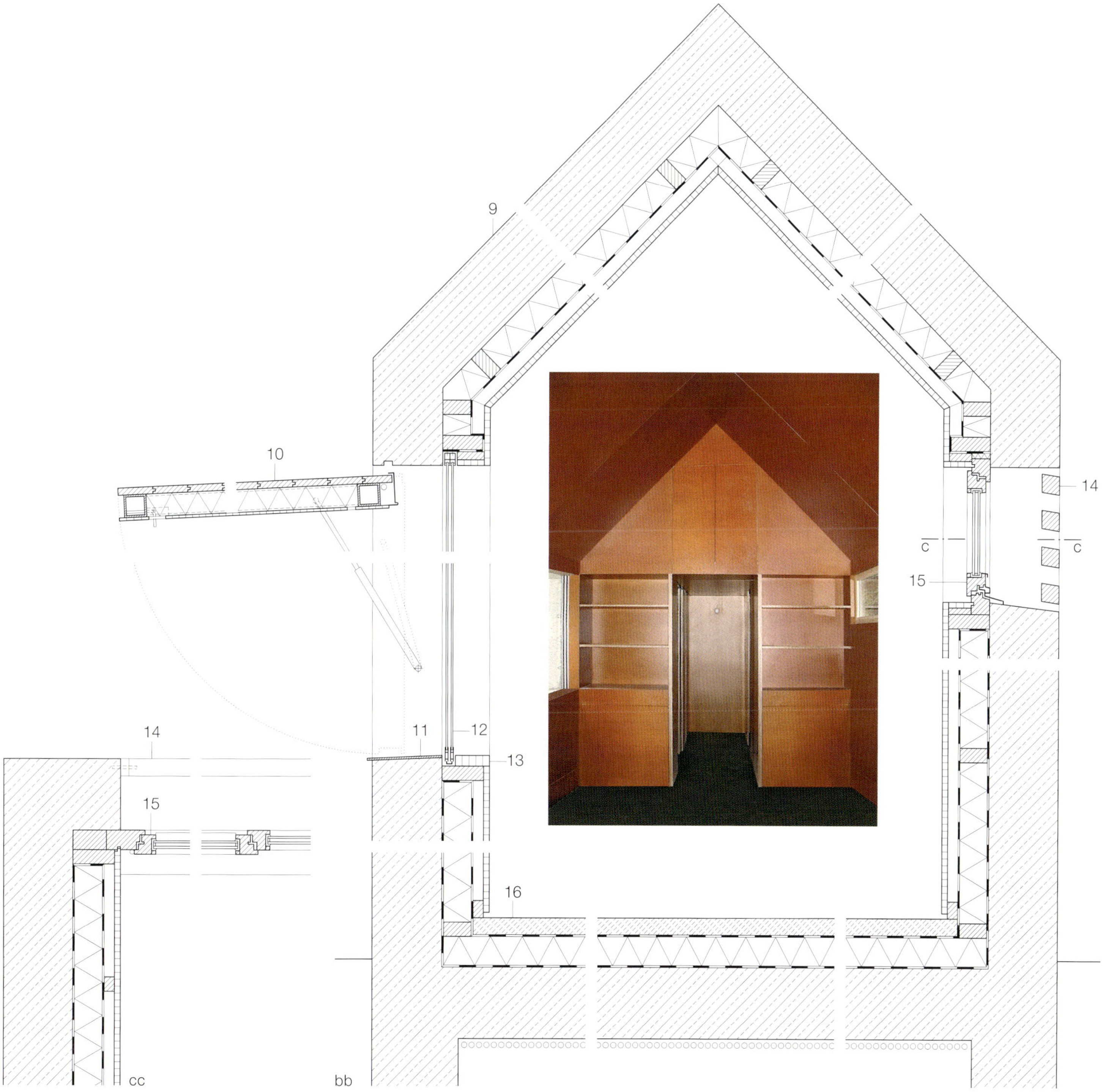

Temporäre Bar in Porto

Architekten: Diogo Aguiar und Teresa Otto, Porto

Axonometrien Aufbau
Schnitt • Grundriss Maßstab 1:50
Detailschnitt Maßstab 1:10

Die temporäre Bar wandelt sich bei Dunkelheit vom weißen abstrakten Kubus zum leuchtenden Anziehungspunkt für Nachtschwärmer.

Jährlich lobt die Architekturfakultät der Universität Porto einen Wettbewerb für eine temporäre Bar aus. Die Studenten sollen dabei zur Repräsentation der Universität in kurzer Zeit und mit begrenztem Budget außergewöhnliche Architektur schaffen. Einen Monat nach der Wettbewerbsentscheidung 2008 war die temporäre Bar mit Unterstützung mehrerer Studenten bereits errichtet. Die modulare Bauweise ermöglichte einen hohen Grad der Vorfertigung. Die Fassade besteht aus 420 Aufbewahrungsboxen aus transluzentem weißem Kunststoff (Polypropylen) mit unterschiedlichen Höhen. Trotz des durchgängigen Rasters von 30 × 42 cm wirkt die Fassade durch das Vor- und Zurückspringen lebendig.
Die einzelnen vorgefertigten Module bestehen aus einer Holzrahmen-Unterkonstruktion mit aufgeschraubten Kunststoffboxen. Insgesamt gibt es 46 Elemente in vier unterschiedlichen Größen, die von drei Boxen in einer Reihe bis zur Anordnung von 4 × 3 Boxen reichen. Vor Ort werden die Module nur noch am Traggerüst aus quadratischen Stahlrohren befestigt.
Ein Teil der Fassade lässt sich nach außen auffalten und öffnet so die Bar. Aufgrund der Tiefe der Boxen und dem Wunsch, den Innenraum frei zu halten, mussten spezielle, weit auskragende Scharniere entwickelt werden. Die Klappe wird seitlich in der Laibung durch Edelstahlstäbe arretiert. Ein innenseitig angebrachtes Netz aus LEDs lässt den weißen Kubus nachts leuchten und sorgt für Farbwechsel passend zur Musik.

Projektdaten:

Nutzung:	Gastronomie temporär
Konstruktion:	Stahl-, Holzrahmen
lichte Raumhöhe:	4,55 m
Bruttorauminhalt:	43 m³
Bruttogrundfläche:	9 m²
Abmessungen:	3,00 × 3,00 × 4,80 m
Baujahr:	2008
Bauzeit:	1 Woche

1 Polycarbonatplatten 20 mm
2 Haupttragwerk Edelstahlrohr ⊡ 80 mm
3 Unterkonstruktion Holzrahmen 40/20 mm
4 Kunststoffbox PE 300/420 mm
5 Edelstahlprofil ∟ 20/20/2 mm
6 Edelstahlprofil ∟ 100/30/4 mm
7 Scharnier Edelstahl ⌀ 10 mm
8 Edelstahlstab ⌀ 12 mm
9 Flachprofil Edelstahl ▱ 4 mm
10 Flachprofil Edelstahl gebogen ▱ 40/40/4 mm

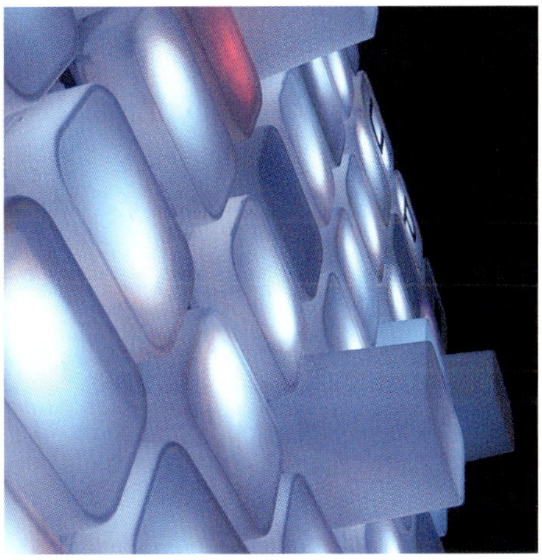

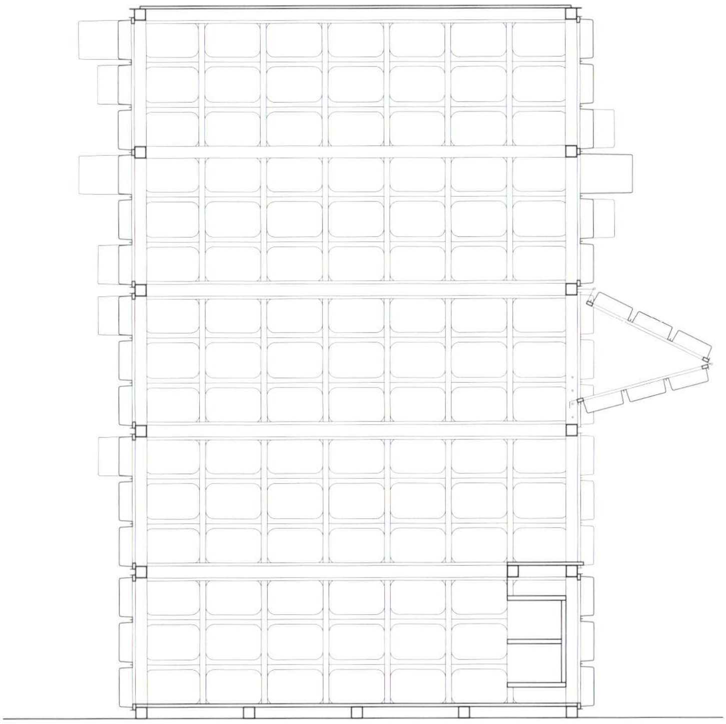

aa

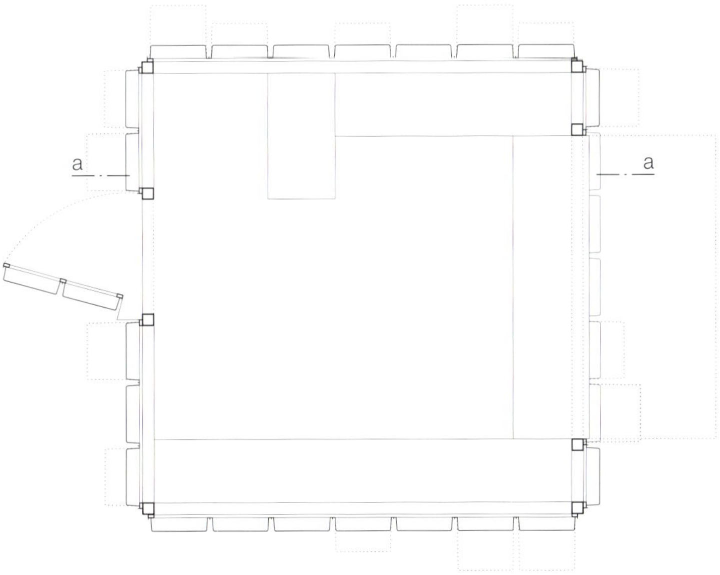

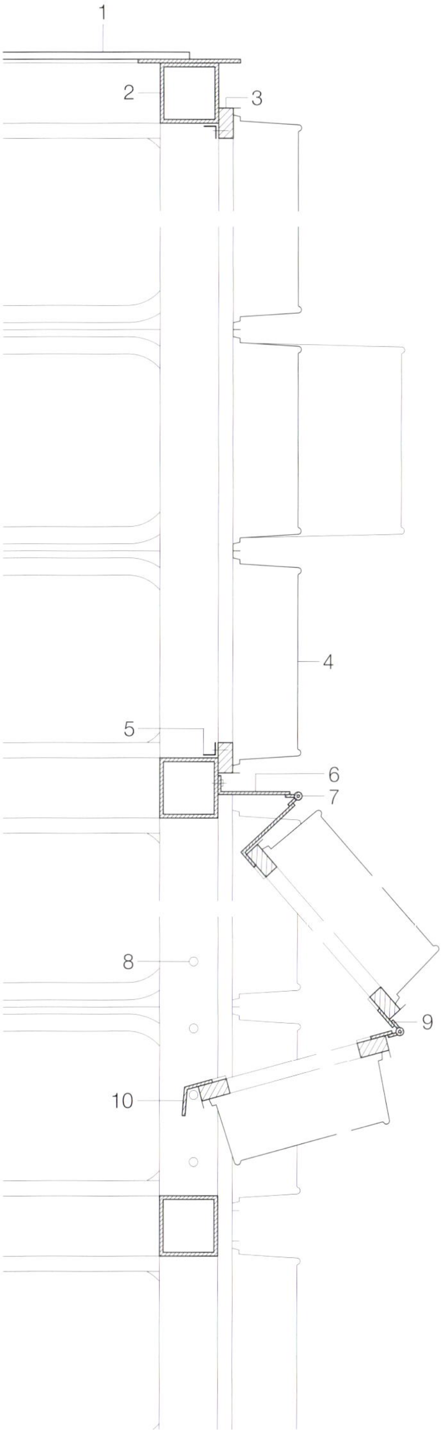

Baumrestaurant bei Auckland

Architekten: Pacific Environments Architects, Auckland

Wie der Kokon eines Schmetterlings hüllt sich das Baumrestaurant um einen Redwood Baum als Schauplatz einer Werbeaktion.

Ein werbewirksamer Kindertraum in Verbindung mit Erlebnisgastronomie sollte die Grundlage für eine Fernsehkampagne bilden. Der Bauherr Yellow, ein neuseeländisches Branchenbuch, wählte die Architekten aus dem eigenen Verzeichnis. Alle am Bau Beteiligten sollten ebenfalls dort gelistet sein, was beweisen sollte, dass sich mithilfe des Branchenbuchs sogar ein Baumrestaurant bauen lässt. Die Architekten konnten den Standort, den geeigneten Baum sowie die Form und Konstruktion des Baumrestaurants frei wählen. Sie suchten einen 40 m hohen Redwood Baum am Waldrand mit Blick auf eine Wiese mit Fluss nördlich von Auckland aus.

Form als Reflexion der Natur

Gleich einem Schmetterlingskokon hüllt sich das Baumhaus um den Stamm von 1,70 m Durchmesser. Es benutzt die Natur, erscheint aber nicht als Fremdkörper. Auch der 60 m lange Steg, der die Gäste langsam ansteigend zur Restaurantebene in 10 m Höhe bringt, schlängelt sich wie selbstverständlich durch den Wald. Das Erlebnis beginnt bereits auf dem Weg, der vor allem bei Dunkelheit mit dezenter Beleuchtung eine besondere Atmosphäre entfaltet. Das Baumhaus leitet die Gäste dabei wie eine Laterne.
Das Vorbild für den Grundriss liegt ebenso in der Natur: Zwei gegeneinander verschobene Halbkreise erinnern an die Form einer Muschel. Dem Eingang gegenüberliegend gibt ein kleiner Balkon den Panoramablick auf die Landschaft frei. Das Restaurant bietet Platz für 24 Personen an Tischen und das Servicepersonal; Catering und weitere Einrichtungen befinden sich am Boden.

Material und Konstruktion

Fast ausschließlich aus Holz konstruiert, ist auch das Material an die Umgebung angepasst. Zwei abgestorbene Redwood Bäume am Bauplatz lieferten das Holz für den Steg.
Das Baumhaus selbst hängt mit vier Stahlmanschetten am Baumstamm, an denen dreieckige Holzrahmen befestigt sind, die die Plattform und die Gebäudehülle tragen. Gebogene Lamellen aus Pinien-Brettschichtholz als Fassade verstärken die Vertikalität und gewähren zugleich eine gute Belichtung und schöne Ausblicke. Als Wetterschutz dient die Verkleidung der Zwischenräume mit Acrylglasscheiben. Das Baumhaus könnte nach der Werbekampagne rückstandslos entfernt und an anderer Stelle wieder aufgebaut werden.

Projektdaten:

Nutzung:	Gastronomie temporär
Konstruktion:	Holz
lichte Raumhöhe:	3 m
Bruttogrundfläche:	44 m^2
Abmessungen:	10 × 8 m
Baujahr:	2008
Bauzeit:	3–4 Monate

Lageplan
Maßstab 1:800

1 Baumrestaurant
2 Zugangssteg
3 Wagen Filmcrew
4 Catering
5 Zufahrtsweg
6 Wendekreis für Fahrzeuge

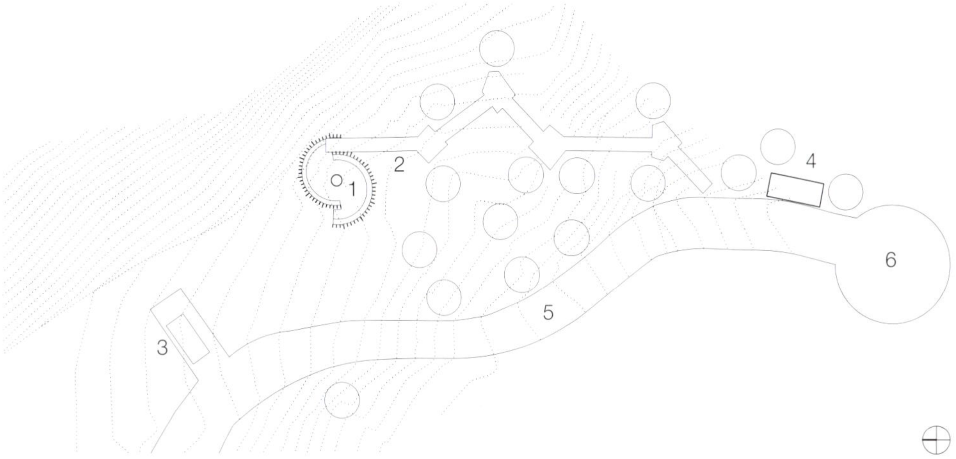

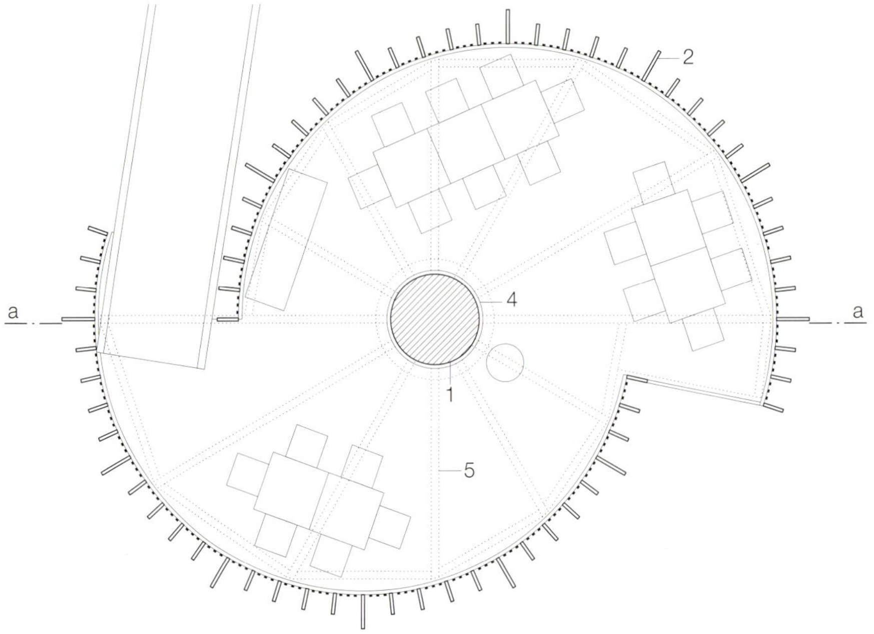

Grundriss • Schnitt
Maßstab 1:100

1 Baumstamm Redwood ∅ 1700 mm
2 Lamellen Brettschichtholz Pinie 450/42 mm
bzw. 280/42 mm dazwischen
Lattung Pappel
3 Bodenaufbau:
Bodenbelag Holzplanken Monterey-Kiefer
100/40 mm
Lattung Monterey-Kiefer 150/50 mm
Holzträger Monterey-Kiefer 2× 300/50 mm
4 zweiteilige Manschette Stahl zur Halterung
durch Baumstamm gedübelt
5 Streben Holz Monterey-Kiefer 100/100 mm
dazwischen Acrylglasscheiben

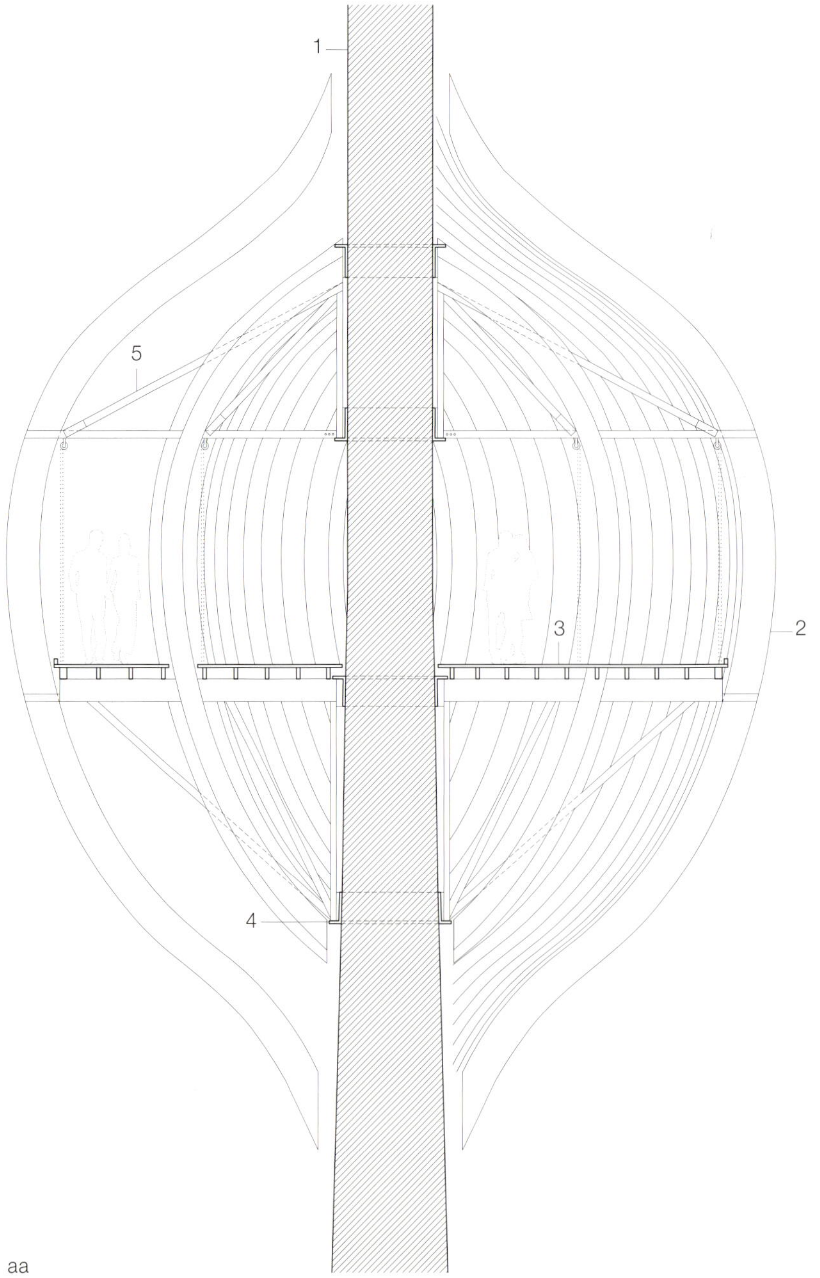

aa

Kapelle St. Benedikt in Kolbermoor

Architekten: kunze seeholzer architektur & stadtplanung, München

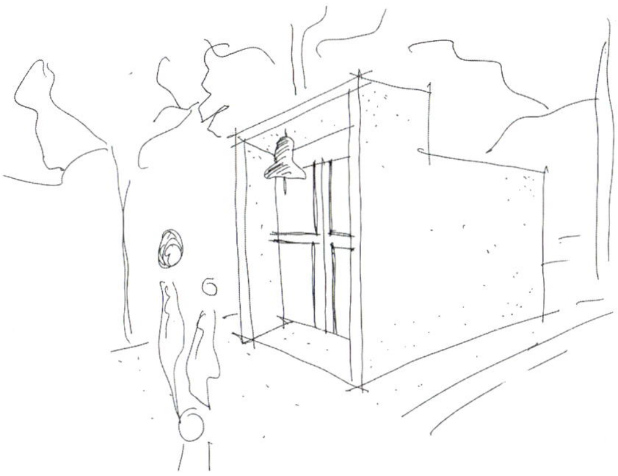

Die kleine Kapelle mit ruhiger und kraftvoller Form ist geprägt durch den Kontrast von Licht und Schatten, von Massivität und Leichtigkeit.

Solide und klar in der Form präsentiert sich die Kapelle St. Benedikt auf einer Lichtung im Spinnereipark in Kolbermoor. Der kleine Bau aus Sichtbeton mit gerade einmal 10 m^2 Grundfläche orientiert sich in Ost-West-Richtung. Über einen großzügigen Vorplatz betritt der Besucher den überdachten Eingangsbereich, der zugleich durch den höher geführten Betonbügel mit Glocke einen Kirchturm symbolisiert. Der Natursteinbelag des Innenraums beginnt hier bereits und verbindet Innen und Außen.
Durch das raumhohe Portal aus Rotzeder betritt der Besucher die Kapelle, die im Inneren vom Kontrast des Sichtbetons mit dem Holz des Kirchengestühls geprägt ist. Die glatte Betonhülle ist mit Titandioxid aufgehellt. Die Materialien wirken durch ihre ursprüngliche Textur und Haptik.
Der Blick des Eintretenden wandert – gelenkt vom senkrecht einfallenden Licht – vom Kreuz an der Rückwand nach oben in Richtung Himmel. Ohne Fenster in den Wänden erfolgt die Belichtung ausschließlich über ein dreiseitig umlaufendes Oberlicht. Das Betondach in der Mitte scheint zu schweben. Lediglich drei Edelstahlrohre gelagert in einbetonierten Hülsen an jeder Längsseite stellen die Verbindung zwischen Dach und Wänden her. Die beiden äußeren Rohre haben statische Funktion, durch das mittlere läuft die Regenleitung und führt das Wasser vom Flachdach durch die Außenwand über die offenliegenden vertikalen Holzrinnen ab. Die sichtbare Entwässerung soll durch das Altern des Holzes und die Bewegung des Wassers den Lauf des Lebens symbolisieren.

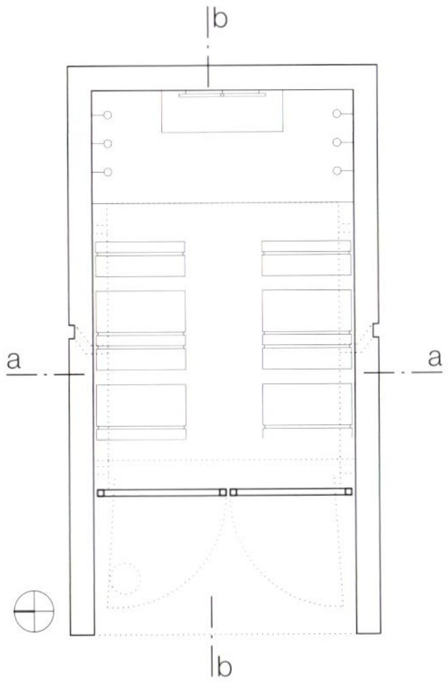

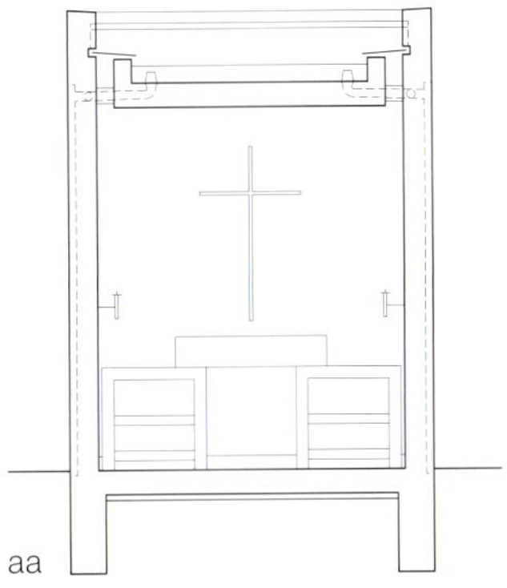

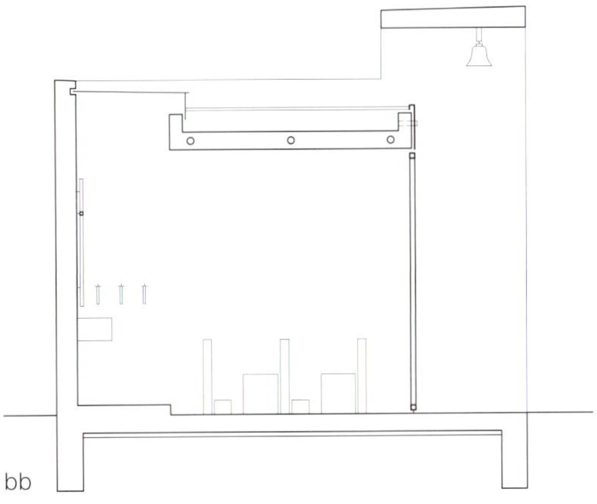

Grundriss
Schnitte
Maßstab 1:100

Projektdaten:

Nutzung:	Sakralbau feststehend
Konstruktion:	Sichtbeton
lichte Raumhöhe:	3 m
Bruttorauminhalt:	67,50 m³ (einschließlich überdeckter Vorbereich)
Bruttogrundfläche:	17,10 m² (einschließlich überdeckter Vorbereich)
Hauptnutzfläche:	10 m²
Abmessungen:	3,08 × 5,54 m
Baujahr:	2007
Bauzeit:	5 Monate

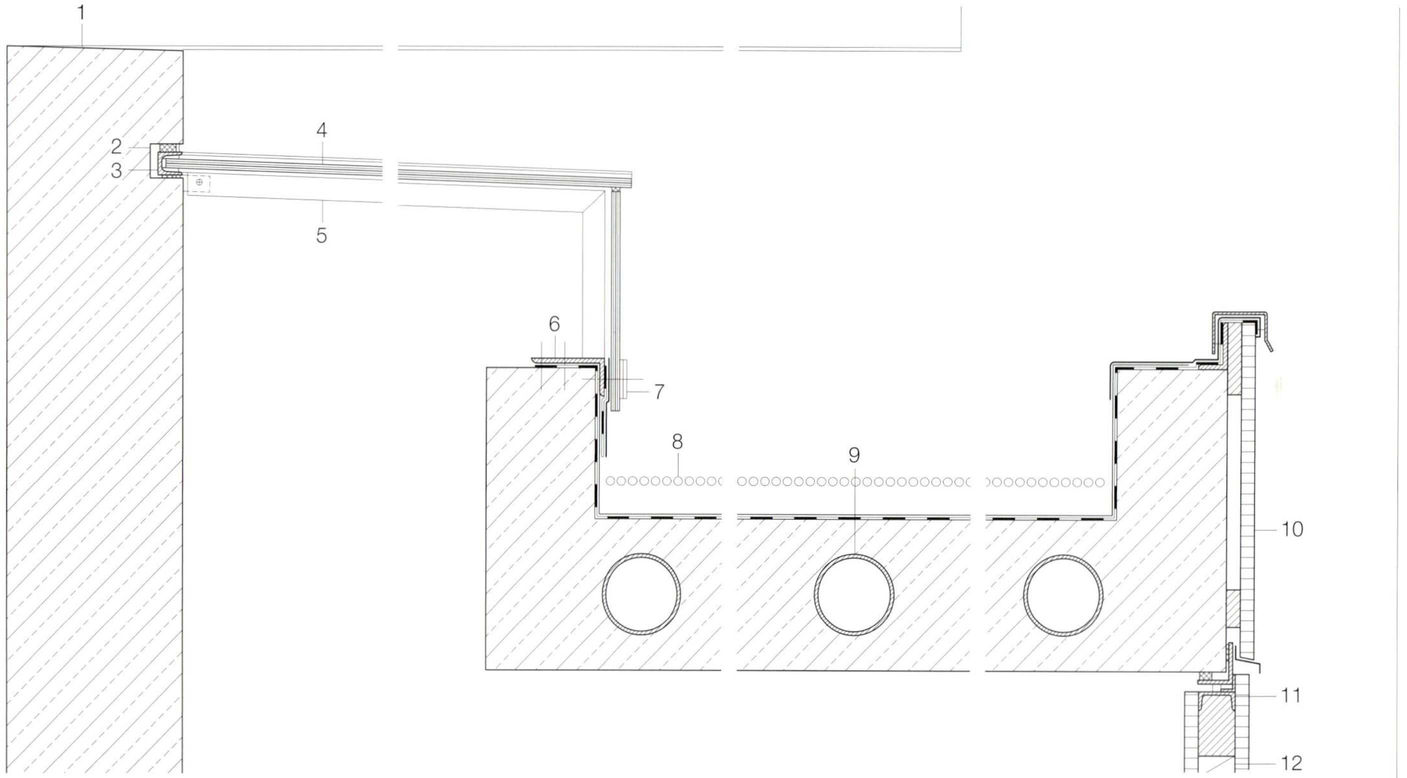

Detailschnitt Maßstab 1:10

1 Attika Stahlbeton umlaufend 2 % Gefälle 240 mm, Abdichtung Epoxidbeschichtung
2 Wandschlitz 45/45 mm
3 Edelstahlprofil ⊔ 30/33/5 mm
4 Oberlicht VSG aus 2× TVG 6 mm 2 % Gefälle
5 Edelstahlrohr ▭ 50/30/4 mm
6 Edelstahlprofil ∟ 100/50/6 mm
7 Punkthalter Edelstahl auf Dichtscheibe
8 Kies 50 mm, Schutzbahn 1,3 mm Abdichtung FPO-Folie mit Glasvliesträger, schrumpffrei 2 mm Stahlbeton 200 mm
9 Entwässerungsrohr DN 70 in Edelstahlrohr ⌀ 108/5 mm
10 Beplankung Rotzeder Nut und Feder geölt 80/19 mm
11 Rahmen umlaufend Stahl verzinkt ⊔ 50/25/5 mm
12 Mineralfaserdämmung 50 mm zwischen Rahmen Kantholz 50/85 mm
13 Verglasung Float 6 mm
14 Bodenbelag Naturstein 20 mm Mittelbett 30 mm, Stahlbeton 160 mm Sauberkeitsschicht 50 mm

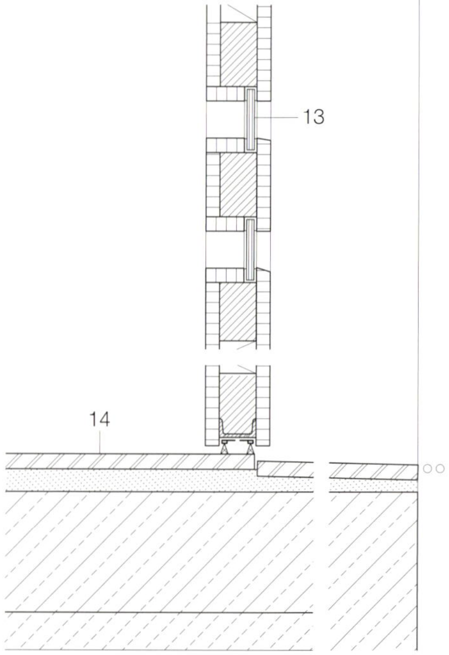

Kapelle in Lustenau

Architekt: Hugo Dworzak, Lustenau

Das kleine Gotteshaus kommt auf Rädern zu den Menschen und besticht durch seine Ausstrahlung und Variabilität.

Der Lustenauer Fußballklub ist für die einzigartige Atmosphäre nach Heimspielen bekannt. Dafür sorgt das sogenannte Austriadorf, eine marktähnliche Ansammlung von Verkaufsständen für Fanartikel, Essen und Trinken, das alle zwei Wochen zum kommunikativen Treffpunkt für die Matchbesucher wird.
Das »Austriadorf« ist um eine mobile Kapelle erweitert worden, die auch für andere Anlässe wie Hochzeiten oder Taufen genutzt werden kann. Die Abmessungen der auf vier Rädern stehenden Kapelle entsprechen einer normalen Parkplatzgröße von 5,00 × 2,50 m. Somit könnte die Kapelle auch an anderen Orten temporär aufgestellt werden. Ihr Satteldach in Form eines gleichseitigen Dreiecks symbolisiert die Dreifaltigkeit.
Konstruktiv handelt es sich um einen konventionellen Holzrahmenbau. Im Innenraum ist die Kapelle mit Holzlatten in regelmäßgen Abständen belegt; drei Bänke und die vier Radabdeckungen dienen als Sitzgelegenheit. Leuchtstoffröhren, die zwischen der Holzrahmenkonstruktion und der textilen Außenhaut befestigt sind, illuminieren bei Nacht das Innere und lassen durch die transparente Hülle die Kapelle nach außen leuchten. Für den alltäglichen Gebrauch ist eine kleine Tür an der Stirnseite vorgesehen. Bei größeren Anlässen können die Front und die Seitenflügel mittels Gasdruckfedern kreuzförmig geöffnet werden, ein entsprechend großer Außenbereich ist dadurch überdacht. Die Kapelle wird zum Altar und das Stadion zum Kirchenraum.

Schnitt • Grundriss
Maßstab 1:50

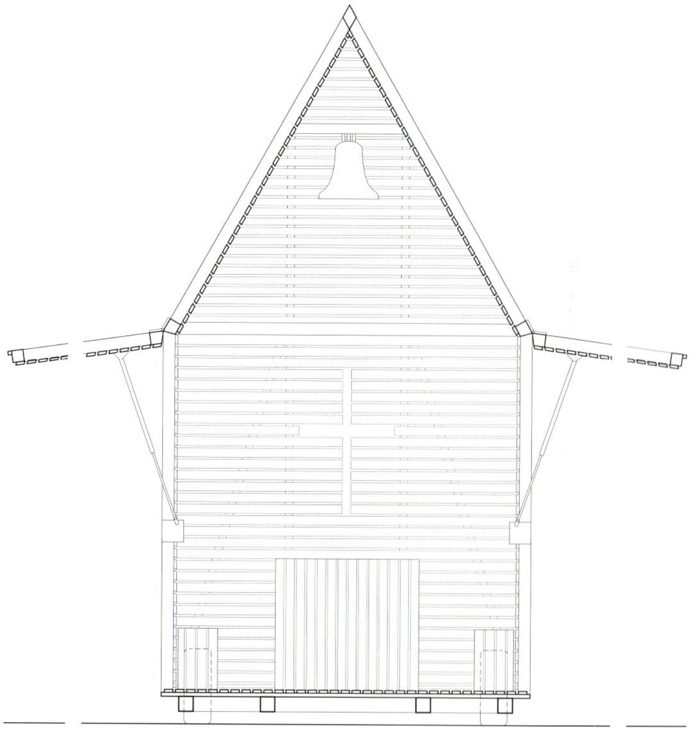

aa

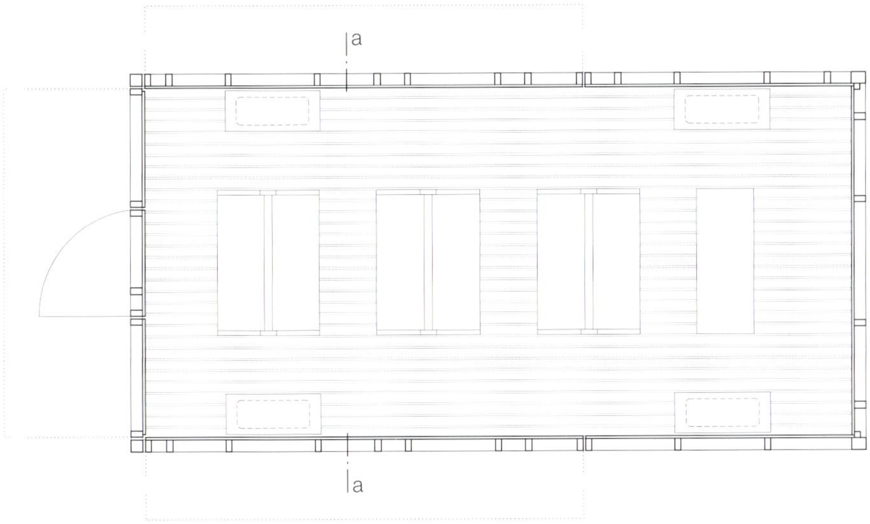

Projektdaten:

Nutzung:	Sakralbau mobil
Konstruktion:	Holzständer
lichte Raumhöhe:	4,85 m
Bruttorauminhalt:	50 m^3
Bruttogrundfläche:	12 m^2
Abmessungen:	5,00 × 2,50 m
Baukosten:	40 000 € (brutto)
Baujahr:	2007
Bauzeit:	2 Monate

»Sehstation« in Nordrhein-Westfalen

Architekt: Andy Brauneis, Augsburg

Projektdaten:

Nutzung:	Stadtpodium mobil, temporär
Konstruktion:	Holzlamellen
Bruttorauminhalt:	ca. 315 m³
Bruttogrundfläche:	ca. 54 m²
Abmessungen:	12,00 m × 6,80 m Höhe: max. 6,90 m
Baukosten:	42 000 € (brutto)
Baujahr:	2008
Aufbau:	1,5 Tage

Seine Stadt mit anderen Augen aus einer neuen Perspektive wahrzunehmen, das ist das Ziel der mobilen begehbaren »Sehstation«.

Der mobile Pavillon ist Ausgangspunkt der Kampange »Sehen lernen« des Europäischen Hauses der Stadtkultur und bereiste 2008/09 neun Städte in Nordrhein-Westfalen. Durch Aktion und Interaktion soll die »Sehstation« für die Besucher Baukultur spür- und erlebbar machen. Auf dem zentralen Friedensplatz in Oberhausen richtet sie den Blick auf die Parkstadt Oberhausen. Weitere zehn überdimensionale »Sichtfenster« wurden als dezentrale Verweise auf die Kampagne an ausgewählten Orten der Stadt aufgestellt. Hörcollagen vermitteln Historisches und Aktuelles zum jeweiligen Standort. Die mobile Installation aus Holzlamellen ist als begehbares Okular geformt. Der sich verjüngende Quader ist in sich abgetreppt und erzeugt einen Raum mit erstaunlicher Perspektive. Die Stufensprünge sind als Rahmen in frischen Farbtönen hervorgehoben. Je nach Standpunkt ergibt sich so von außen ein Holzbau mit feinen farbigen Schattierungen oder von innen eine durchweg farbige Skulptur.
Die Holzkonstruktion besteht aus einzelnen Furnierschichtholzplatten mit abschnittsweise zunehmenden Längen, die im Wechsel horizontal und vertikal überlappend an den Eckpunkten mit Gewindestangen unverschieblich miteinander verschraubt sind. Die gesamte Konstruktion gliedert sich in zwölf ca. 1 m breite Einzelabschnitte mit jeweils gleich langen Rahmenkanten. Die »Sehstation« ruht auf einer vorgefertigten Holzrahmenkonstruktion aus Sperrholz, die außenseitig mit OSB-Platten ausgesteift sind. Mobile Betonfundamente nehmen die Lasten auf.

Grundriss • Schnitte
Maßstab 1:200

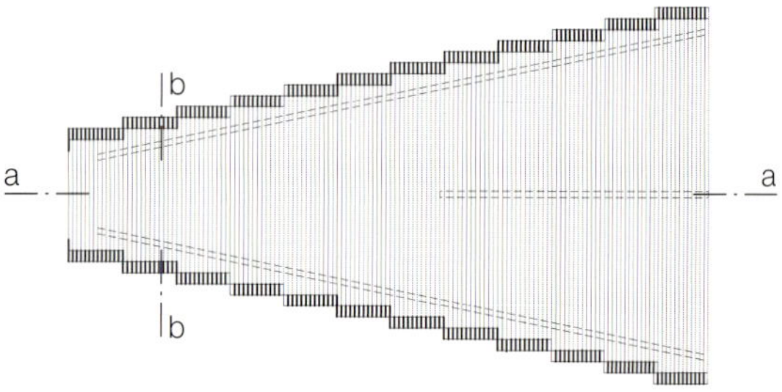

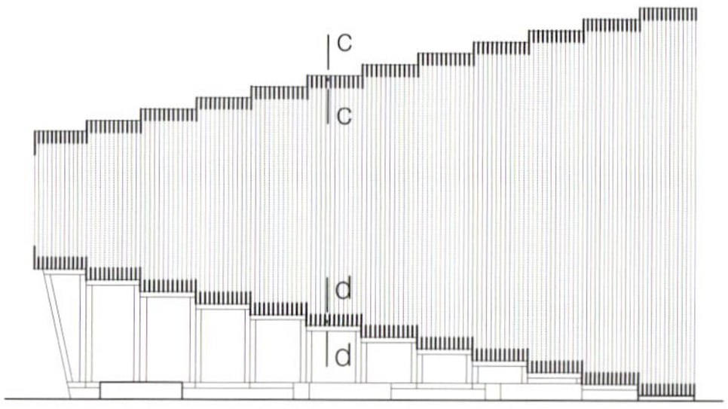

aa

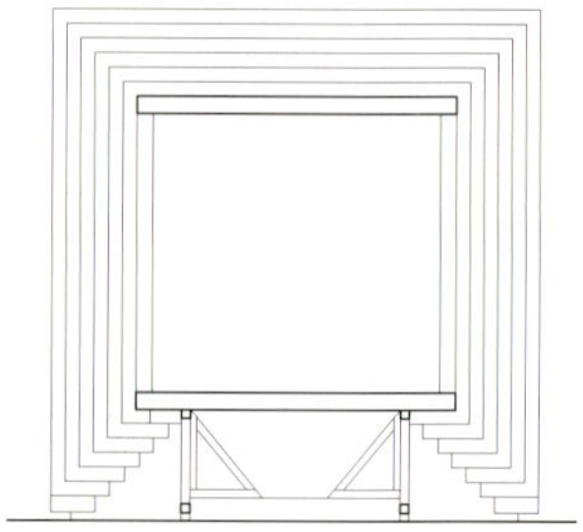

bb

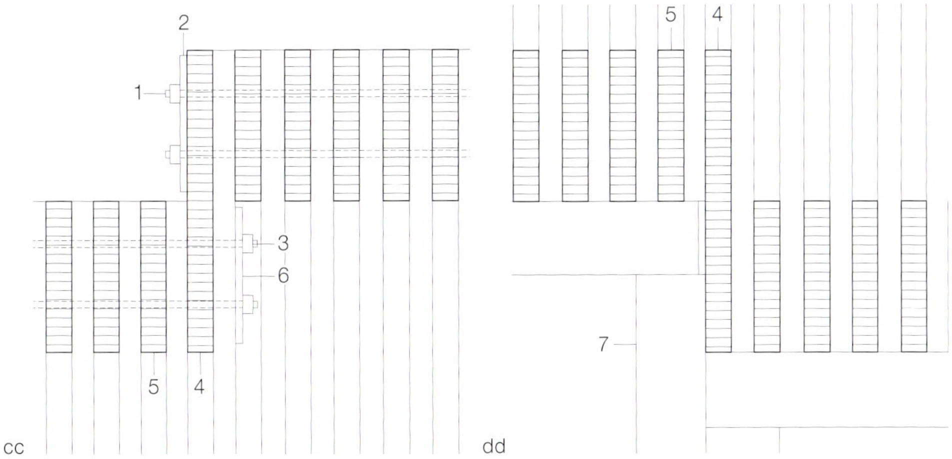

Vertikalschnitt Decke und Boden
Maßstab 1:20

1 Gewindestangen M 12
2 Stahlplatte 180/180/10 mm
3 Senkkopfmuttern M 12
4 Furnierschichtholz 400/33 mm
5 Furnierschichtholz 200/33 mm
6 Stahlplatte 180/180/20 mm
7 Holzständerkonstruktion
Vollholz 100/100 mm
einseitig beplankt mit Mehrschichtholzplatte

Mobiles Baumstammhaus

Architekten: olgga architectes, Paris

Wie eine temporäre Kunstinstallation erscheint das Baumstammhaus bis es mit dem Lkw wieder an einen anderen Ort gebracht wird.

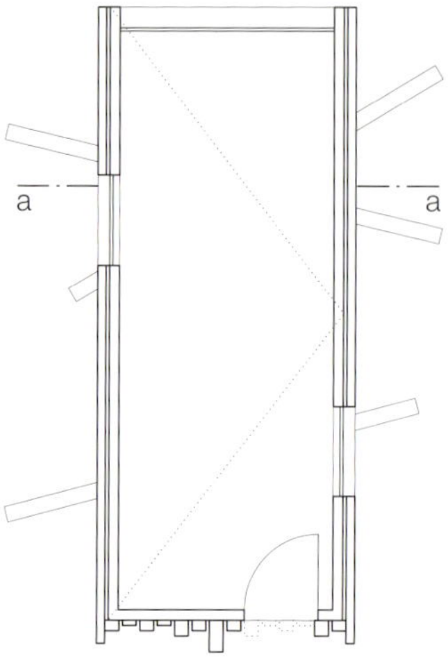

Gleich einem Holztransport rollt das Baumstammhaus auf dem Lkw seinem Ziel entgegen; im Sommer 2009 wurde es auf dem französischen Kunstfestival in Nantes gezeigt. Hier präsentierte es sich neben anderen Mikroarchitekturen und Unterständen in Frossay an der Loire. Der Entwurf dieser Verbindung von Architektur und Kunst entstand jedoch bereits im Rahmen des Wettbewerbs »Petites machines à habiter« im Jahr 2006.
Das Baumstammhaus erweckt Assoziationen an einen gebrochenen Ast. Die beiden Gebäudeteile mit 3 bzw. 6 m Länge beinhalten einen Funktions- und einen Wohnbereich. Sie stehen schräg zueinander und ziehen den Besucher gleich einem Trichter zum Eingang in ihrem Zwischenraum.
Die Gebäudehülle besteht aus unbehandelten Baumstämmen der Strandkiefer. Die Wände gehen fließend in das Pultdach über und bilden so eine einheitliche Hülle. Die einander zugewandten Giebelseiten sind über die ganze Höhe mit Holzscheiben von 16 cm Durchmesser verkleidet, die unterschiedlich weit herausragen und die Türen nahezu verschwinden lassen. Die Baukörper erscheinen, als ob aufeinander gestapelte Baumstämme dort lagern. Vollverglast bieten die abgewandten Stirnseiten Ein- und Ausblicke. Neben diesem Kontrast von Offen- und Geschlossenheit präsentiert sich das Material Holz in Fassade und Innenraum sehr unterschiedlich: außen roh und naturbelassen in Form und Oberfläche, innen glatt als massive Sperrholzwand.
Das Baumstammhaus ist mit 2,50 m Breite genau auf die Maße eines Lkws ausgelegt. Am Bestimmungsort hebt ein Autokran die beiden Baukörper auf quer gelegte Holzplanken. Ein zusätzliches Fundament ist nicht erforderlich. Dies erleichtert das Aufstellen, Abbauen und Transportieren.
Die Reise geht weiter: Nach dem Festival wurde die mobile Wohnhütte im Internet versteigert.

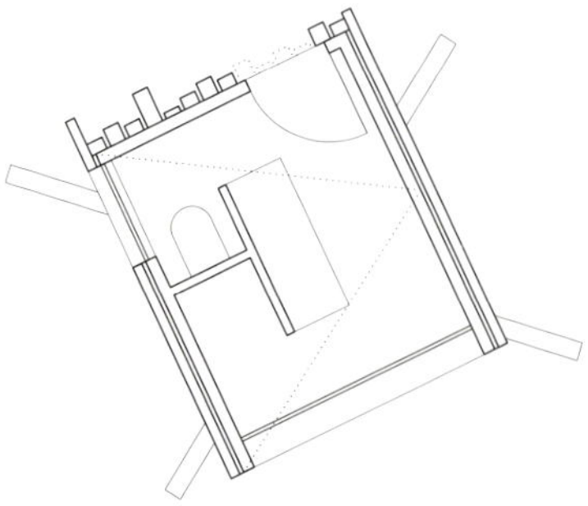

Projektdaten:

Nutzung:	Wohnen mobil
Konstruktion:	Holz
lichte Raumhöhe:	1,60–2,70 m
Bruttorauminhalt:	48,40 m³
Bruttogrundfläche:	22,50 m²
Abmessungen:	2,50 × 6,00 m und 2,50 × 3,00 m
Baukosten:	22 000 €
Baujahr:	2009
Bauzeit:	1 Monat

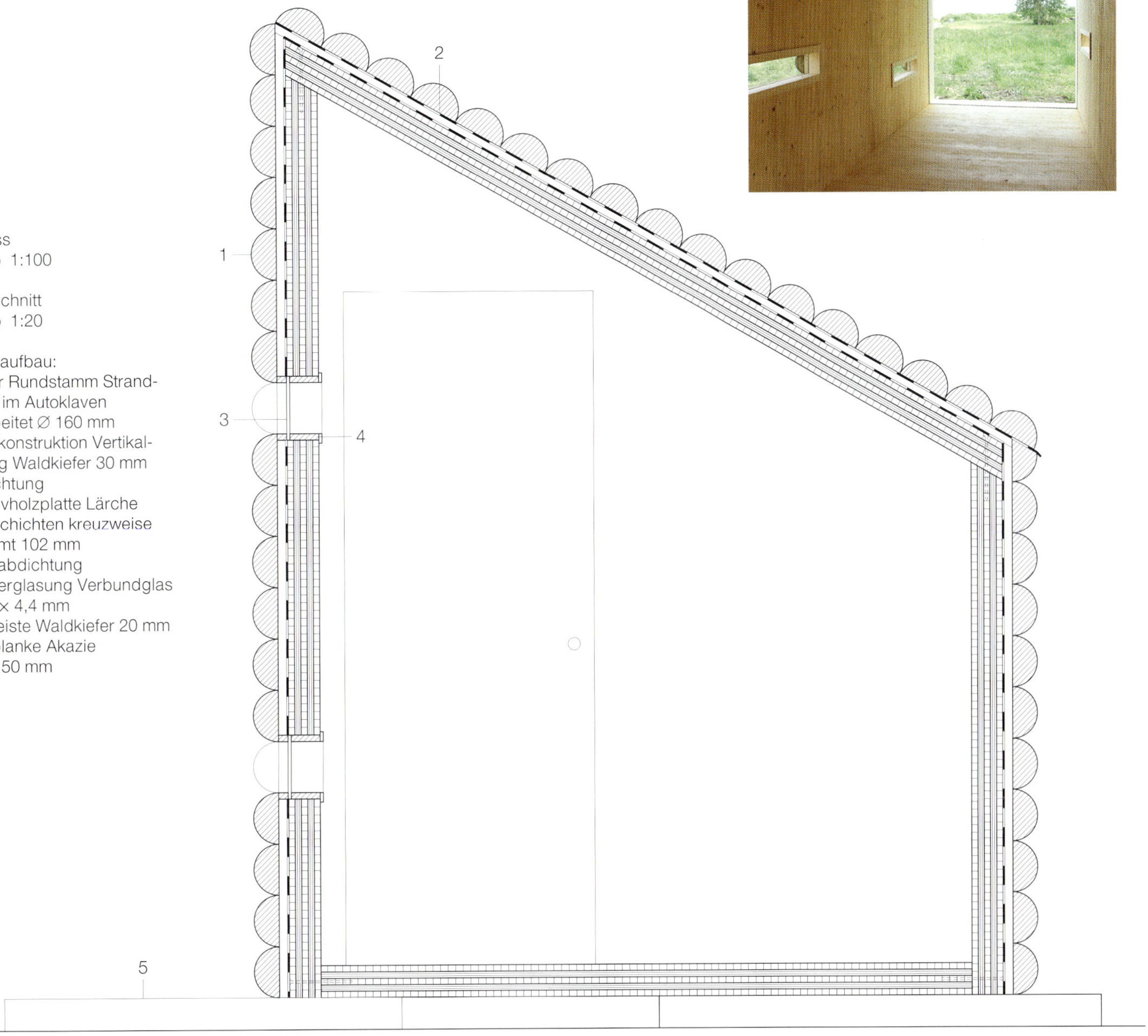

Grundriss
Maßstab 1:100

Vertikalschnitt
Maßstab 1:20

1 Wandaufbau:
halber Rundstamm Strandkiefer im Autoklaven bearbeitet ∅ 160 mm
Unterkonstruktion Vertikallattung Waldkiefer 30 mm
Abdichtung
Massivholzplatte Lärche fünf Schichten kreuzweise verleimt 102 mm
2 Dachabdichtung
3 Festverglasung Verbundglas aus 2× 4,4 mm
4 Glasleiste Waldkiefer 20 mm
5 Holzplanke Akazie 150/150 mm

aa

Transformbox

Architekten: Bernhard Geiger mit Armin Kathan, Innsbruck

Schnitte • Grundriss
»RescueHomeBox«
Maßstab 1:50

Detailschnitt
Maßstab 1:10

1 Raummodul 1
2 Raummodul 2
3 Raummodul 3
4 Raummodul 4
5 Rollen für Transport
6 Bank-/Bettkombination
Sperrholz 10 mm
mit Auflage, klappbar
7 Tischplatte ausziehbar
Sperrholz 10 mm
8 Schiffsofen 455/350/345 mm
Kamin versenkbar
9 Hochbett ausziehbar
10 Wandaufbau:
Aluminiumblech 0,9 mm
Leichtbauplatte 45 mm
Schiffssperrholz 4 mm
11 Fensterluke Acrylglas 4 mm
Befestigung mit Bandschanieren

Aufklappbare Boxen in verschiedenen Größen dienen als Notunterkunft, kleine Wohneinheit oder als Ort für Veranstaltungen.

Das Architekturbüro Holz Box Tirol beschäftigt sich seit Jahren intensiv mit der Entwicklung von vorgefertigten Holzbauten, die auf minimalem Raum maximale Funktionalität bieten. Im Anschluss an ihre Mini- und Maxiboxen hat Bernhard Geiger innerhalb der letzten Jahre das Konzept der Transformbox entwickelt. Die Wohnwürfel sind Teil eines Raumentwurfs, bei dem die Nutzungseinheiten in aufklappbaren Volumen untergebracht sind. Die bisher erste realisierte Einheit ist das sogenannte Rucksackhaus, das als Notunterkunft für eine Person konzipiert ist. Nach dem gleichen Klappprinzip sollen in Zukunft weitere Transformboxen entstehen, so z. B. die »RescueHomeBox« als Unterkunft für zwei bis vier Personen sowie die mehrgeschossige »InterHomeBox« für sechs bis acht Personen. Die Größen der variablen Boxen richten sich nach den gewünschten Innenraumvolumen und Transportmöglichkeiten. Durch den modularen Aufbau können mehrere Häuschen zu größeren Einheiten addiert werden. Zusammengeklappt hat die kleinste Wohneinheit Abmessungen von 60 × 50 × 100 cm. Aufgeklappt jedoch ergibt sich ein Raumvolumen von 1,27 m³. Ausgestattet mit einem Trag-/Stützsystem, eignet sich das sogenannte Ruchsackhaus als tragbare Behausung für eine Person. Durch das geringe Transportvolumen und Gewicht ist die Box innerhalb von kürzester Zeit mithilfe des Stützsystems an verschiedenen Orten montierbar. Inneneinrichtungen, Vorräte und Gepäck können dank integrierter Stauräume in allen Transformboxen verbleiben, auch wenn diese zusammengeklappt sind.
Die »RescueHomeBox« bietet ein Gesamtvolumen von 10,19 m³ und kann mittels einfacher Bandscharniere ausgeklappt werden. Im ersten, dem untersten Modul, das alle weiteren Volumen enthält, sind die beiden Sitzgelegenheiten integriert. Hier können die klappbaren Bänke für die Arbeit am Tisch sowie als Liege zum Schlafen dienen. Im zweiten liegen Regale und der Ofen. WC, Dusche, Kochnische mit Kühlschrank und weitere Regale befinden sich im dritten Raummodul. Das letzte Modul mit dem Hochbett bildet gleichzeitig auch die Decke der Box.
Die Boxen sollen energieautark selbst versorgend funktionieren. Photovoltaikzellen auf der Hülle erzeugen Strom für den Betrieb der elektronischen Geräte. In Serie produziert fänden die »RescueHomeBox« und die »InterHomeBox« auf einem Anhänger oder Tieflader Platz, ein Kran oder Hubschrauber könnte sie an beliebiger Stelle absetzen.

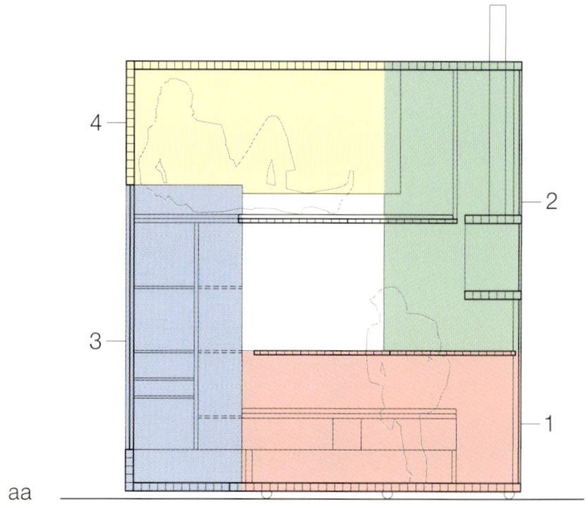

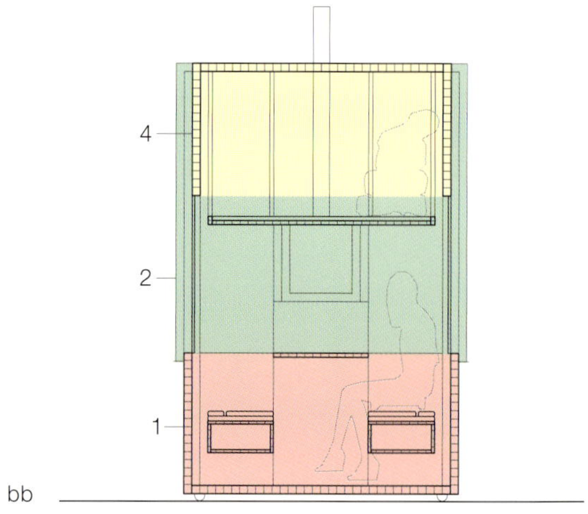

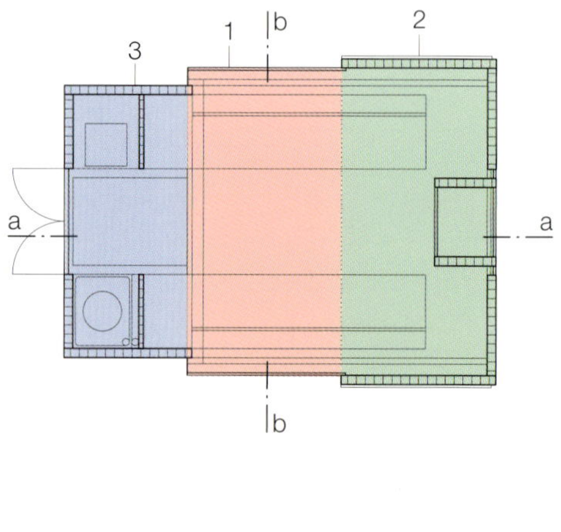

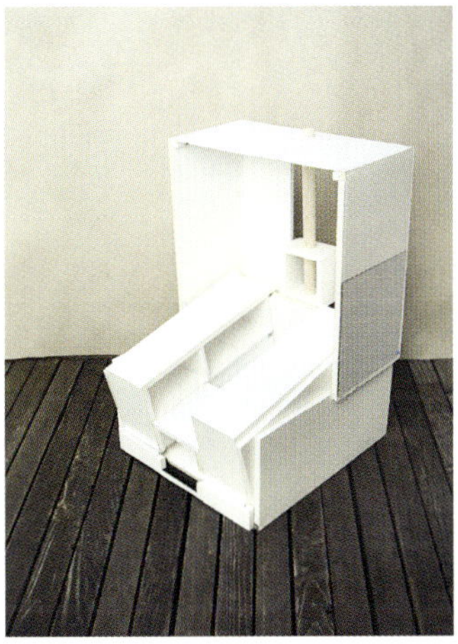

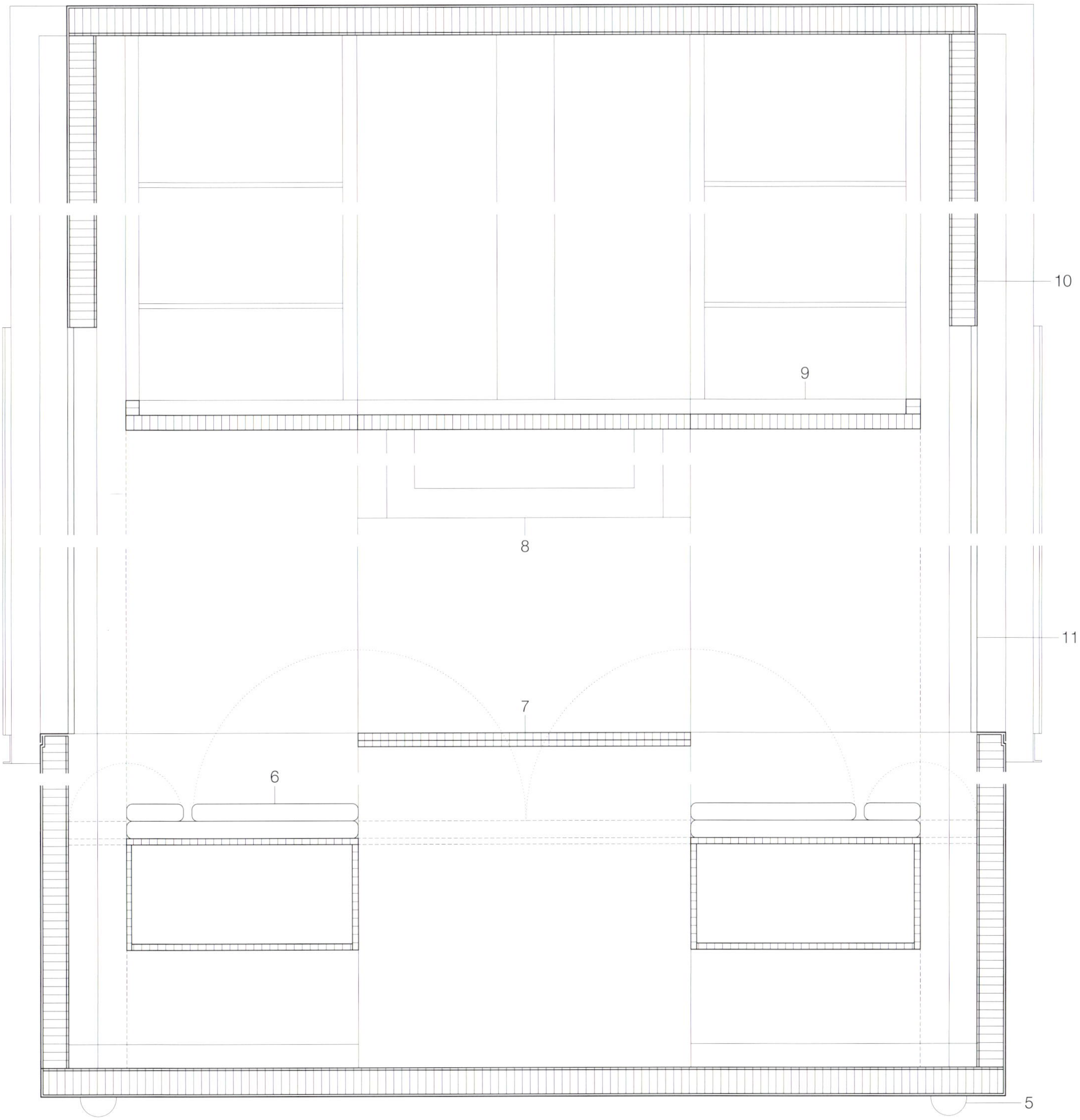
10
9
8
11
7
6
5

Schnitte »Rucksackhaus«
Maßstab 1:20

1 Raummodul 1
2 Raummodul 2
3 Raummodul 3
4 Raummodul 4
5 Rollen für Transport
6 Ständer höhenverstellbar
Aluminiumstab ∅ 15 mm
7 Klapptisch schwenkbar
Sperrholz 4 mm
8 Bank-Bettkombination klappbar
Sperrholz 8 mm
9 Stauraum
10 Sandwich-Leichtbauplatte 30 mm
11 Fensterluke Acrylglas 3 mm
Befestigung mit Bandscharnieren

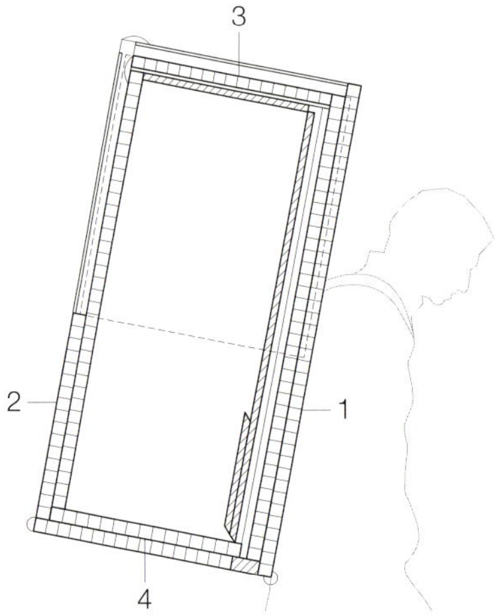

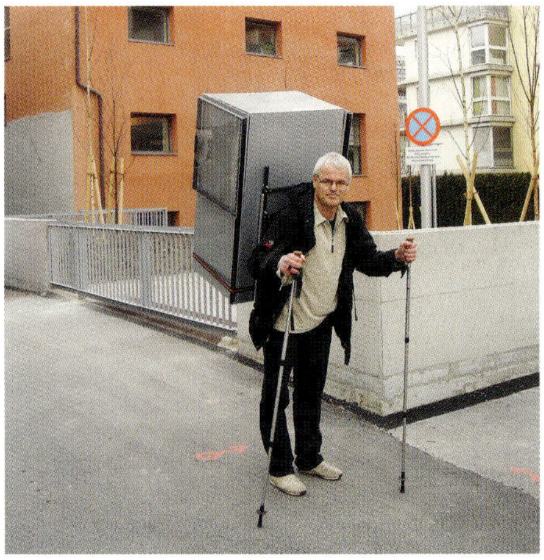

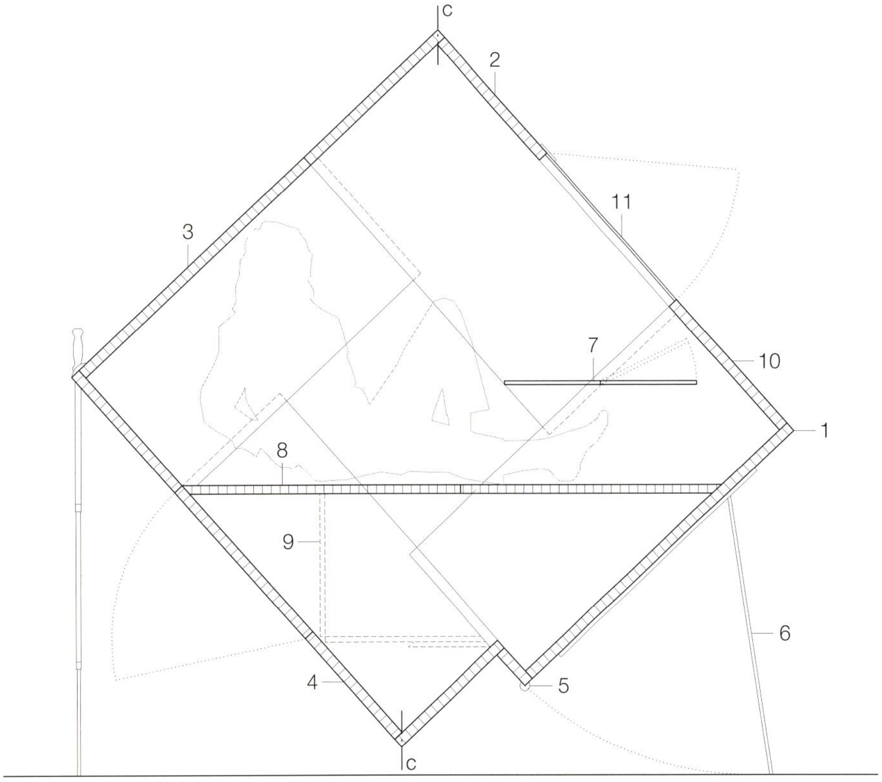

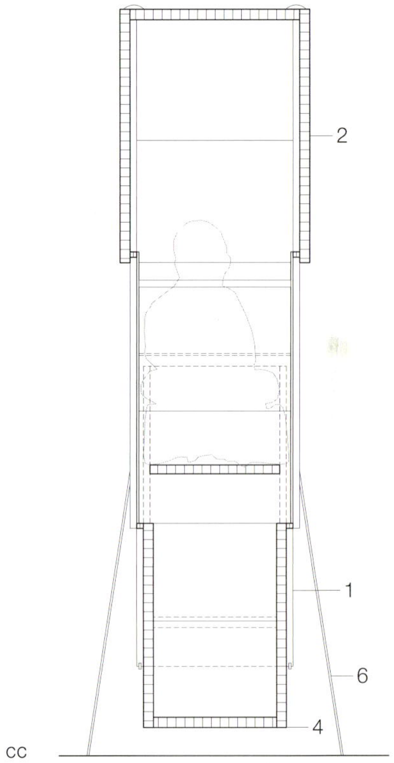

Projektdaten »Rucksackhaus«:

Nutzung:	Survival mobil
Konstruktion:	Holz
lichte Raumhöhe:	ca. 172 cm
Bruttorauminhalt:	1,27 m^3 (aufgeklappt) 0,30 m^3 (zusammengeklappt)
Bruttogrundfläche:	0,12 m^2 (zusammengeklappt)
Abmessungen:	60 × 50 × 100 cm
Baujahr:	2010
Bauzeit:	1 Monat

Wandelbarer Pavillon

Architekten: Kalhöfer-Korschildgen, Köln

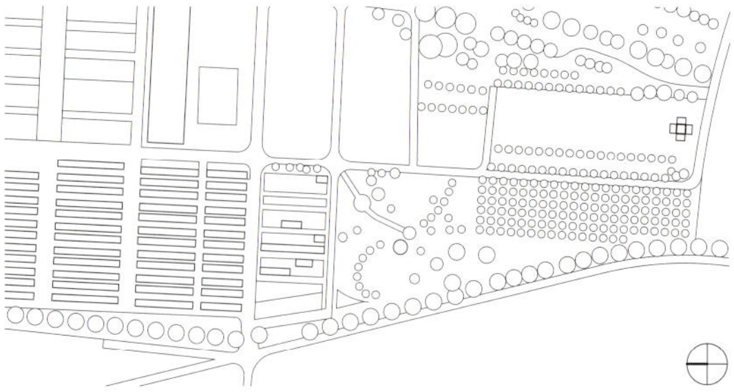

Je nach Wetter, Stimmung, Lust und Laune lässt sich der Pavillon von der geschlossenen »Urhütte« schrittweise zum schwebenden Dach in der Landschaft verwandeln.

»Lasst uns drei Hütten bauen!« lautete der Aufruf der Elisabeth Montag Stiftung, die es sich zur Aufgabe gemacht hat, bildende Kunst und Architektur in einen Dialog zu bringen. Eine der »Hütten«, die daraufhin auf dem Gelände einer ehemaligen Stadtgärtnerei in Bonn entstand, zeigt sich in Gestalt eines archaisch einfachen und zugleich wandelbaren Pavillons. Unter dem Titel »Raum auf Zeit – Zeit im Raum« bietet das Provisorium dem Besucher einen wetterfesten Unterschlupf, in dem er die reizvollen Wechselwirkungen zwischen Innen und Außen, Körper und Objekt aktiv erleben kann.

Platziert wurde der Pavillon an der Schnittstelle zwischen verwilderten Baumpflanzungen, verfallender Gewächshausarchitektur und offener Landschaft. In seiner Kompaktheit stellt er einen Kontrast zu seiner Umgebung dar.
Bleiben die variablen Außenwände geschlossen, lässt sich der Raum als Vertreter des Typus »Urhütte« begreifen, der Schutz, Einkehr, Komfort und Intimität bietet.
Der auf eine Würfelform reduzierte Baukörper greift über seilverspannte Stahlträger nach allen Seiten in das Gelände aus. Die Träger fungieren als Schienen, die ein Hochfahren der Wände erlauben und damit eine schrittweise Auflösung des Innenraums bewirken. In letzter Konsequenz bleibt von dem geschlossenen Haus nur mehr ein aufgeständertes schwebendes Dach, das vor Regen und Sonne schützt, ansonsten geht der Raum in der Landschaft auf. Das aktuelle Thema

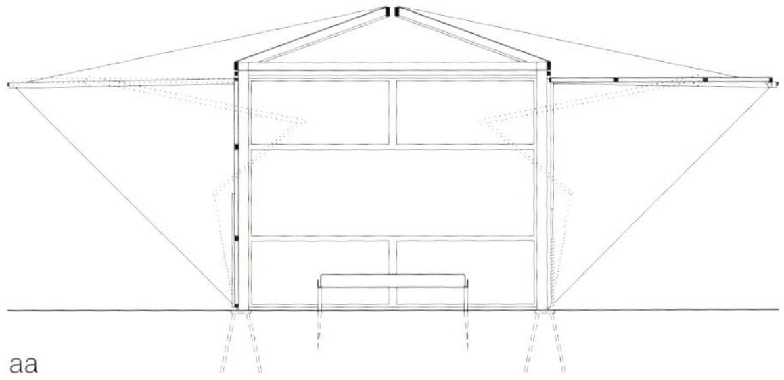

Flexibilität setzten die Architekten formal einfach und konsequent mit modernen, industriell gefertigten Materialien um. Die Tragstruktur des Pavillons besteht aus L-förmigen Stahlstützen auf Fußplatten, die eine biegesteife Zeltdachkonstruktion aus Stahlrechteckrohren tragen. Bei den vier Außenwänden handelt es sich um einfache Garagentore in Schwingtorrahmen, die sich jedoch entgegen ihrer ursprünglichen Verwendung nach außen öffnen. Die Außenhaut bildet eine weiße, wasserfeste PE-Folie, als Innenbespannung dient ein rotes Gerüstschutznetz. Hochleistungsklebebänder befestigen die beiden Membranen an den Stahlprofilen.
Mit einem zentral platzierten, vielfältig nutzbaren Möbel ausgestattet, ist der Pavillon gleichzeitig öffentlicher und privater Ort, der dem Träumenden eine begrenzte »Zeit im Raum« lässt, um unterschiedliche Atmosphären zu erleben.

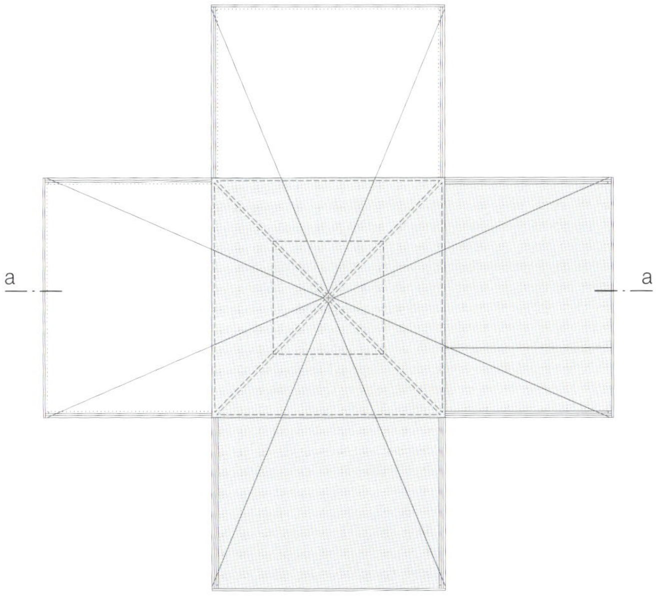

Lageplan
Maßstab 1:3500

Schnitt • Aufsicht
Maßstab 1:100

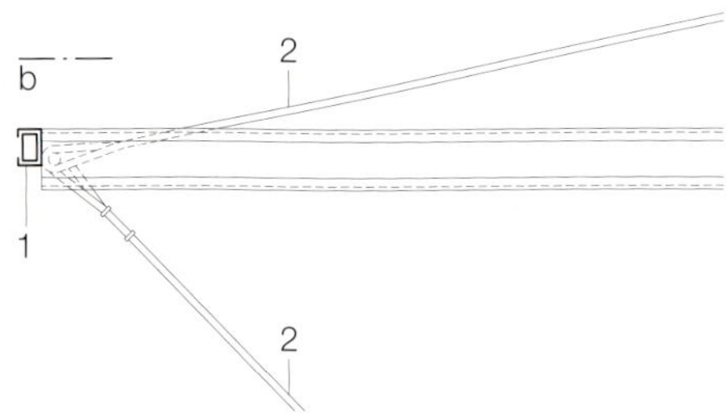

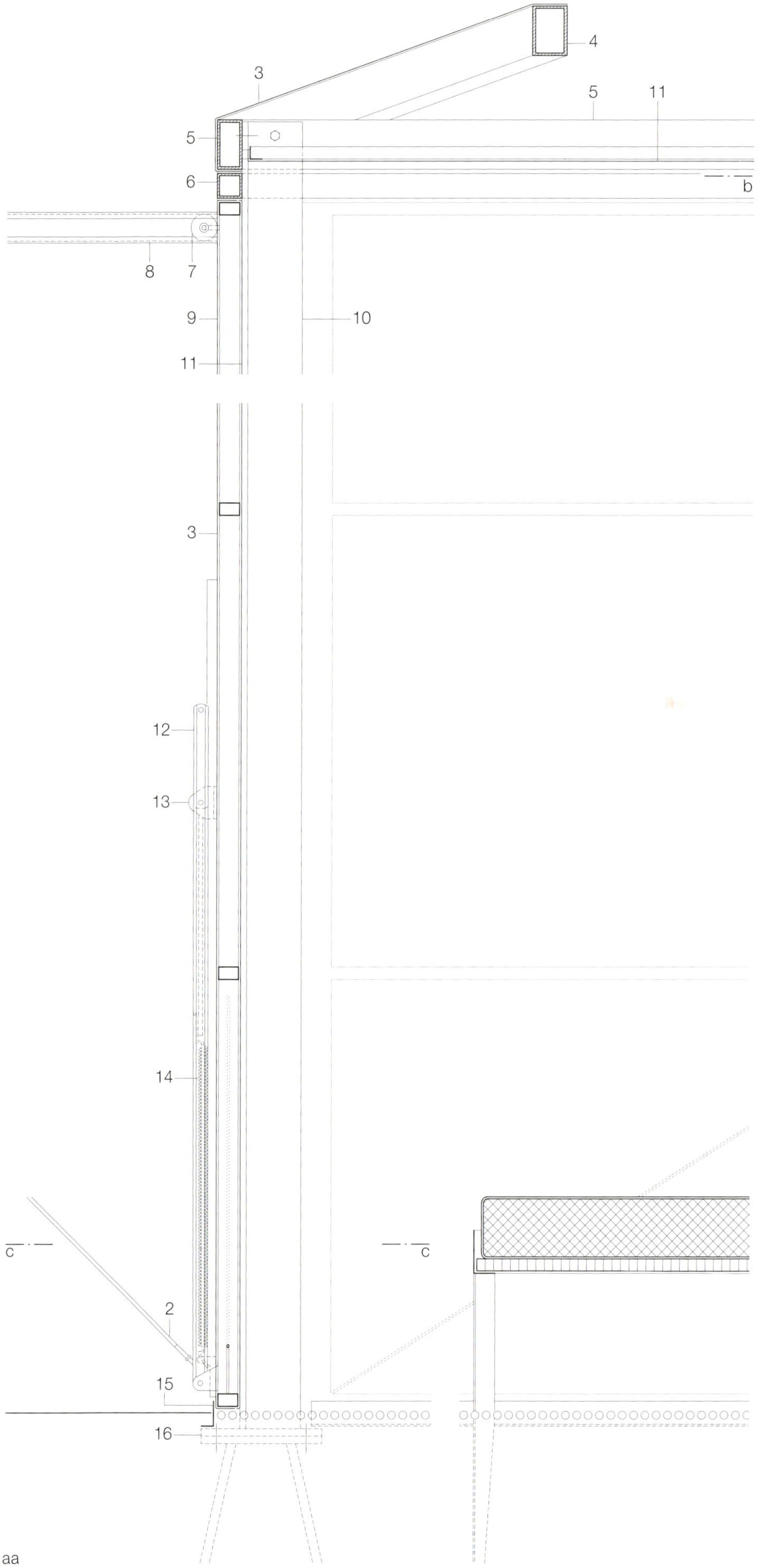

aa

Detailschnitte
Maßstab 1:10

1 Distanzprofil Stahl ▭ 20/30/1 mm
2 Abspannung Stahlseil ⌀ 6 mm
3 Außenbespannung PE-Folie
gewebeverstärkt, wasserfest, weiß
4 Gratsparren Stahlrohr ▭ 40/80/2 mm
5 Traufrahmen Stahlrohr ▭ 40/80/2 mm
6 Außenrahmen Torelement:
Stahlrohr (vertikal) ▭ 40/70/1 mm
Stahlrohr (horizontal) □ 40/40/1 mm
7 Laufrolle Polyamid
8 Laufschiene Stahlprofil verzinkt
⊔ 25/50/1 mm
mit Aussteifung Stahlrohr ▭ 30/40/2 mm
9 Torrahmen Stahlrohr ▭ 20/40/2 mm
10 Stütze Stahlprofil ∟ 100/100/10 mm
11 Innenbespannung Gerüstschutznetz rot
12 Ausstellprofil Stahl verzinkt
13 Hebelarmlager Stahl verzinkt
14 Stahlfeder
15 Anschlagwinkel Stahlprofil ∟ 25/40/2 mm
16 Fußplatte 2× Stahlprofil ▭ 200/200/12 mm
mit Bodenanker 4× Rundstahl ⌀ 40 mm

Projektdaten:

Nutzung:	Pavillon mobil
Konstruktion:	Stahl
lichte Raumhöhe:	2,50 m
Bruttorauminhalt:	30 m³
Bruttogrundfläche:	10,50 m²
Abmessungen:	3,20 × 3,20 × 3,30 m
Baukosten:	19 000 €
Baujahr:	2005
Bauzeit:	2 Wochen

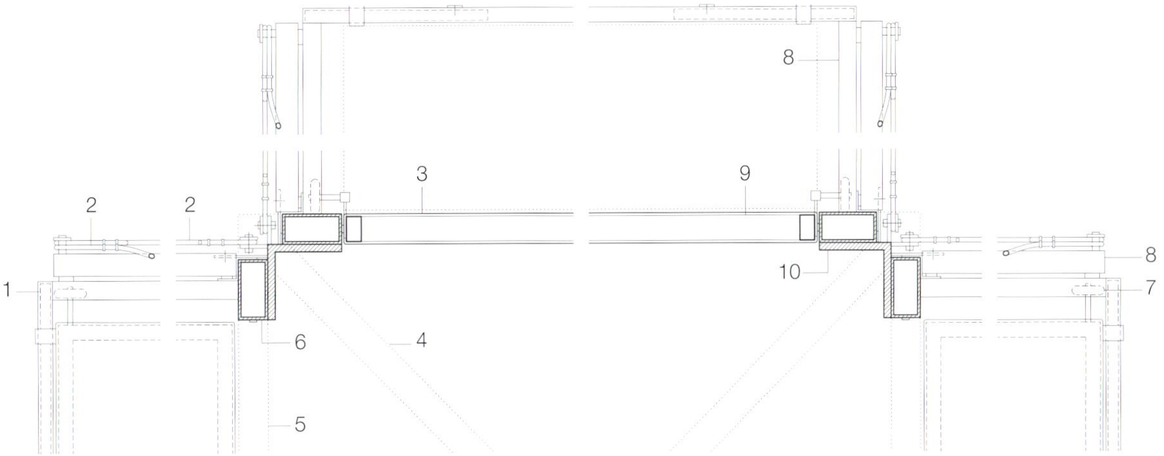

bb

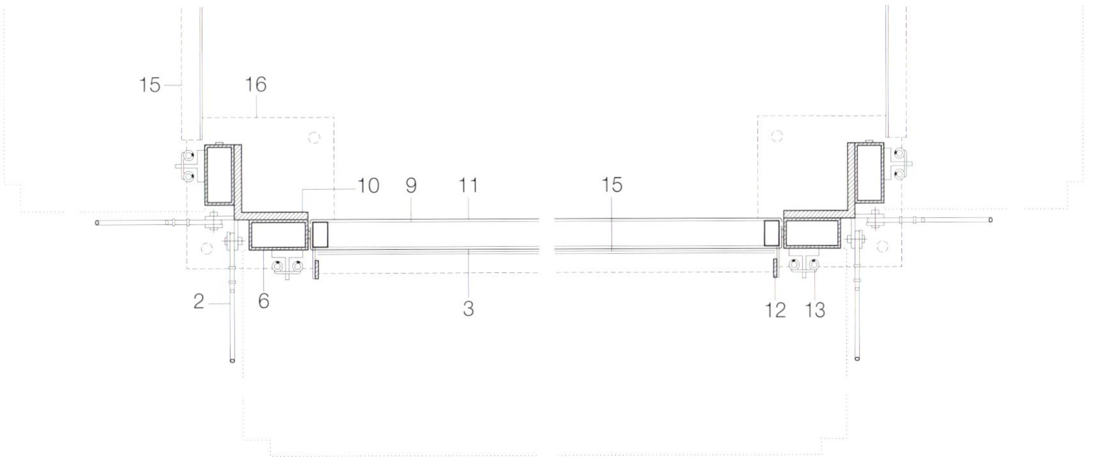

cc

Teehaus in Frankfurt am Main

Architekt: Kengo Kuma & Associates, Tokio,
mit formTL, Radolfzell

Ruhe und Entspannung bietet dieses kleine Teehaus mit seiner transluzenten, aufblasbaren Hülle, die nachts von innen heraus leuchtet.

Im Garten des Museums für Angewandte Kunst in Frankfurt am Main steht das neue Teehaus. Die aufblasbare textile Hülle erlaubt viele Assoziationen von einer halben Erdnuss bis zu zwei verschmolzenen Golfbällen. Im Inneren ist eine rechteckige Fläche von insgesamt 20 m² mit neun Tatami-Matten ausgelegt, wobei eine Faltwand den Vorbereitungsraum abtrennt. Der Raum, in dem die Teezeremonie stattfindet, verfügt über ein in den Fußboden eingelassenes Holzkohlebecken zum Erhitzen des Wassers.
Der skulpturale Raum ist zu speziell angekündigten Terminen nutzbar. Dann wird die Membran auf einem Rollwagen angeliefert und mit einem Reißverschluss an dem umlaufenden Metallrahmen auf der Bodenplatte aus Beton befestigt; steht die Membran frei in Innenräumen ist dieses Fundament nicht nötig. Das Hightech-Gewebe aus PTFE wirkt textil, ist transluzent und besonders fest. Trotz seiner Resistenz gegenüber jeglichen Einwirkungen von außen ist es dennoch flexibel. Luftdicht verschweißt, wird der Zwischenraum der doppelten Textilhaut mit einem Ventilationssystem wie eine Luftmatraze aufgeblasen. Anstelle von Stegen verbinden 306 Kunststoffseile die beiden Hüllen alle 60 cm. Ab 1000 Pa Innendruck steht die »weiche Schale«, bei 1500 Pa ist sie ausreichend stabil und hält sogar einem Sturm stand. Um auch bei Dunkelheit japanische Teezeremonien durchführen zu können, wird die Luftkammer durch LED-Lichtbänder, die im Bodenrahmen integriert sind, von innen beleuchtet.

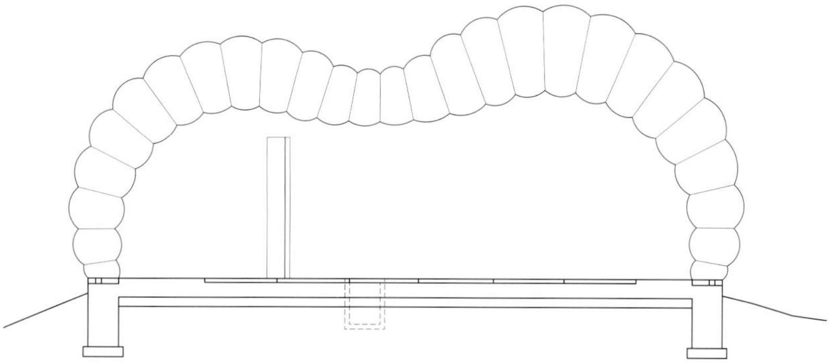

aa

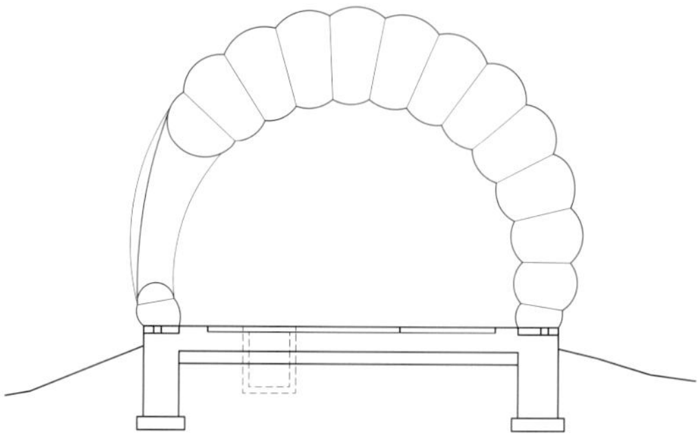

bb

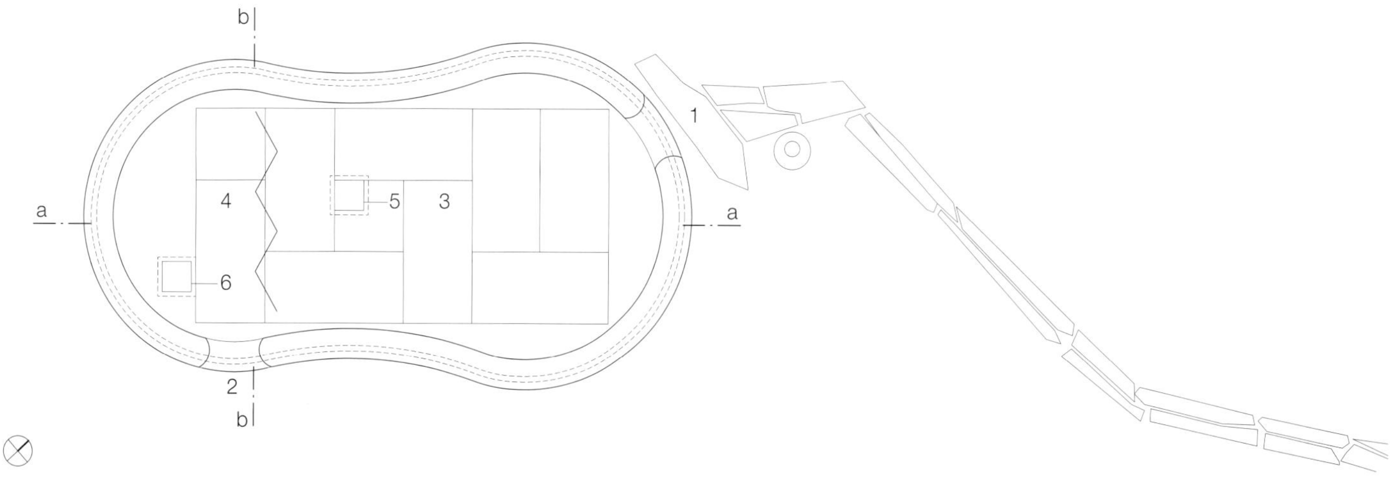

Projektdaten:	
Nutzung:	Event mobil, temporär
Konstruktion:	selbsttragende pneumatische Membrankonstruktion
lichte Raumhöhe:	2,40 m (Teeraum), 2,20 m (Vorbereitungsraum)
Bruttorauminhalt:	56,46 m³
Bruttogrundfläche:	31,30 m²
Abmessungen:	9,00 × 4,60 × 3,40 m
Baukosten:	300 000 €
Baujahr:	2007
Bauzeit:	2 Monate

Schnitte
Grundriss
Maßstab 1:100

1 Eingang Teeraum
2 Eingang Vorbereitungsraum
3 Teeraum
4 Vorbereitungsraum
5 Feuerstelle
6 Aufbewahrung

Axonometrie Aufbausequenz
A Bodenplatte Beton mit Zuwegung
B Belegung mit Tatami-Matten
C Installieren und Aufblasen der Membrankonstruktion

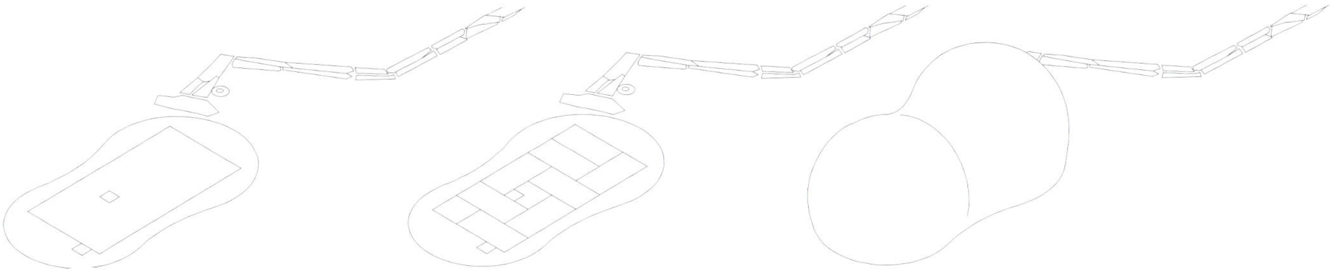

A B C

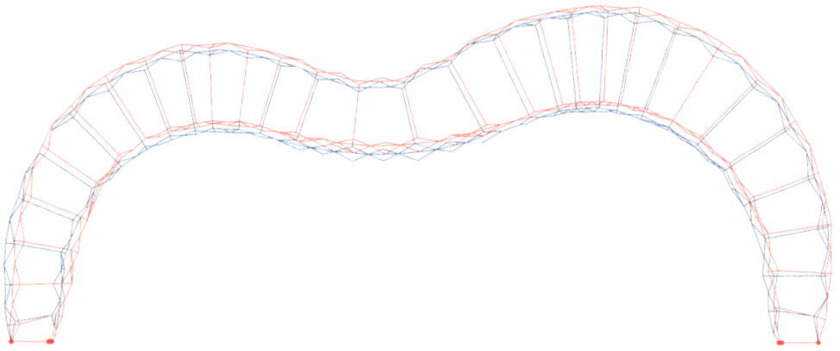

A

Statik beim Lastfall seitlicher Wind
A Verformung
B Spannungen der äußeren Membran
C Spannungen an den Koppelseilen
D Spannungen der inneren Membran

Im Lastfall »Vorspannung« tragen innere Membran, Koppelseile und äußere Membran gleichmäßig. Beim Lastfall »seitlicher Wind« kommt es zu Formänderungen und einem neuen Kräftegleichgewicht zwischen den von außen einwirkenden Lasten und den von innen dagegen wirkenden Kräften. Die Farben zeigen die Spannungen in den Membranen und Seilen (von grün nach rot nimmt die Spannung zu). Auffällig sind die lokal stark ansteigenden Kräfte in den Koppelseilen und in den Membranen, wenn Wind oder starker Regen den Pavillon in der Mitte um bis zu 40 cm eindrückt. Die Koppelseile verhindern ein Auseinanderweichen der beiden Hüllen; das komprimierte Luftpaket verdichtet sich zusätzlich. Hierdurch erhöhen sich lokal die Membranspannungen und die Zugkräfte in den Koppelseilen, sodass sich die Hülle insgesamt zusätzlich stabilisiert. Diesem Prinzip des »Constant Volume« verdankt diese Bauweise ihre Stabilität und Tragfähigkeit.

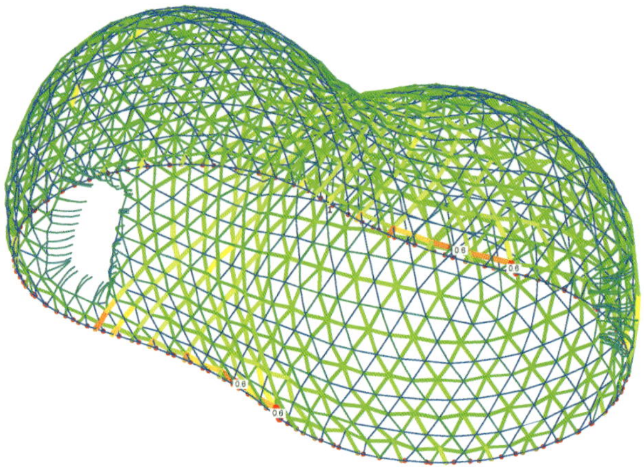

B

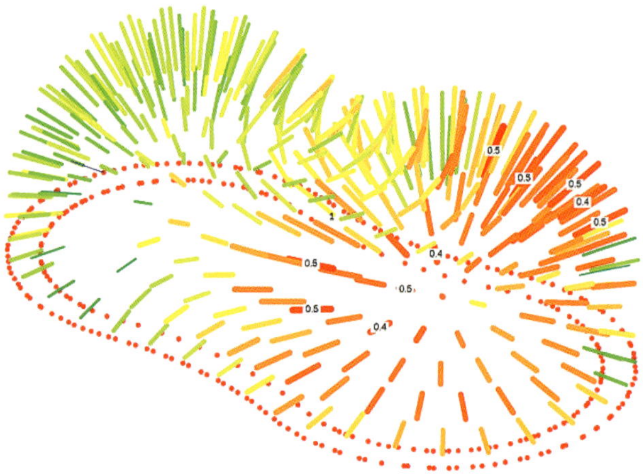

C

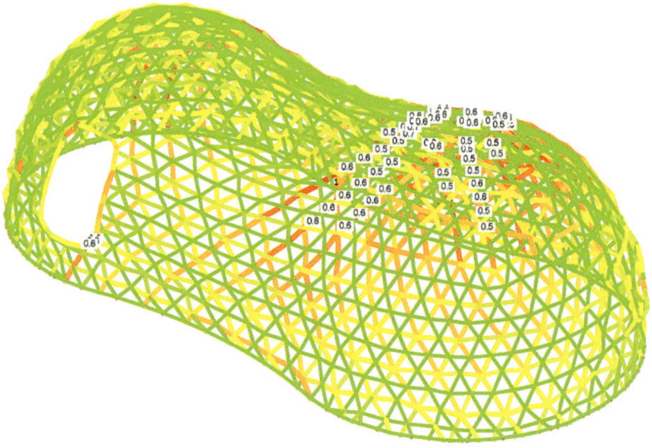

D

Detail Fußpunkt Anschluss Membrankissen
Maßstab 1:5

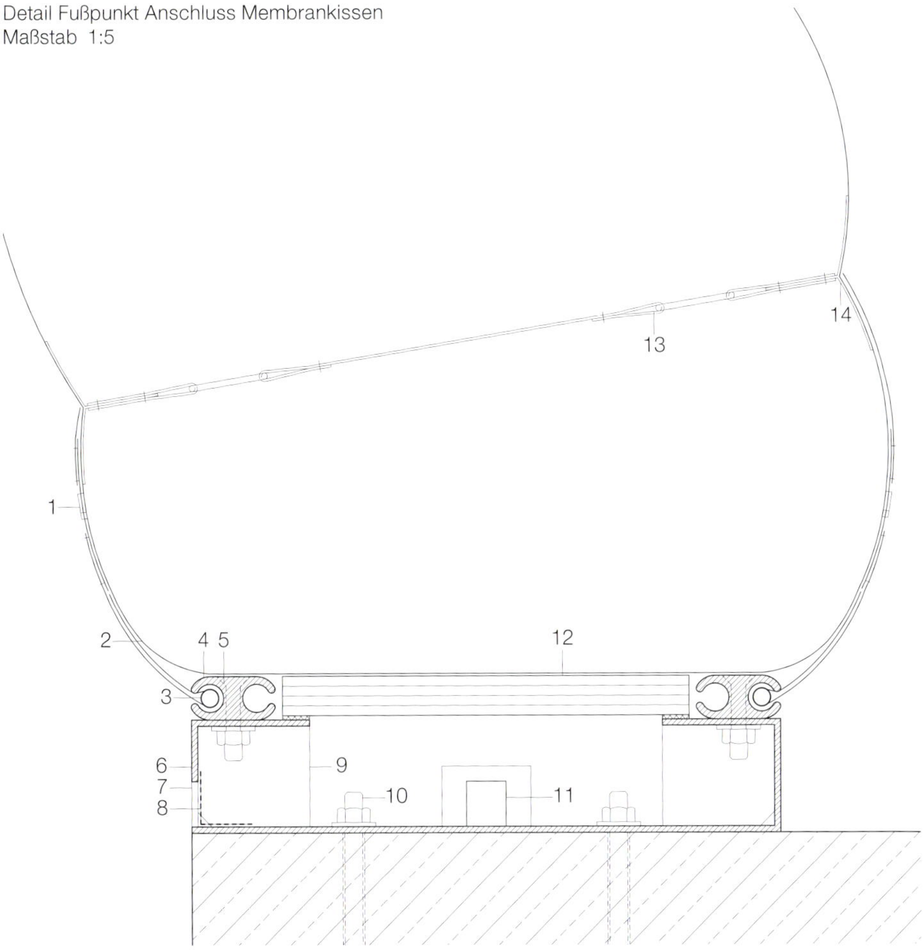

1 Reißverschluss Segmentlänge 2000 mm
2 PTFE-Gewebe 630 g/m² mit auflaminierter Fluorfolie, 38 % Transluzenz
3 Keder ∅ 12 mm
4 Aluminiumprofil
5 Senkkopfschraube M12
6 Metallrahmen 75/400 mm
7 Entwässerungsloch
8 Insektenschutzgitter
9 Aussteifung Stahlblech 76/67/4 mm
10 Verbundanker M12
11 Beleuchtung LED strahlt innere und äußere Membran an
12 Abdeckung Acrylglas 275/26 mm
13 Koppelseil Kunststoff
14 runde Membranverstärkung PTFE-Gewebe innenseitig vollflächig aufgeschweißt mit Lasche zum Anschluss der Koppelseile ∅ 100 mm

Aero Haus

Architekten: Richard Horden, Wieland Schmidt, Technische Universität München, Helmut Richter, Technische Universität Wien, mit Studenten

Die futuristische Kapsel aus hochwertigem Material wurde vom Entwurf bis zur Ausführung im digitalen Arbeitsprozess realisiert.

Das Aero Haus ist eine leichte, transportable, an unterschiedliche Standorte adaptierbare Kleinstbehausung, mit der in kurzer Zeit temporärer Raum geschaffen werden kann. Ein bis zwei Personen finden vor Wind und Wetter geschützt bequem Platz in der Kapsel, die auf einem Autodach zu transportieren ist und sich bei Bedarf schnell zu einer schwebenden Schlafkapsel auf Füßen verwandelt. Durch den dreibeinigen Stand hält das Haus die Balance auf verschiedenen Böden. Der Zugang zu der 1,30 m über Bodenniveau liegenden Kapsel erfolgt über eine Klappöffnung in der hinteren Unterseite. Für die nötge Durchlüftung sorgen zudem Öffnungselemente in den Frontfenstern. Bei einer Länge von etwa 2,70 m wiegt der doppelt gekrümmte Hohlkörper gerade einmal 26 kg. Im Kontrast zur starren Außenhülle aus 10 mm starken Carbon-Sandwichelementen, ist der Innenraum mit weichem Nylongewebe ausgekleidet.
Die Idee dazu wurde im Rahmen eines Seminars an der TU München mit Beteiligung der TU Wien entwickelt. Bereits 1996 hatten die Studenten eine mobile Behausung mit dem Namen »Fish House« konzipiert, die vor allem Fischern an der Donau als temporäre Unterkunft dienen sollte. Zwölf Jahre später planten und fertigten Studenten am Lehrstuhl für Gebäudelehre und Produktentwicklung der TU München in Zusammenarbeit mit weiteren Fakultäten und Unternehmen einen Prototypen, der »Aero Haus« getauft und 2009 erstmals präsentiert wurde.

Der Planungs- und Produktionsprozess

Eine auf die Produktionsprozesse abgestimmte Planung reduzierte die Anzahl herkömmlicher Pläne und Zeichnungen. Die Planungsdaten wurden aus digitalen 3-D-Modellen gewonnen und flossen direkt in die Fertigung ein. Das Ziel dabei war, eine möglichst leichte Konstruktion zu schaffen, und somit konnte das Material für die Hülle schnell gefunden werden. Nur kohlefaserverstärkter Kunststoff ermöglichte die gewünschte Reduktion des Gewichts und erfüllte gleichzeitig die Anforderungen an die Stabilität der Außenhaut.
Zuerst wurde aus dem vorhandenen 1:6-Modell des »Fish House« mittels 3-D-Laserscanner ein 3-D-Modell generiert, um einzelne Punkte auf der Oberfläche zu erfassen. Dies führte jedoch zu einem relativ ungenauen Ergebnis, weshalb das Modell erneut mit einem extrem präzisen Scanner aus der Automobilindustrie abgefahren wurde, um exakte 3-D-Daten zu erhalten. Diese flexible optische Messeinrichtung basiert auf dem Prinzip der Triangulation. Projizierte Streifenmuster werden mit zwei Kameras vermessen, um daraus 3-D-Koordinaten für jeden beobachteten Kamerapixel zu berechnen. Hieraus einsteht ein Polygonnetz aus einer Million Punkten, welches sich über die gesamte Oberfläche des Objekts spannt. Um aus diesen Polygonnetz eine homogene Oberfläche zu erhalten, generierten die Planer eine Reihe von Schnitten in drei Richtungen. Mithilfe einer Software, die maschinelle Präzision und eine nahtlose Integration in den Design-Prozess garaniert, konnte mit den digitalen Modellen eine vollkommen glatte, mit wenigen Punkten kontrollierbare Oberfläche hergestellt werden.
Für die Hülle aus Carbon wurde im nächsten Schritt anhand computergesteuerter 5-Achs-CNC-Fräsen zwei wiederverwendbare Negativformen für Boden und Deckel gebaut, die geschliffen sowie mit Lack und Trennmittel für den Laminierprozess vorbereitet wurden. Unter fachlicher Anleitung übernahmen die Studenten den Laminiervorgang, bei dem sie mittels Vakuumverfahren den stabilen Verbund aus Kohlefasern, Harz und der Dämmlage hergestellen konnten. Die beiden Teile der Kapsel wurden nach dem Zusammenbau in mehreren Arbeitsvorgängen mit einer Metalliclackierung versehen.

Grundriss • Schnitte
Maßstab 1:50

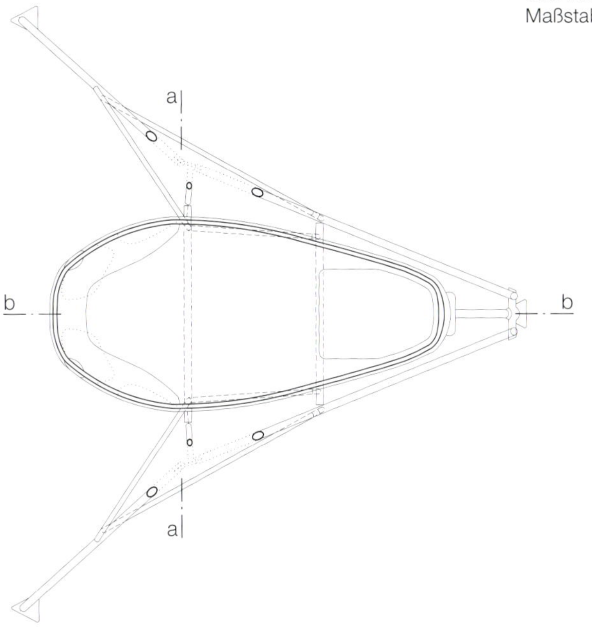

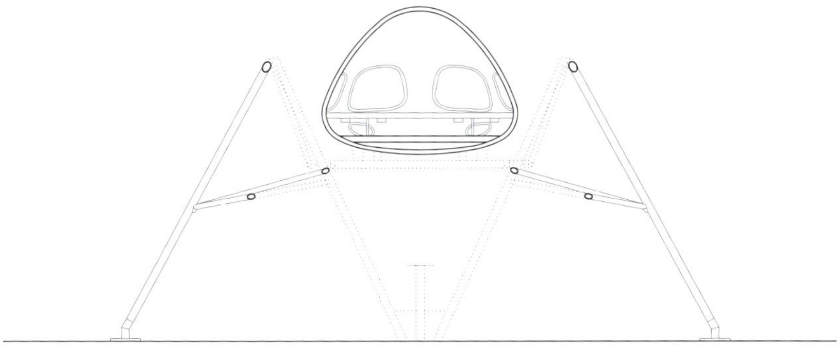
aa

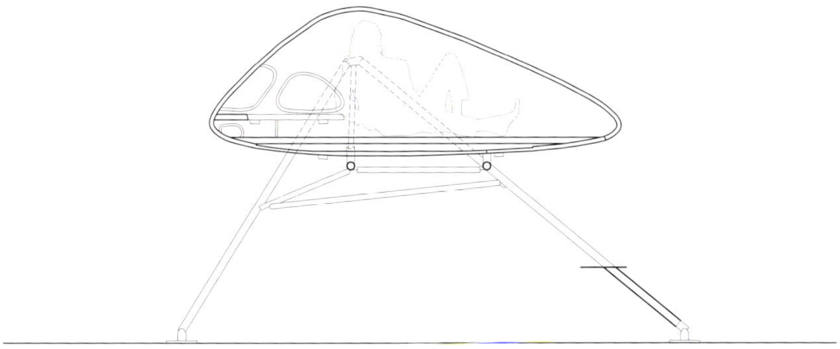
bb

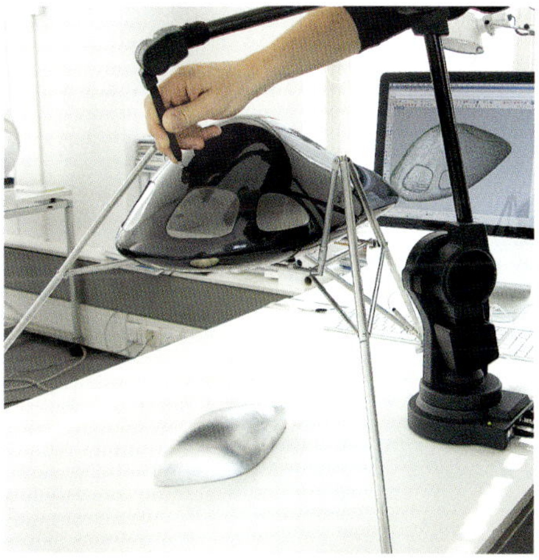
A

B

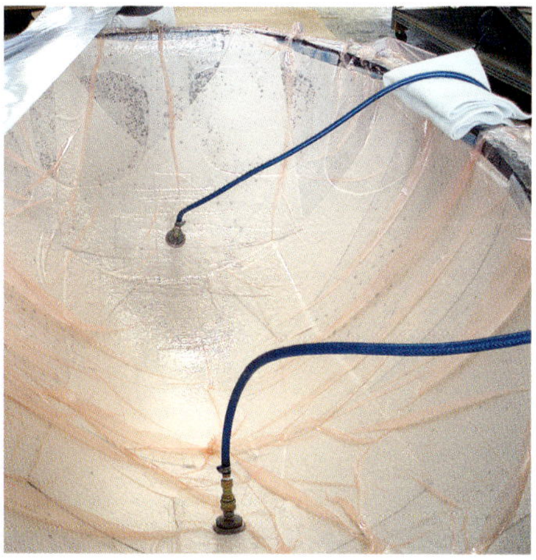
C

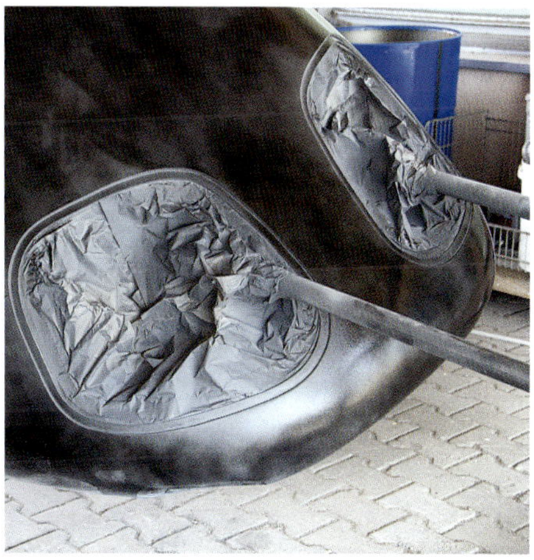
D

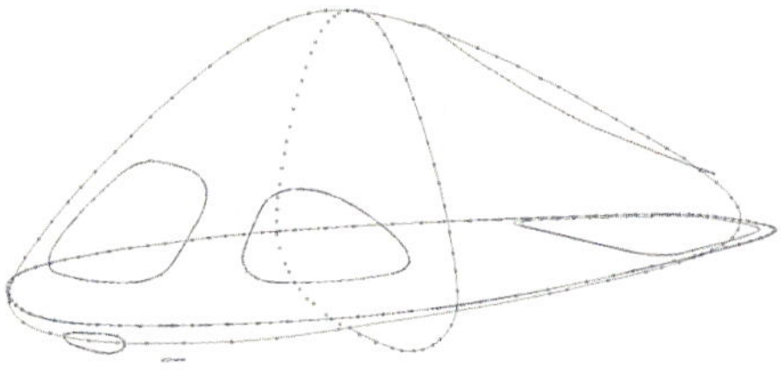

E

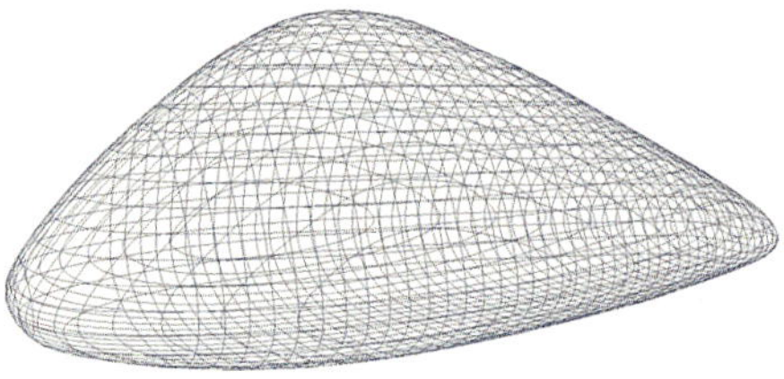

F

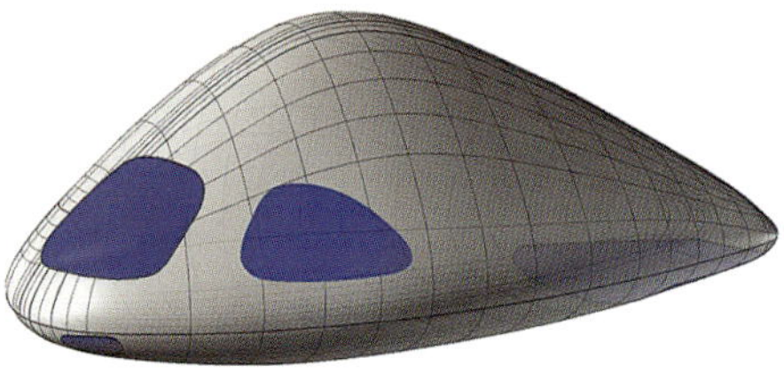

G

A Abtasten des »Fish Houses« mittels 3-D-Laserscanner.
B Studenten beim nass-laminieren der Unterschale mit kohlefaserverstärktem Kunststoff.
C Vakuumieren der Hülle. Mittels einer Vakuumpumpe wird Druck von 900 kg/m² auf die aushärtenden Schalen aufgebracht.
D Lackieren der fertigen zusammengesetzten Kapsel.
E 3-D-Modell nach dem Erfassen von Punkten mit dem 3-D-Laserscanner.
F Schnitte durch das hochpräzise 3-D-Modell nach dem Prinzip der Triangulation.
G 3-D-Modell mit homogener und kontrollierbarer Oberfläche vor dem Fertigungsprozess.

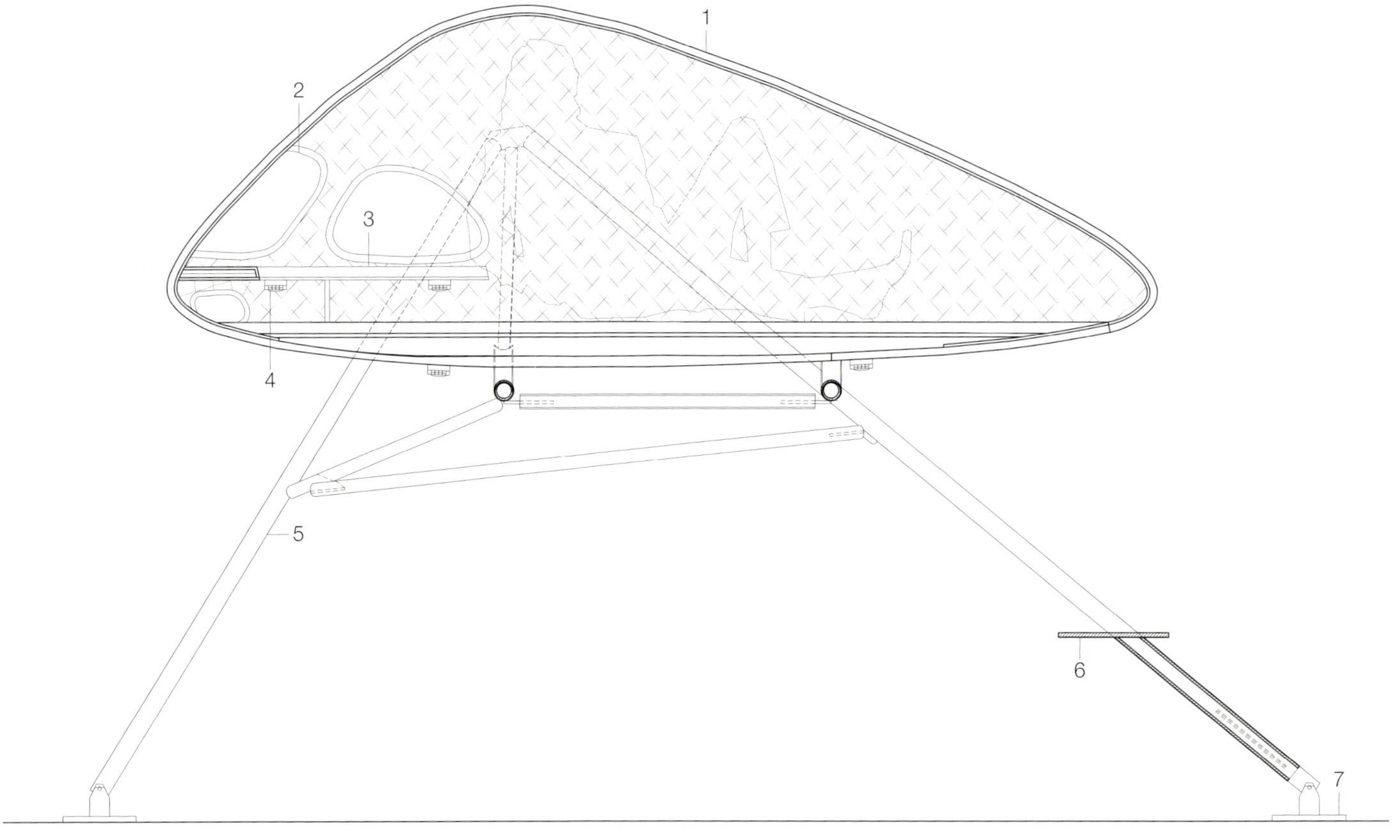

Schnitt
Maßstab 1:20

1 Wandaufbau:
  Verbundwerkstoff aus kohlefaserverstärktem Kunststoff mit
  Acrylglasschaumkern 10 mm
  Innenraumverkleidung Nylongewebe
2 Acrylglasscheiben 4 mm
3 Abstellfläche Spanplatte 15 mm
4 Beleuchtung LED
5 Rohr kohlefaserverstärkter Kunststoff ∅ 55 mm
6 Steighilfe Aluminium 5 mm
7 Fußgelenk mit Fußplatte Aluminium 5 mm

Projektdaten:

Nutzung:	Wohnen mobil
Konstruktion:	Gestell: kohlefaserverstärkter Kunststoff Kapsel: Sandwichkonstruktion aus kohlefaserverstärktem Kunststoff
lichte Raumhöhe:	0,80 m
Bruttorauminhalt:	1,40 m^3
Bruttogrundfläche:	2,60 m^2
Abmessungen:	2,70 × 1,30 m
Gewicht:	Gestell: 18 kg Kapsel: 26 kg
Baukosten:	18 000 € (brutto)
Baujahr:	2009
Bauzeit:	4 Wochen

Wüstenzelt »Desert Seal«

Architekten: Architecture and Vision, München / Bomarzo

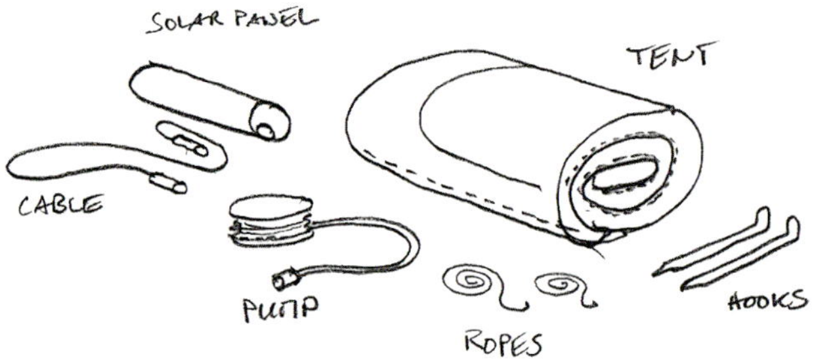

In nur 15 Minuten lässt sich mit dem Zelt eine Schlafstätte schaffen, die mit Ventilator, Solarpaneel und reflektierender Hülle auf die Gegebenheiten in der Wüste reagiert.

Die Form des aufblasbaren Zelts für heiße, aride Regionen leitet sich ab aus dem dortigen Mikroklima: Am Tag nehmen die Temperaturen erheblich ab, je weiter man sich vom Boden entfernt – ein Effekt, den auch die Kamelreiter auf den hohen Rücken ihrer Tiere nutzen.
Angetrieben von einem flexiblen Solarpaneel bläst ein eingebauter Ventilator von oben konstant kühlere Luft ein. Batterien speichern die Energie, um auch nachts, wenn die Temperaturen direkt über Grund stark abnehmen, wärmere Luft nach unten zu schaufeln. Der leichte Überdruck im Inneren stabilisiert das Biwak zusätzlich zur Struktur aus aufblasbaren Röhren; an den schmal zulaufenden Enden halten Aluminiumbleche den Ventilator am oberen und den Luftauslass am unteren Abschluss in Position. Die aluminiumbeschichtete Außenhaut reflektiert die Tageshitze.
Die Konstruktion wiegt 5 kg, wird komplett zusammengerollt transportiert und mittels einer Pumpe aufgeblasen. Anschließend werden Heringe gesetzt, die Luftmatratze eingelegt und das Solarpanel festgezurrt. Das Konzept ging aus einem Technologietransferprogramm der der Europäischen Weltraumbehörde (ESA) hervor. Das geringe Transportvolumen und Gewicht pneumatischer Strukturen, die Nutzung vor Ort vorhandener Ressourcen sowie ein erträgliches Innenklima in einer lebensfeindlichen Umgebung spielen auch im All eine entscheidende Rolle. Dorthin hat es das Hightech-Zelt noch nicht geschafft, wohl aber in die Sammlung des MoMA in New York.

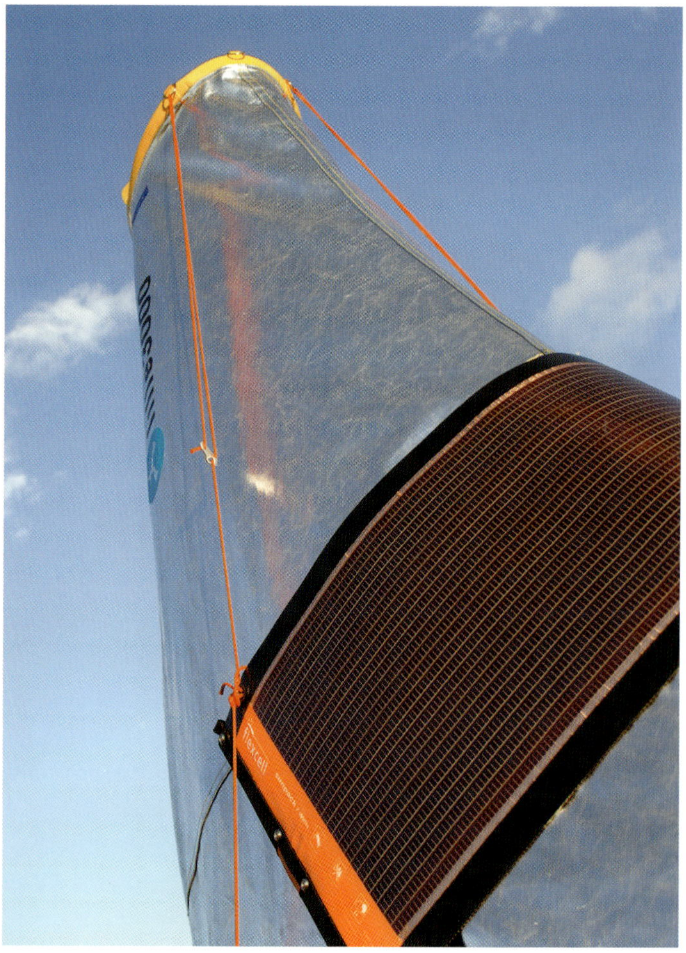

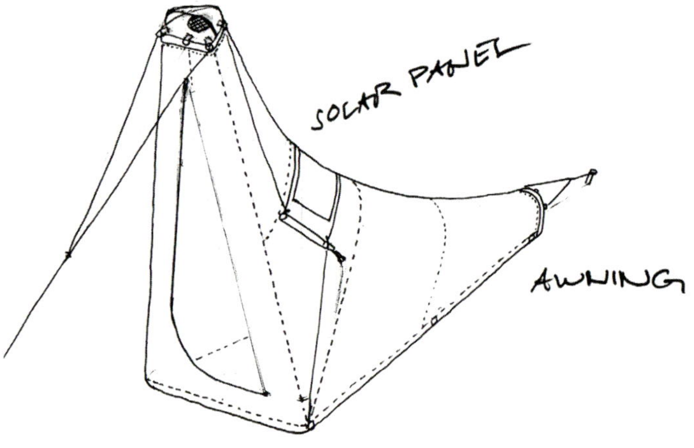

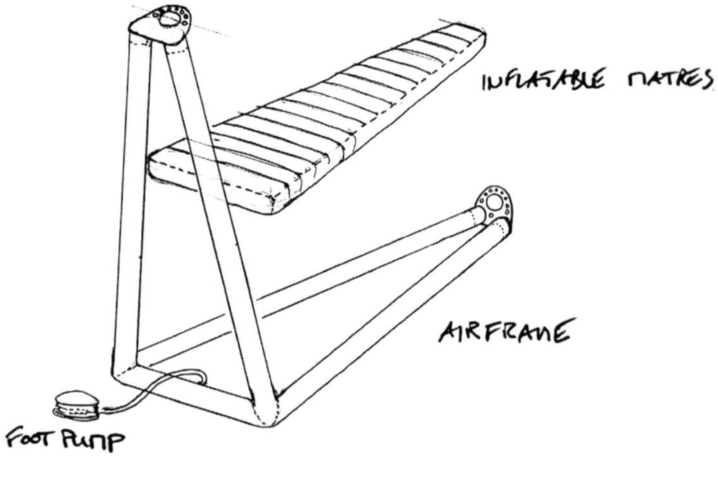

Skizzen Einzelteile • fertiges Biwak • pneumatische Struktur

Aufbausequenz

Ansichten Maßstab 1:50
Temperatur über Grund am Tag

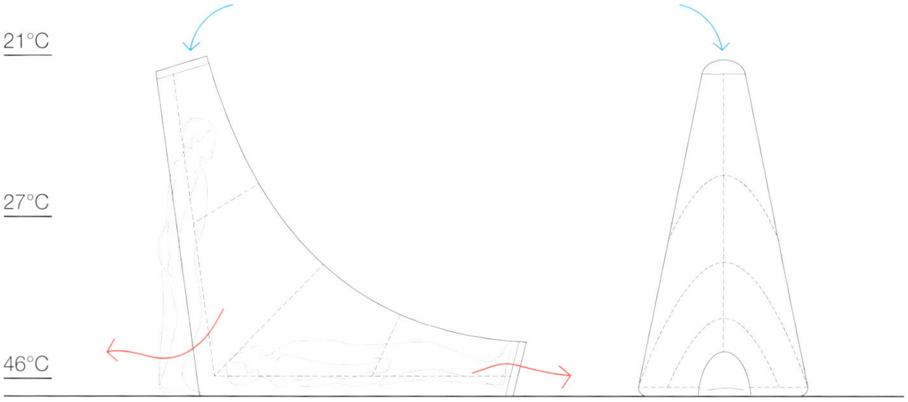

Projektdaten:

Nutzung:	Survival, Wohnen mobil
Konstruktion:	Membran, aufblasbare A-Rahmenkonstruktion
lichte Raumhöhe:	0,35–2,10 m
Bruttorauminhalt:	0,90 m^3
Bruttogrundfläche:	1,60 m^2
Abmessungen:	2,35 × 1,25 × 2,26 m
Baukosten:	4700 € (erster Prototyp)
Baujahr:	2005
Bauzeit:	2 Wochen
Aufbau:	eine Person in 15 min.

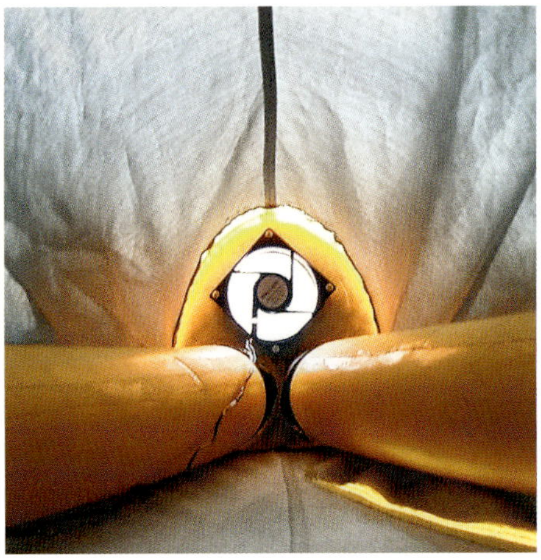

Detailschnitt oberer Abschluss
Maßstab 1:2,5

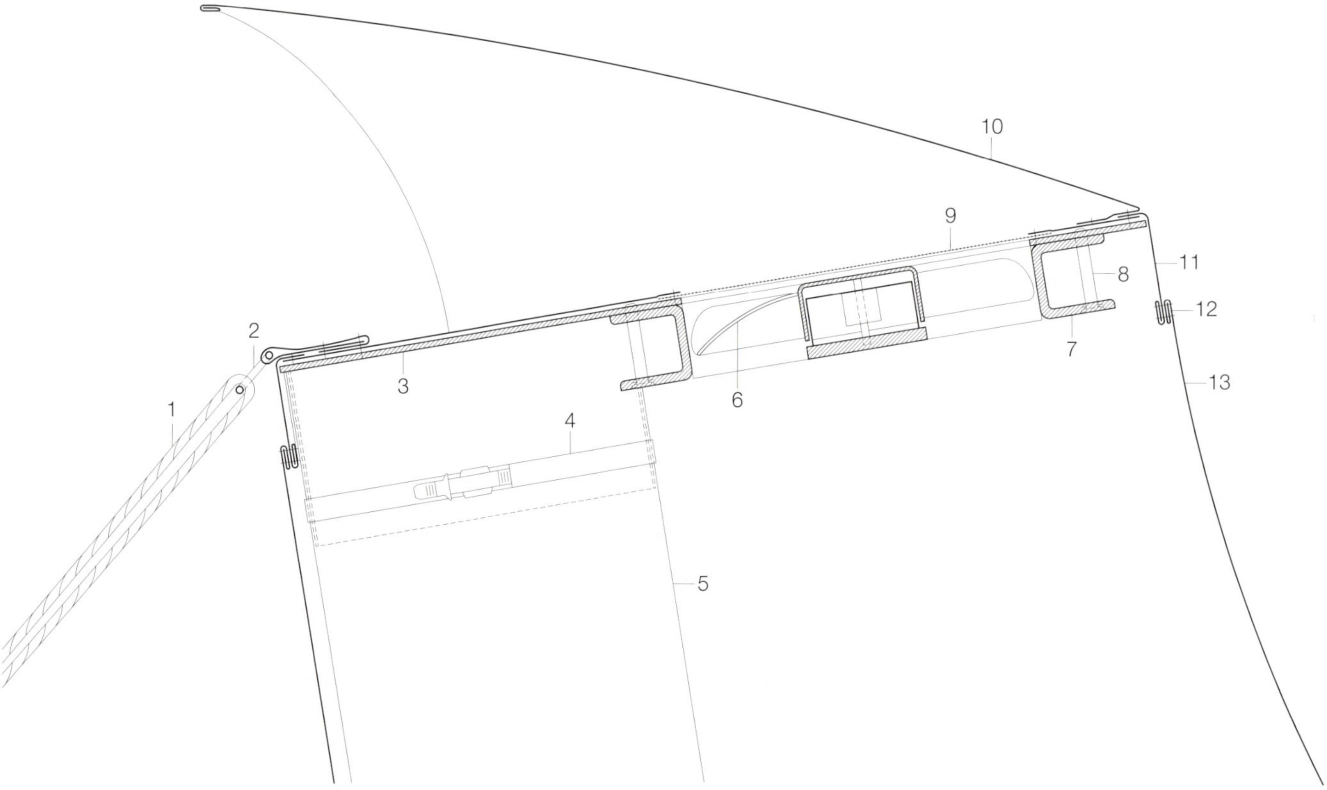

1 Seil Polyamid 3 mm
2 D-Ring Edelstahl
3 Abschlusselement formgebend Aluminium 2 mm: Kopfplatte perforiert mit angeschweißten Röhren (Aluröhren verklebt mit pneumatischen Röhren)
4 Sicherheitsverschluss Spanngurt
5 Tragstruktur pneumatische Röhre Polyethylen, polyurethanbeschichtet, gelb ∅ 120 mm
6 Ventilator 12 Volt ∅ 120 mm
7 Rahmen Ventilator
8 Schraube M4 Edelstahl
9 Staub-Sand-Filter Kunststoffvlies
10 Staub-Sand-Schutzabdeckung, Polyethylen polyurethanbeschichtet, gelb
11 Polyethylen polyurethanbeschichtet, gelb
12 Saum verstärkt, Naht doppelt genäht
13 Außenhaut Polyester aluminiumbeschichtet, hitzereflektierend

Rucksackhaus

Künstler: Stefan Eberstadt, München

Als Skulptur, Parasit und privater »Extra-Raum« zugleich wandert das Rucksackhaus von einer Wohnhausfassade zur nächsten.

Wohnungsbau besteht häufig aus glatten Häuserfronten mit normierten Grundrissen. Das Rucksackhaus ist ein Vorschlag, die Wohnqualität individuell zu verbessern und dabei die Grenze zwischen Architektur und Kunst auszuloten. Schalungstafeln als Verkleidung, die ungewöhnliche Anordnung der Fenster sowie die archaisch wirkende Art der Aufhängung weisen den Anbau demonstrativ als Fremdkörper aus: Wie ein Rucksack hängt der holzverkleidete Stahlkäfig aus Vierkantrohren an Stahlseilen, die zweimal umgelenkt über das Dach des bestehenden Gebäudes laufen und in der rückwärtigen Fassade verankert sind. Ein Autokran hebt den Würfel in Position, um vier Dorne in die dafür gebohrten Löcher in der Fassade einzuführen. Noch am Kran hängend erfolgt die Abspannung. Im Innern entsteht ein »schwebender Lichtraum« außerhalb der Begrenzung der eigentlichen Wohnung. Das angehängte Zimmer ragt in den öffentlichen Raum hinein, bietet von fünf Seiten Einblicke von außen und bleibt doch privat. Die Innenausstattung macht keine Vorgaben für eine konkrete Nutzung, Wandflächen lassen sich zu einer Liegeplattform, einem Tisch und einem Hocker ausklappen. Als temporäre Ausstellungsinstallation an der ehemaligen Baumwollspinnerei in Leipzig realisiert, verzichtete man auf eine Wärmedämmung. Aufgrund der vorhandenen Altbausubstanz wurden zusätzliche statische Vorkehrungen ergänzt. Weitere Stationen des Rucksackhauses waren die plan05 in Köln (siehe S. 55), die Zeche Zollverein in Essen sowie die Architekturbiennalen in Venedig und São Paulo.

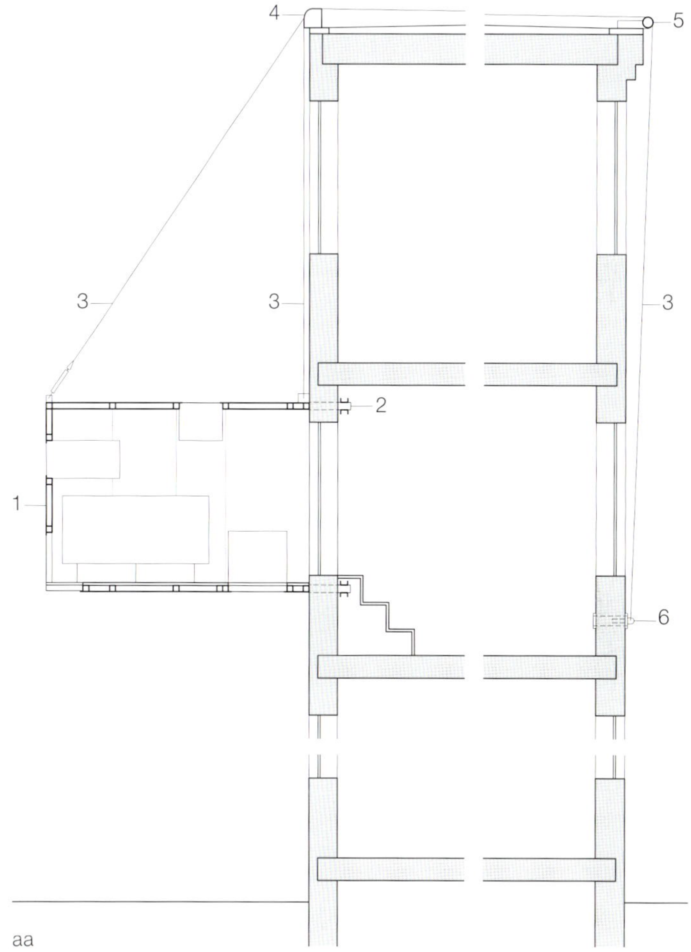

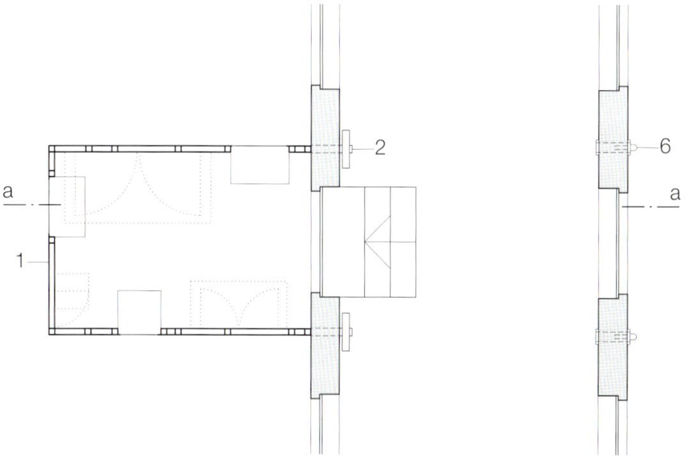

Projektdaten:

Nutzung:	Wohnen temporär
Konstruktion:	Stahl
lichte Raumhöhe:	2,30 m
Bruttorauminhalt:	22,50 m³
Bruttogrundfläche:	9 m²
Abmessungen:	2,50 × 3,60 × 2,50 m
Baukosten:	25 000 € (Prototyp ohne Installation)
Baujahr:	2004
Bauzeit:	2 Monate
Dauer des Aufhängens:	4–5 Stunden

Schnitt • Grundriss Maßstab 1:100

1 Rucksackhaus
2 Ankerdorne
3 Stahlseil ∅ 16 mm
4 Umlenkung Kantholz
5 Umlenkung Stahlrohr
6 Rückverankerung im Mauerwerk

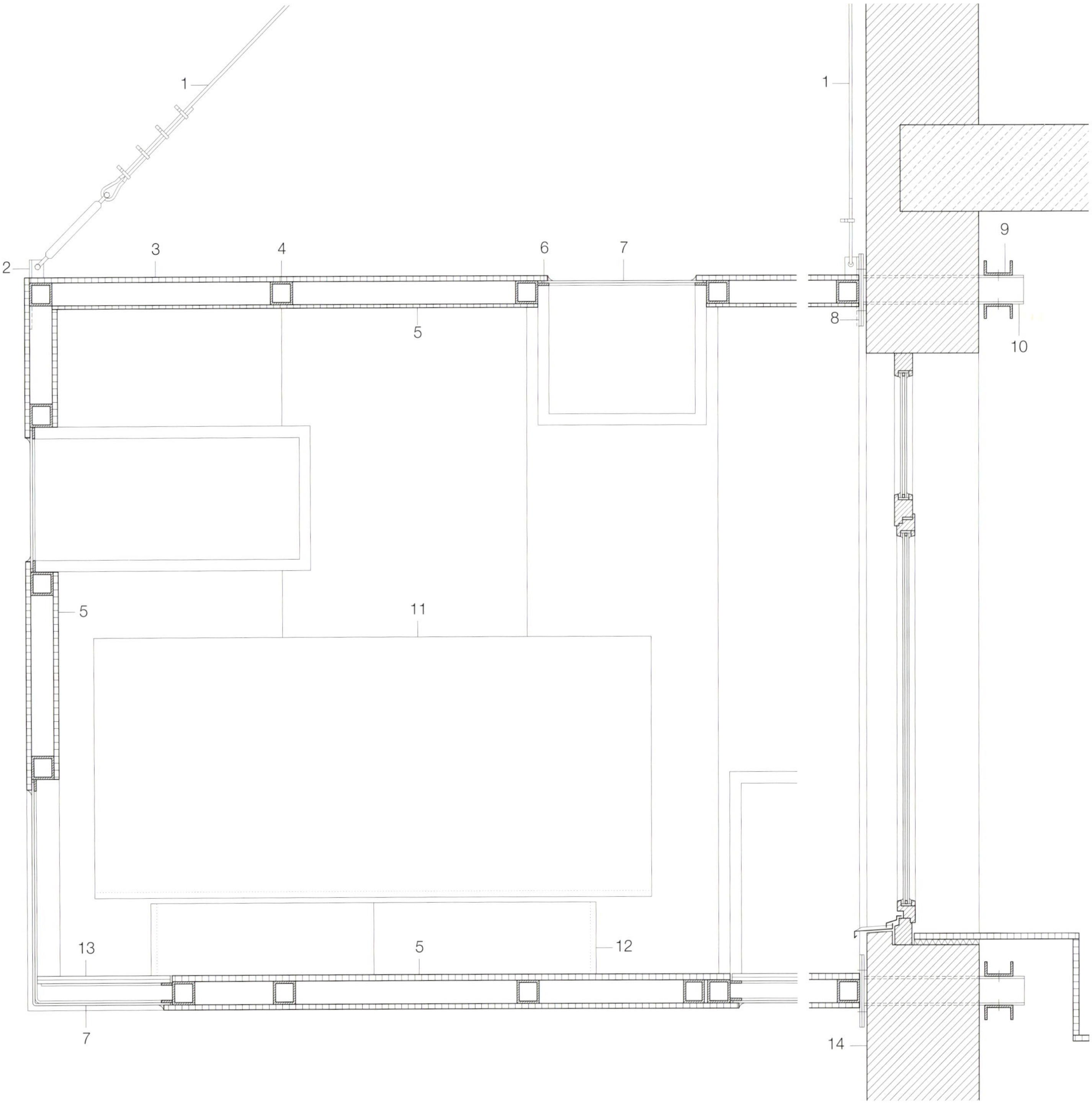
1
2
3
4
6
7
5
8
9
10
11
5
13
5
12
7
14

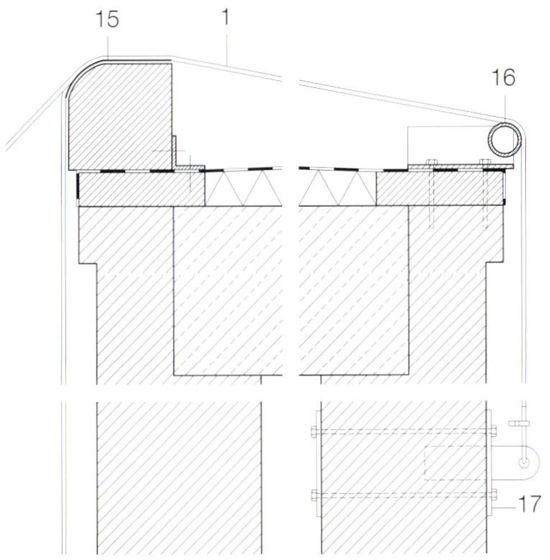

Vertikalschnitt Straßenfassade
Vertikalschnitt Rückverankerung Stahlseil
Maßstab 1:20

1 Edelstahlseil mit Spannschloss ∅ 16 mm
2 Stahlwinkel mit Öse an Stahlrahmen geschweißt
3 Furniersperrholz Phenolharz beschichtet 18 mm
4 Rahmen Stahlrohr ⌀ 80/80/3,2 mm
5 Furniersperrholz Birke
Decke 12 mm, Wand 18 mm, Boden 21 mm
6 Auflager Verglasung Flachstahl ⏥ 4 mm
7 Festverglasung Acrylglas extrudiert 8 mm, an Gebäudekante 90° gebogen, silikonversiegelt
8 Flanschblech Flachstahl ⏥ 250/250/20 mm, an Stahlrahmen geschweißt
9 Widerlager Stahlprofil ⊔ 100 mm, l = 500 mm
10 Stahlprofil HEB 100 mit Flanschblech ⏥ 250/250/20 mm
11 Furniersperrholz magnetisch fixiert, vertikal ausklappbar als Liege 2000/900/18 mm
12 Sperrholz ausklappbar als Unterbau für Liege
13 Durchbruchschutz Acrylglas gegossen 25 mm
14 Mauerwerk (Bestand) 400 mm
15 Flachstahl ⏥ 4 mm auf Kantholz 250/250 mm
16 Stahlrohr ∅ 120 mm auf Stahlprofil ⊔ 100/200/3,2 mm geschweißt
17 Ankerplatte Flachstahl ⏥ 250/250/15 mm, 4× M16

Mobile Dachterrasse in Köln

Architekten: Kalhöfer-Korschildgen, Köln

Per Handkurbel in die Natur. Die mobile Dachterrasse lädt zum Picknick in der Natur ein und schafft Stauraum für Gartenmöbel.

Ein Picknick an einem sonnigen Tag inmitten einer Blumenwiese, ein Tisch, ein Liegestuhl und das alles auf dem eigenen Dach: Eine mobile Wand bestückt mit Gartenmöbeln, Geschirr und Beleuchtung sowie der Einbau einer Treppe macht es möglich. Die Bewohner der Doppelhaushälfte aus den 1970er-Jahren können seit der Sanierung ihres Hauses nun auch das Dach nutzen: Die Wand kann mittels Handkurbel ganz einfach vertikal nach oben bewegt werden. Ein Motorbetrieb wurde geprüft und auch alternativ ausgeschrieben – der Bauherr fand allerdings die »Softtech«-Lösung dem Projekt angemessener. Im eingefahrenem Zustand dient die Wand als Trennelement zur Treppe und als platzsparender Stauraum für die Gartenmöbel. Auf der Terrasse verwandelt sie sich dagegen in eine raumbildende Kulisse. Mit einfachen Handgriffen können die Bewohner die integrierten Möbel entnehmen oder aufklappen. Die Oberfläche der Wand ist mit Blütenmustern verziert und stellt den passenden Hintergrund für die handverlegte Kunstrasenfläche dar.
Hinter der Konstruktion verbirgt sich ein marktübliches freitragendes Schiebetor, das um 90 Grad gedreht und mit Holzwerkstoffplatten und lackiertem Stahlblech verkleidet wurde. Das Tor läuft in vertikalen, beidseitig angebrachten Laufschienen und wird mit Seilzügen, die an den Unterkanten fixiert und am Rahmen der Dachluke umgelenkt werden, manuell nach oben gezogen. Ein Gegengewicht erleichtert den Betrieb, eine Flügelschraube am oberen Rand sichert die Position des Tors auf dem Dach.

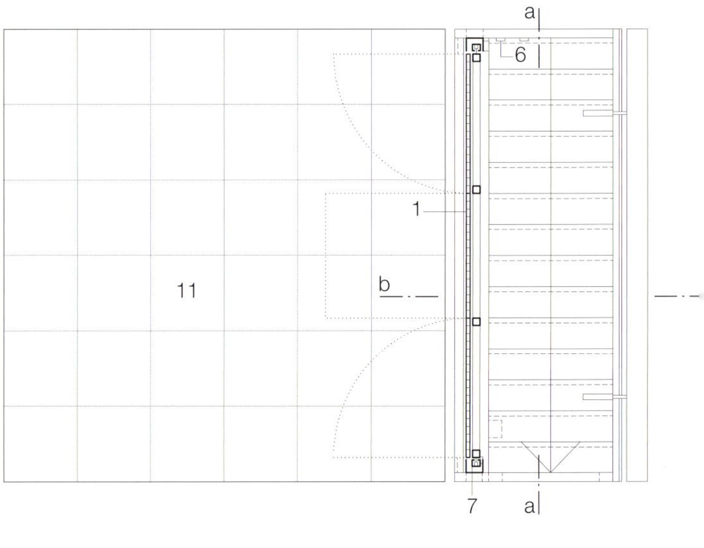

Projektdaten:

Nutzung:	Wohnen feststehend
Konstruktion:	Stahl, Sperrholzverkleidung mit Stahlblech beschichtet
Bruttogrundfläche:	13,2 m²
Abmessungen:	4,40 × 3,00 m (mobile Dachterrasse) 9,05 × 7,24 m (gesamte Dachfläche)
Baukosten:	29 000 € (brutto, Dachterrasse mit Zugang)
Baujahr:	2008
Bauzeit:	1 Monat

Grundriss • Schnitte
Maßstab 1:50

1 Schiebetor
2 Tischbeine für ausklappbare Tischplatte
3 Konsole für Gartenstühle
4 Seilwinde mit Rücklaufsperre
5 Umlenkrolle für Seilzug
6 Elektroanschluss
7 Laufschiene
8 Gegengewicht
9 Feststellsicherung Flachstahl mit Flügelschraube
10 Lüfterklappe motorbetrieben
11 Kunstrasenbelag

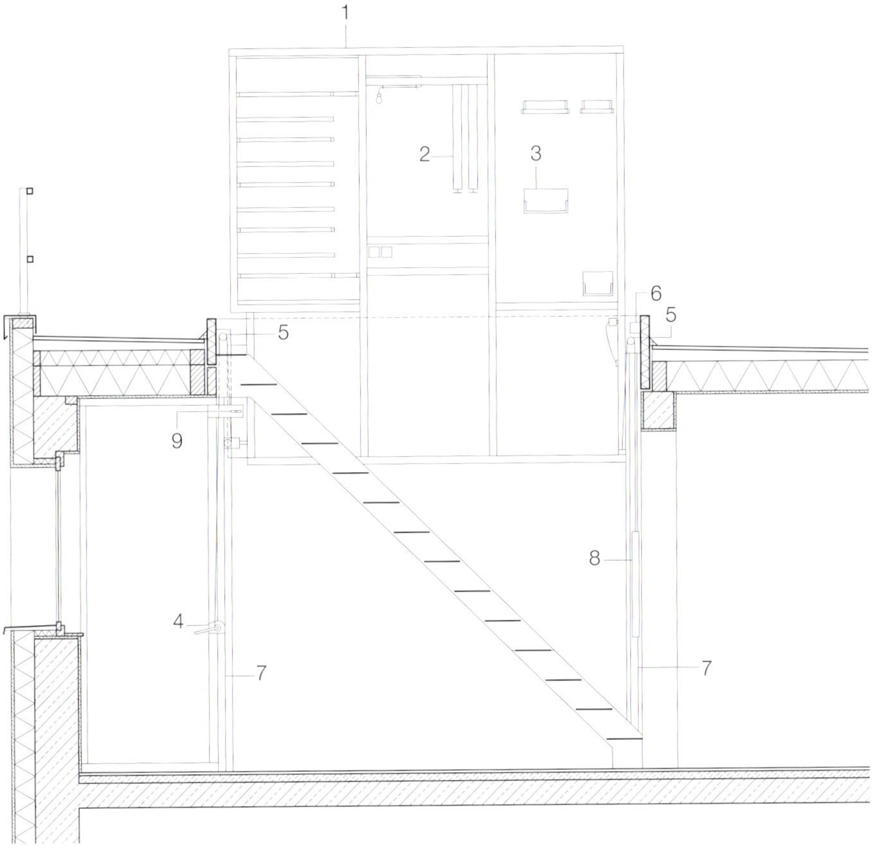

aa

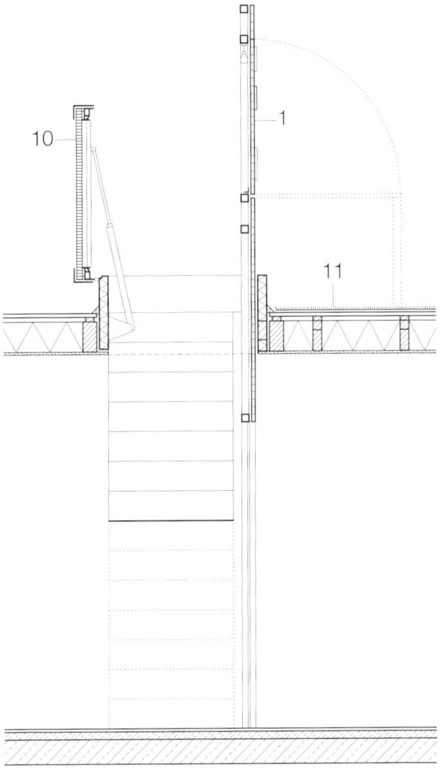

bb

Detaillschnitt
Maßstab 1:10

1 Acrylglas-Dreifachstegplatte 32 mm
  Acrylglas klar 8 mm
  PVC-Rahmen
2 Zarge Aluminiumblech 2× 2 mm
  Wärmedämmung Mineralwolle 60 mm
3 Fallschutzmatte 30 mm mit Kunstrasen
  Bitumenbahn zweilagig
  Schalung 24 mm
  Gefälleholz 30–60 mm
  Balken 60/60 mm
  Dampfsperre
  Balken 60/140 mm, dazwischen Wärmedämmung
  Gipskartonplatte 10 mm
4 Montageholz 100/60 mm
5 Stahlblech lackiert 1 mm
  Schichtholzplatte 24 mm
  Stahlrohr ⌀ 60/60 mm
6 Magnetfolie mit Rosenmotiv
7 Konsole Stahlblech 1 mm
8 Umlenkrad für Seilzug
9 Treppenstufe Flachstahl verschweißt 8 mm

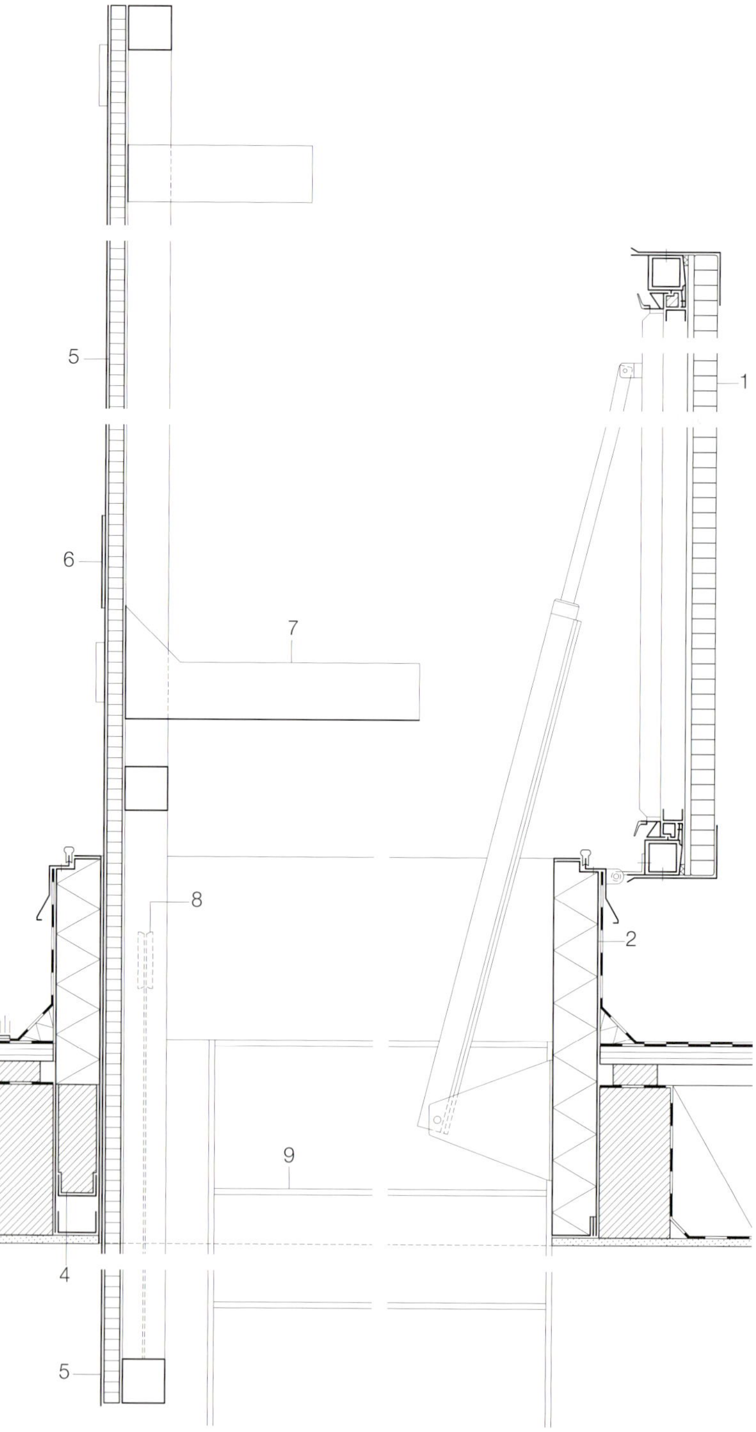

Spiel- und Schlafmöbel

Architekten: h2o architectes, Paris

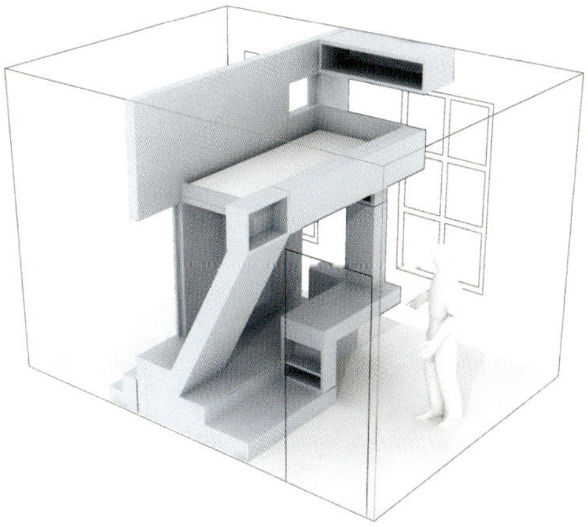

Als Raumtrennung für ein eigenes Kinderzimmer oder als gemeinsamer Spielbereich erfüllt das Hochbettmöbel gleich mehrere Wünsche.

In einer Wohnung im 10. Pariser Arrondissement sollte das Kinderzimmer wegen der Geburt eines weiteren Kindes in zwei Raumzonen unterteilt werden, um für beide Kinder einen eigenen Bereich zu schaffen. Anstelle einer Trennwand platzierten die Architekten in der Mitte des Zimmers ein Einbauelement, das Raumteiler, Hochbett und Spielmöbel zugleich ist. Das raumhohe, 2,96 × 1,28 m große und komplex gestaltete Möbel bildet an der Rückfront eine nahezu glatte Wandfläche; auf der Vorderseite lädt es mit Tisch, Regalen, Nischen, Treppe und Sitzstufen zum Klettern, Malen und sich Verstecken ein.
Sind die integrierten Schiebetüren geschlossen, entsteht in der rückwärtigen Raumzone ein Schlafbereich für das jüngere Kind, während die ältere Tochter auf der anderen Seite nach Lust und Laune spielen kann. Fächer und Borde nehmen Bücher sowie Spielsachen auf. Auch der Sockel dient als Stauraum; hier sind mit Klappen verschließbare Truhen eingelassen. Das Möbelelement ist aus 20 mm starken MDF-Platten auf einer Unterkonstruktion aus Kanthölzern gefertigt, vor Ort zusammengesetzt und verschraubt. Die Konstruktion ist selbsttragend und selbstaussteifend, die Bettfläche liegt auf der Treppe und den als Stützen konzipierten Regalen auf. An Decke und Boden befestigt, kann das Möbel für andere Raumnutzungen problemlos wieder ausgebaut werden. Der seidenmatte Anstrich in hellem Graublau verleiht ihm Eleganz und Leichtigkeit und bildet einen dezenten Hintergrund für die farbenfrohe Kinderwelt.

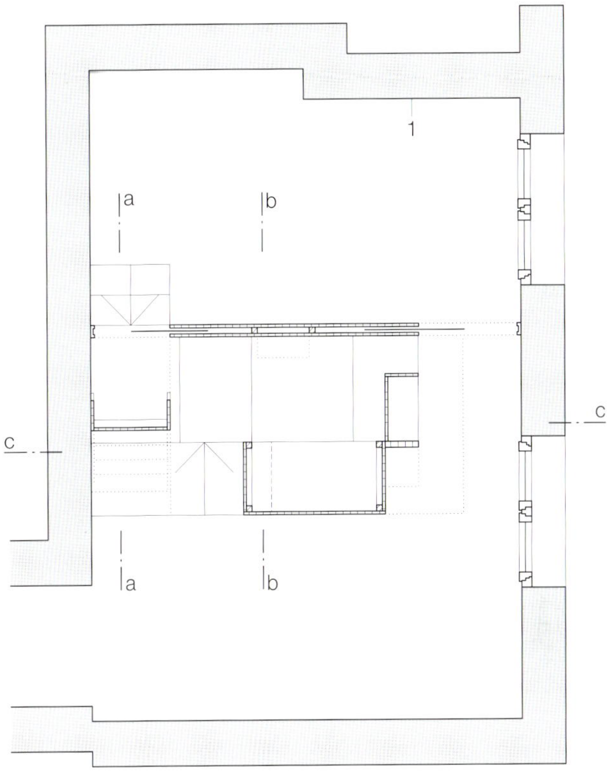

Grundriss • Schnitte Maßstab 1:50

1 Wand Bestand
2 Spieltisch
3 Hochbett
4 Stauraum

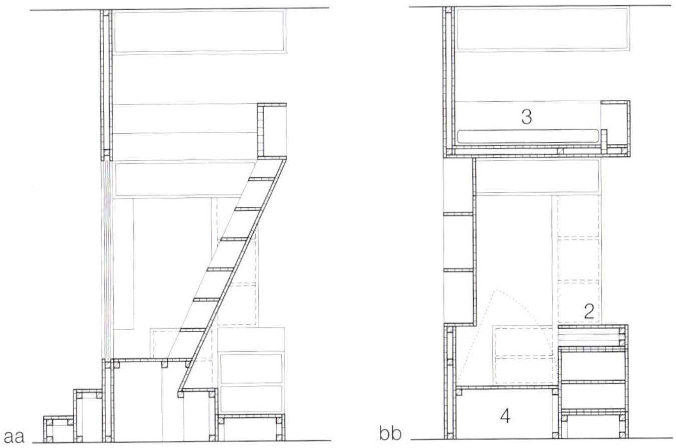

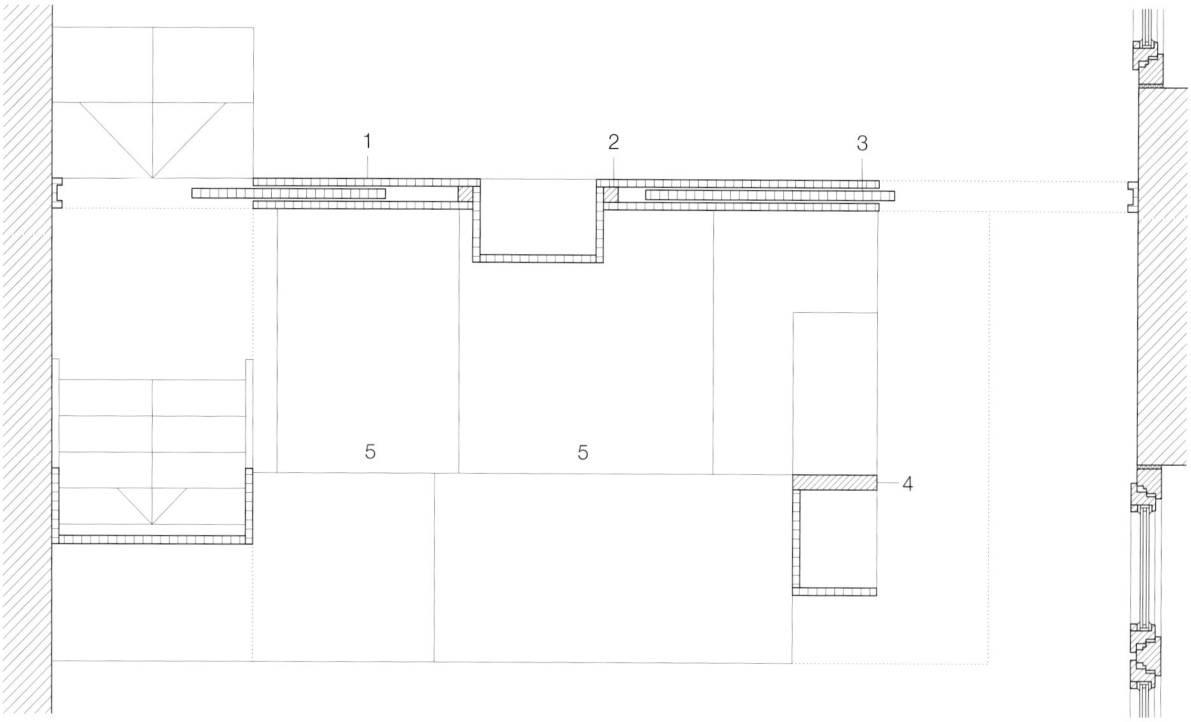

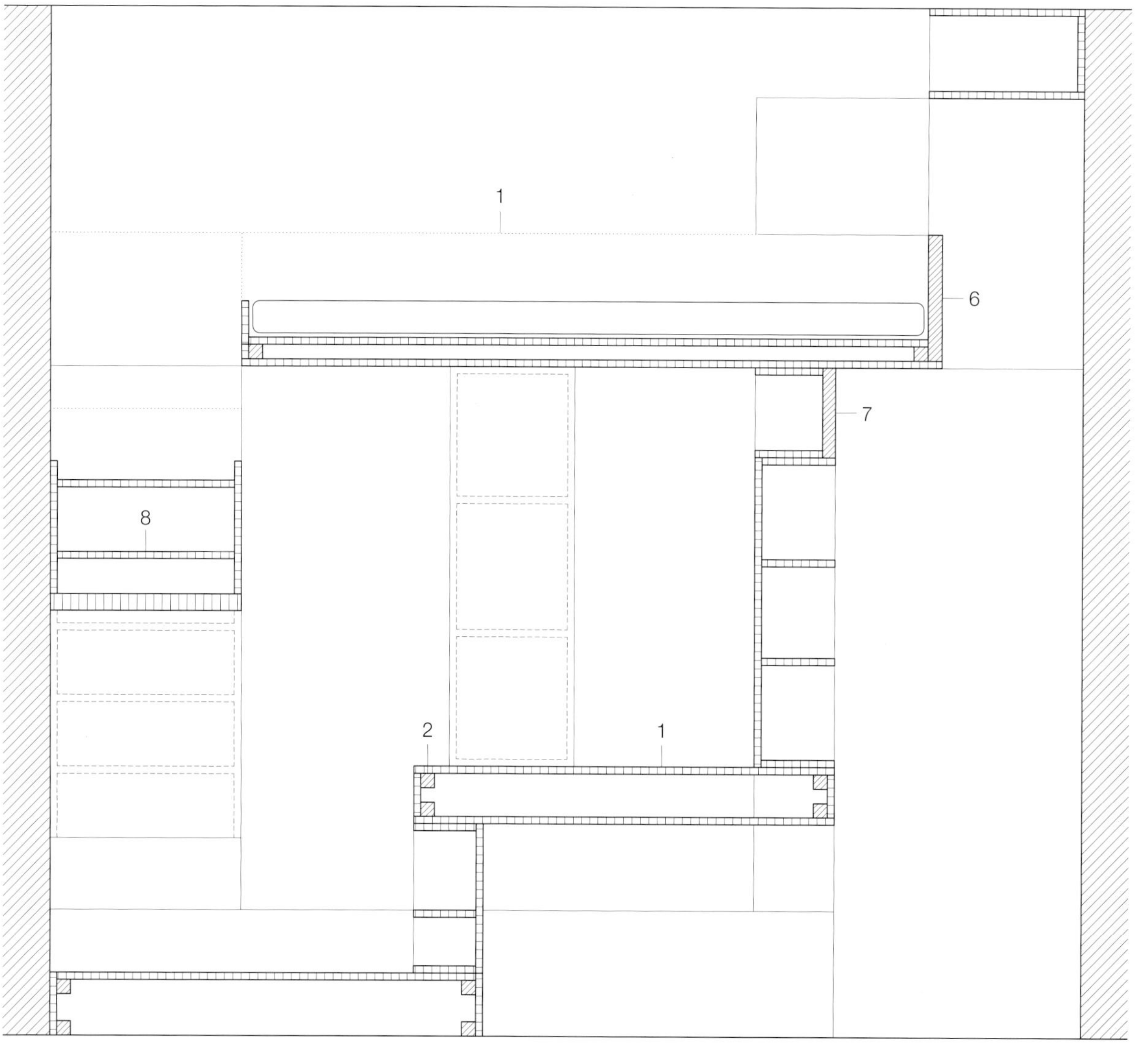

cc

Horizontalschnitt • Vertikalschnitt
Maßstab 1:20

1 Platte MDF graublau lackiert 20 mm
2 Kantholz 50/50 mm
3 Schiebetür MDF 20 mm
4 Stütze Kantholz 40/230 mm
5 Klappe für Stauraum MDF 20 mm
6 Träger Kantholz 40/370 mm, Front MDF
7 Träger Kantholz 40/230 mm, Front MDF
8 Trittstufe MDF 20 mm

Projektdaten:

Nutzung:	Wohnen feststehend
Konstruktion:	Holz
lichte Raumhöhe:	1,90 m
Bruttogrundfläche:	3,50 m^2
Abmessungen:	2,96 × 1,28 × 2,86 m
Baukosten:	5000 € (netto)
Baujahr:	2009
Bauzeit:	2 Wochen

Gartenlauben in Berlin

Architekten: Hütten & Paläste, Berlin

Projektdaten »MiLa«:

Nutzung:	Freizeiteinrichtung feststehend
Konstruktion:	Holzständer
lichte Raumhöhe:	3,25 m
Bruttorauminhalt:	51,50 m³
Bruttogrundfläche:	16 m²
Abmessungen:	5,00 × 3,17 m Traufhöhe: 2,25 m Firsthöhe: 3,50 m
Baukosten:	10500 € (Materialkosten brutto)
Baujahr:	2006
Bauzeit:	3–4 Tage

Die Gartenlauben MiLa, DuLa und CaLa begeistern durch unkonventionelle Zuschnitte und individuelle Gestaltung.

Kleingartenanlagen sind für viele einerseits der Inbegriff der Spießbürgerlichkeit und das Paradebeispiel ästhetischer Scheußlichkeiten, andererseits stellen sie einen beliebten Zufluchtsort abseits von überfüllten Städten dar und bieten die Chance, in seinem eigenen Garten Kräuter und Obst zu ernten. Das hat auch der Landesverband Berlin der Gartenfreunde e. V. erkannt und beauftragte die Architekten Hütten & Paläste mit der Entwicklung von Laubentypen, die besonders junge Familien ansprechen sollen. Daraus entstanden nach und nach unterschiedliche Gartenhäuser: die »MiniLaube« MiLa, die »DurchLaube« DuLa und die »ChamäleonLaube« CaLa. Die Besonderheiten aller Typen sind ihre Organisation, die viel Platz auf kleinstem Raum ermöglicht, und ihre großen Glastüren, die sich vollständig öffnen lassen. Die Grundrisse erfüllen alle die strengen Vorgaben des Bundeskleingartengesetzes, das eine maximale Größe von 24 m² vorschreibt. Außerdem findet sich bei allen Laubentypen das Satteldach wieder, dessen Vorteil darin liegt, dass das Bundeskleingartengesetz bei Satteldächern eine Höhe von 3,50 m erlaubt, Flach- und Pultdächer hingegen auf 2,60 m begrenzt. Dies würde die Nutzung des Dachraums ausschließen, der bei den Architekten immer Bestandteil des Entwurfs ist.

Laubentypen für unterschiedliche Bedürfnisse

Alle wichtigen Nutzungen sind bei MiLa auf einer Grundfläche von 16 m² untergebracht. Das Zentrum bildet der geräumige, helle Aufenthaltsraum, der sich zum Garten öffnen lässt. Links daneben sind die Nutzfunktionen zusammengefasst: Komposttoilette und Ablage zum Verarbeiten der Ernte sowie ein geräumiger Geräteschrank. Darüber befindet sich ein vielfältig nutzbarer Schlafboden mit großem Dachfenster, das in der Nacht Ausblicke auf den Sternenhimmel zulässt. Die vorgelagerte breite Terrasse bietet auf 5 m² Platz für Sonnenanbeter.
Die Holzständerkonstruktion ist leicht gedämmt, um die Aufheizung durch die Sonne zu vermeiden. Die Fassade besteht aus widerstandsfähigen gelben Schalungsplatten, einem Massenprodukt aus der Betonfertigungsindustrie. MiLa ist in den Farben Gelb, Rot, Tannengrün, Dunkelbraun und Natur erhältlich.
Bei DuLa lassen große öffenbare Schiebeelemente den firsthohen Aufenthaltsraum zum Durchgangszimmer des Gartens werden. Dies verleiht der für Familien konzipierten 6 × 4 m großen Laube Großzügigkeit und Offenheit. Das Fenster neben der Eingangstür lässt sich außerdem vollständig nach außen aufklappen. So entsteht ein Tresen, der von innen und außen gleichzeitig genutzt werden kann.
Die 6,30 × 3,80 m große Laube CaLa bietet dem Nutzer neben der offenen und praktischen Raumaufteilung die Möglichkeit, zwischen mehreren Fassadentypen auszuwählen. So ist sie z. B. mit Deckelschalung in verschiedenen Farbvarianten, in Fichte als Stülpschalung, mit Holzfliesen, als Putzfassade oder mit Holzschindeln erhältlich.
Von der Bestellung bis zur Lieferung des kompletten Hauses vergehen rund acht Wochen; aufgebaut werden die vorgefertigten Einzelteile in drei bis vier Tagen. Wer möchte, kann sich alle Gartenhäuser auch selbst zusammenbauen.

A

B

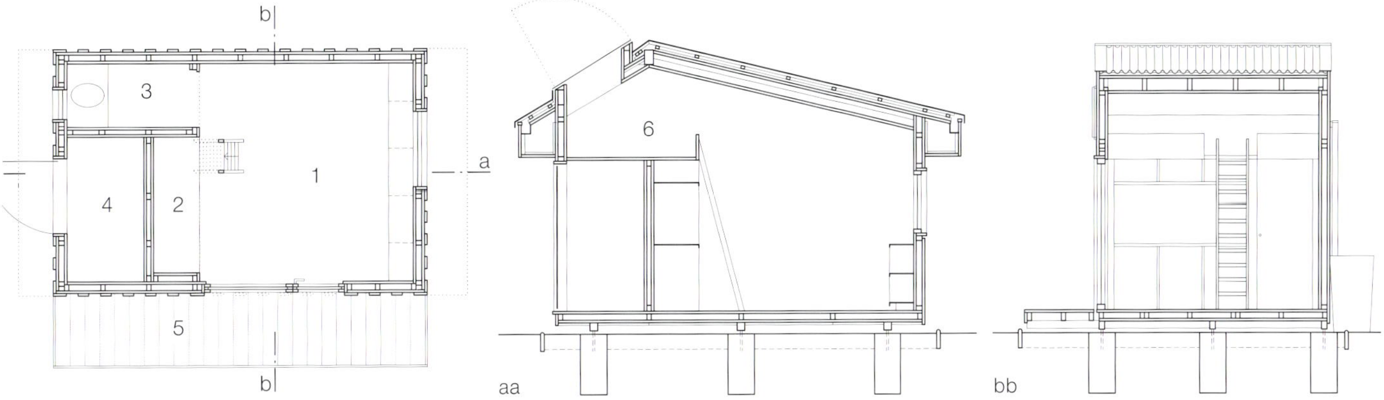

Grundriss
Schnitte
Maßstab 1:100

1 Aufenthalt
2 Ablage/Küche
3 Toilette
4 Geräteraum
5 Terrasse
6 Schlafboden

A DuLa
B CaLa
C MiLa

C

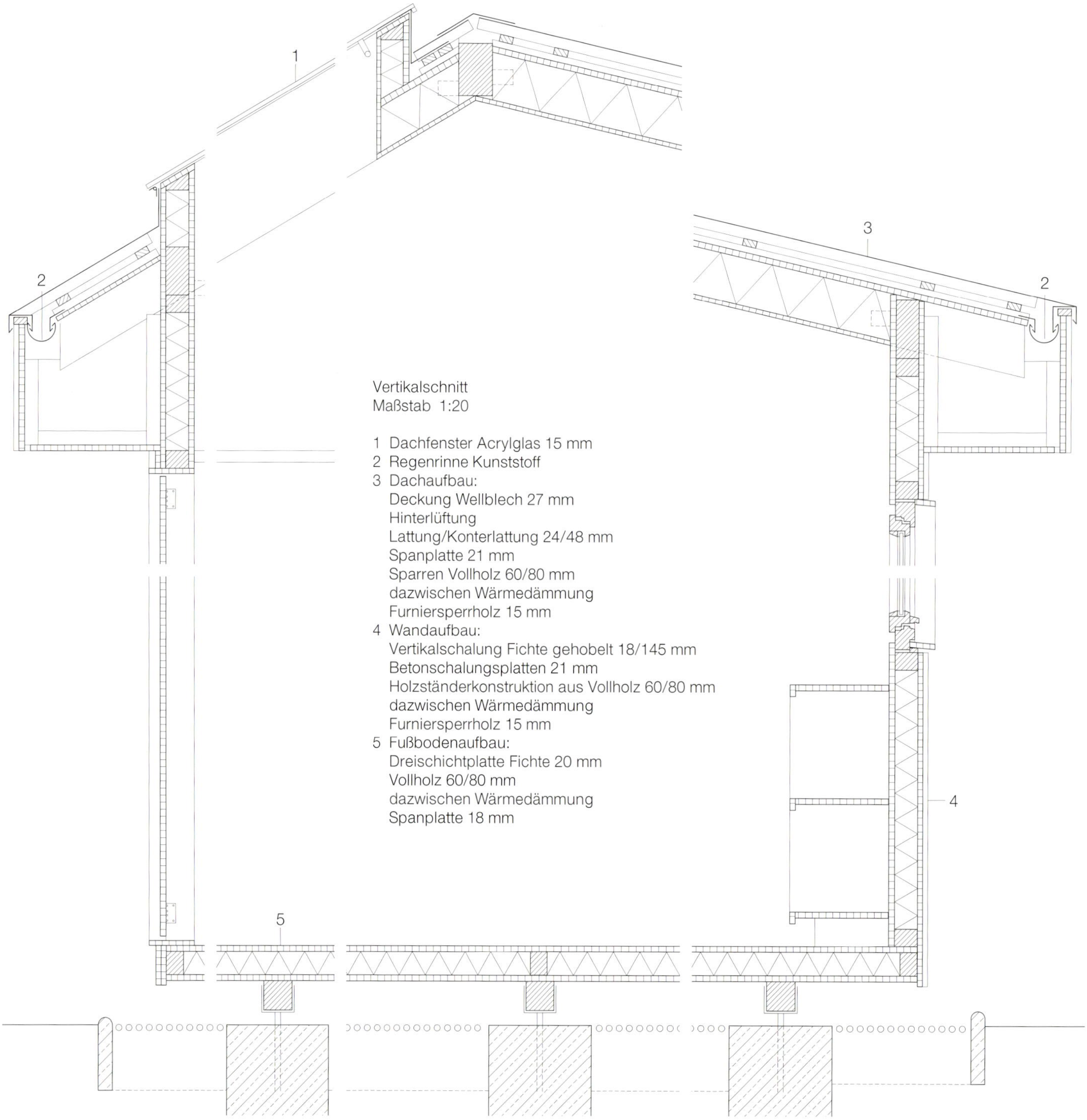

Vertikalschnitt
Maßstab 1:20

1 Dachfenster Acrylglas 15 mm
2 Regenrinne Kunststoff
3 Dachaufbau:
Deckung Wellblech 27 mm
Hinterlüftung
Lattung/Konterlattung 24/48 mm
Spanplatte 21 mm
Sparren Vollholz 60/80 mm
dazwischen Wärmedämmung
Furniersperrholz 15 mm
4 Wandaufbau:
Vertikalschalung Fichte gehobelt 18/145 mm
Betonschalungsplatten 21 mm
Holzständerkonstruktion aus Vollholz 60/80 mm
dazwischen Wärmedämmung
Furniersperrholz 15 mm
5 Fußbodenaufbau:
Dreischichtplatte Fichte 20 mm
Vollholz 60/80 mm
dazwischen Wärmedämmung
Spanplatte 18 mm

Strandhäuser in Domburg

Architekten: WTS Architecten, Vlissingen

Problemlos auf dem Lkw transportierbar bieten diese kleinen Häuser alle notwendigen Funktionen für einen Urlaub direkt am Strand.

An der Nordsee in Domburg lässt sich der Traum vom eigenen Haus am Strand – wenigstens für die Dauer eines Urlaubs – erfüllen. Hier im Südwesten der Niederlande stehen zehn Strandhäuser mit eigener Terrasse von April bis Ende Oktober zur Vermietung bereit. Danach werden die kleinen Unterkünfte mit Satteldach vom Strand entfernt und vor den Stürmen der Wintermonate sicher verwahrt. Ihre Abmessungen sind auf 3,52 × 7,52 m begrenzt, um sie auf einen Lkw verladen zu können, der sie in einem Stück an- und abtransportiert. Die Häuser sind auf Stahlrahmen aus U-Profilen errichtet, die exakt auf den Lkw passen.
Über dem Stahlrahmen erhebt sich eine Holzrahmenkonstruktion, die mit OSB-Platten verkleidet ist. Da die Häuser sehr eng stehen, müssen Gipsfaserplatten in F30-Qualität als Innenverkleidung an Decke und Wänden den Brandüberschlag zwischen ihnen verhindern. Die Außenhaut aus HPL-Platten schimmert silbergrau und fügt sich harmonisch in die Dünenlandschaft ein.
Die vollverglaste Giebelseite gibt den Blick auf den Strand und das offene Meer frei; auf der gegenüberliegenden geschlossenen Dünenseite liegt die Haustür.
Auf minimalem Raum sind eine Kochzeile und ein Sanitärbereich untergebracht, eine steile einläufige Holztreppe erschließt den niedrigen Dachboden, wo sich der Schlafbereich befindet. Der Aufenthalt einer Familie mit drei Kindern ist somit auf 26 m² Fläche kein Problem. Über die großzügige Terrasse mit Treppe gelangen die Urlauber an den Strand.

Schnitt
Grundriss
Maßstab 1:100

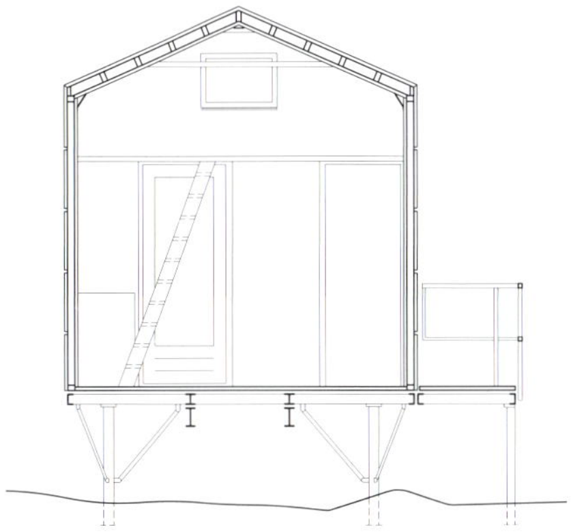

aa

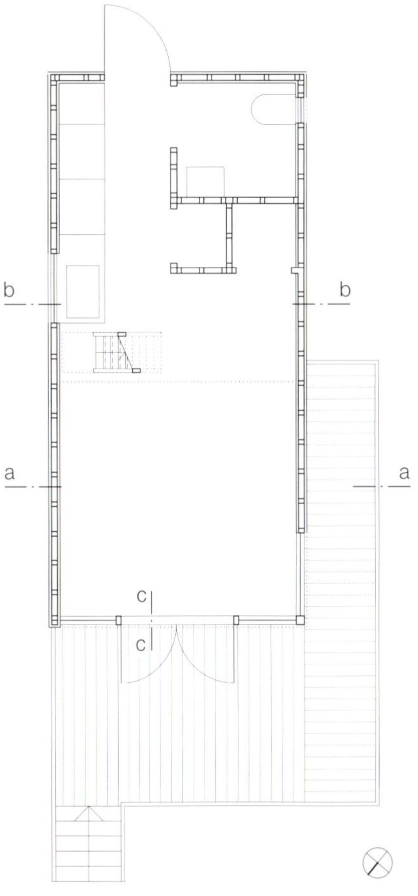

Projektdaten:

Nutzung:	Wohnen temporär
Konstruktion:	Stahl-, Holzrahmen
lichte Raumhöhe:	2,10 m (Hauptraum) 0,53–1,06 m (Dachboden)
Bruttorauminhalt:	87 m³
Bruttogrundfläche:	26 m²
Dachgeschossfläche:	10 m²
Terrasse:	12 m²
Abmessungen:	3,52 × 7,52 m
Baukosten:	ca. 40 000 €
Baujahr:	2008
Bauzeit:	5 Monate für 5 Strandhäuser
Aufbau:	1 Tag je Haus

Detailschnitte
Maßstab 1:10

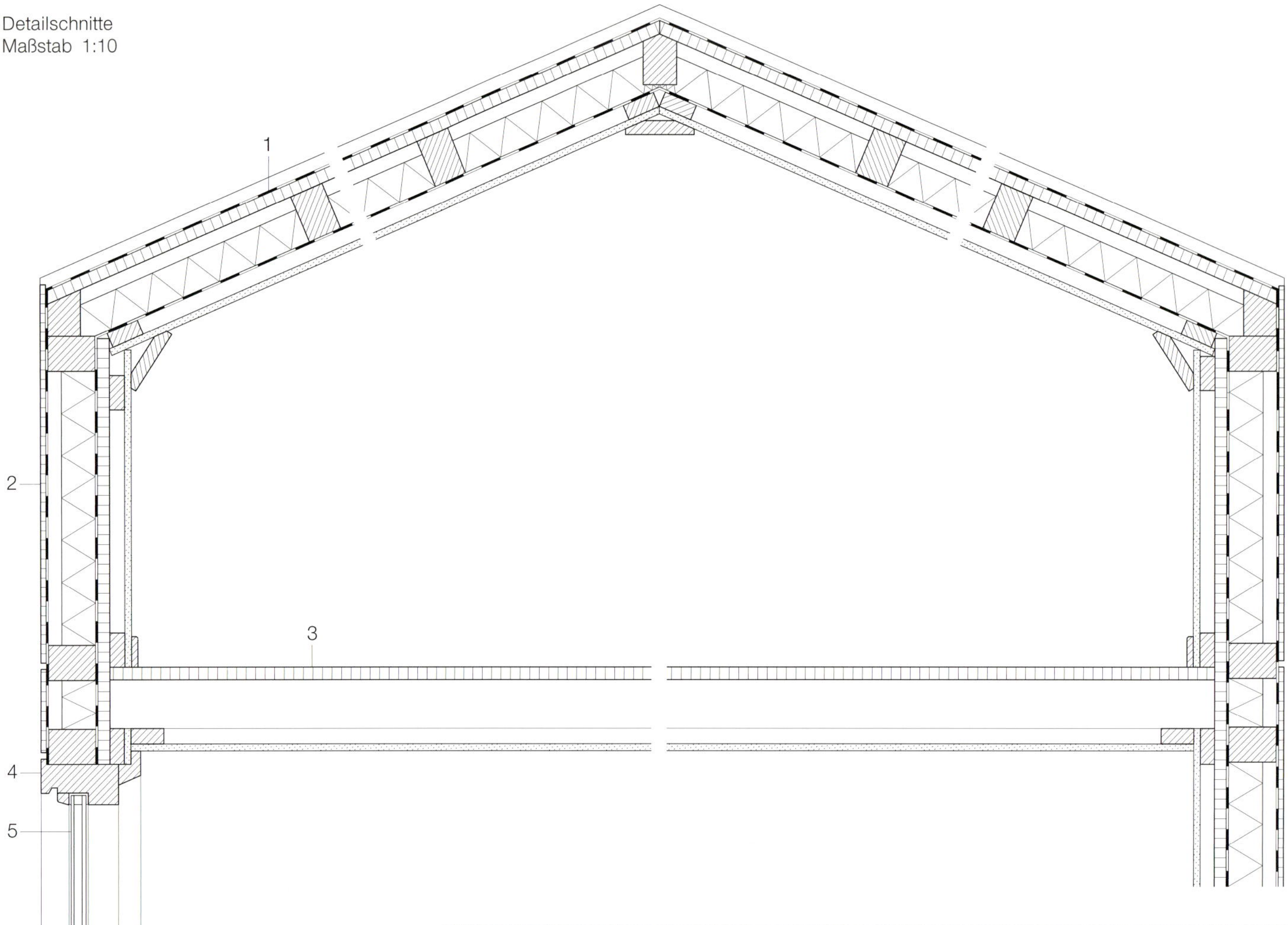

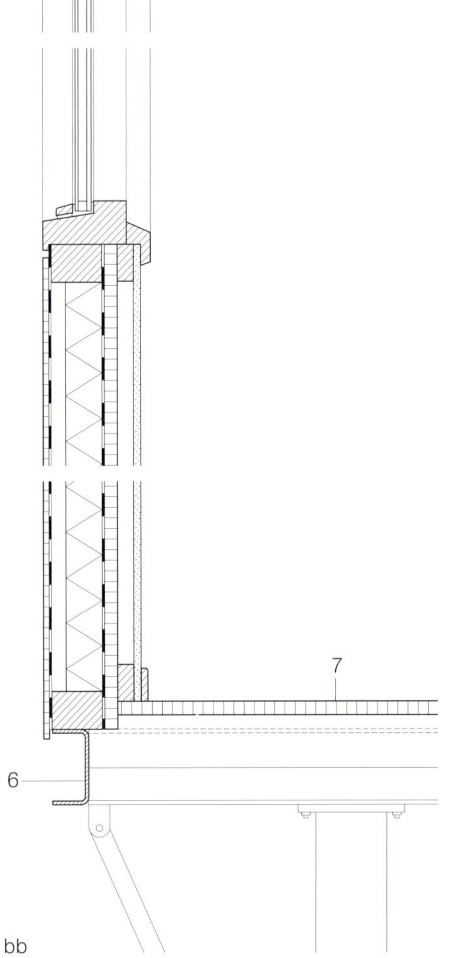

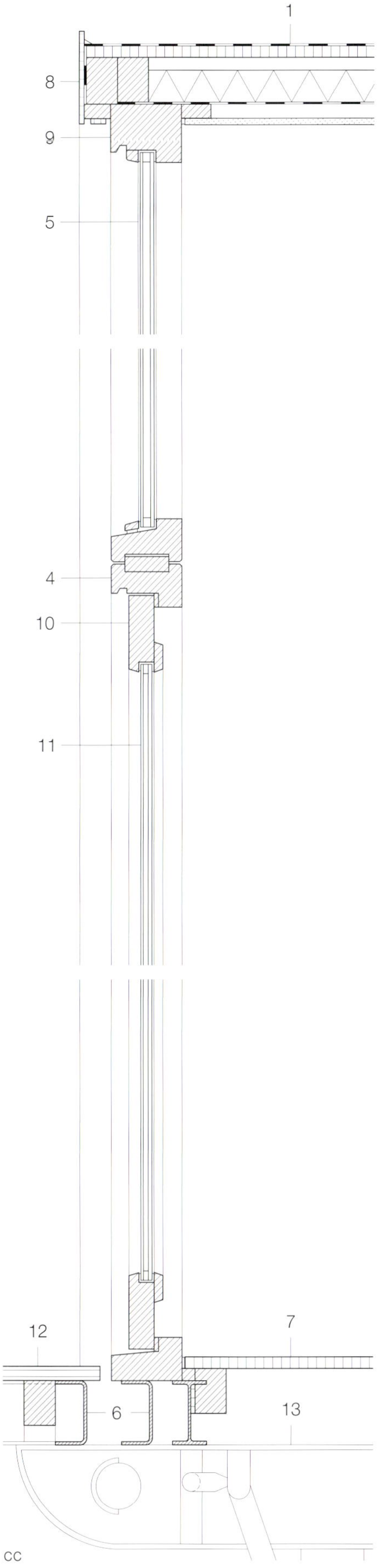

1 Dachaufbau:
Dachhaut Kunststoffbahn
OSB-Platte 18 mm
Sparren und Pfetten 70/50 mm dazwischen
Wärmedämmung Mineralwolle 50 mm
Dampfbremse
Lattung 22 mm
Gipsfaserplatte 10 mm
2 Wandaufbau:
HPL-Platte sichtbar geschraubt
silbergrau 8 mm
Abdichtung, schwarz
Holzrahmen 70/50 mm dazwischen
Wärmedämmung Mineralwolle 50 mm
Dampfbremse, OSB-Platte 18 mm
Lattung 22 mm
Gipsfaserplatte 10 mm
3 Bodenaufbau:
OSB-Platte 18 mm
Holzbalken 70/50 mm
Lattung 22 mm
Gipsfaserplatte 10 mm
4 Holzrahmen Meranti 67/114 mm
5 Isolierverglasung Float 4 mm + SZR 12 mm + Float 6 mm
6 Randträger Stahlprofil kaltgewalzt
⊔ 100/50/5 mm
7 OSB-Platte 18 mm
Stahlprofil IPE 100 dazwischen
Holzbalken 70/50 mm
8 HPL-Platte silbergrau 8 mm
9 Holzrahmen 90/114 mm
10 Holzrahmen Terrassentür zweiflügelig Meranti
11 Isolierverglasung Float 4 mm + SZR 8 mm + Float 6 mm
12 Bodenbelag Terrasse Dielen Hartholz 22 mm
13 Gleitschienen zum Transport
Stahlprofil IPE 180

Wohnhaus in Tokio

Architekten: Claus en Kaan Architecten,
Amsterdam/Rotterdam mit
Souhei Imamura/Atelier IMAMU, Tokio

Lageplan
Maßstab 1:2000

Der skulpturale, additiv aus Quadern zusammengesetzte Baukörper nutzt das begrenzte Platzangebot mit einfachen Mitteln optimal aus.

Tokio besitzt die paradoxe Qualität, Metropole und Dorf in einem zu sein. An den Metrodrehkreuzen zeigt Tokio sein urbanes Gesicht, wagt man sich jedoch in die kleinen Gassen, so lädt das dichte, städtische Gefüge ein, Orte mit dorfähnlichem Charakter zu entdecken. Das Wohnhaus liegt inmitten einer gewachsenen Siedlung im geografischen Zentrum der Umsteigebahnhöfe Shibuya, Shinjuku und Akasakamitsuke an einem unauffälligen Fußweg. Die eigenwillige Form des Gebäudes entspricht den baurechtlichen Vorgaben: Auf dem 45 m² großen Grundstück durfte nur 80 % der Fläche überbaut werden mit einer Höhe von maximal 12 m und einem Rücksprung von 60 Grad zur Straße. Die Architekten machten aus der Not eine Tugend und stapelten unterschiedliche Volumen aufeinander.

Minimale Ausstattung der Räume

Das Raumprogramm ist auf drei Bereiche verteilt: Das zweistöckige Basisgebäude mit Küche, Wohnzimmer, Schlafzimmer und Bad füllt das Grundstück bis auf einen kleinen Gartenstreifen. Auf diesem Sockelgebäude befindet sich ein ebenfalls zweigeschossiges zurückversetztes Volumen. Dort liegt der 9,72 m² große und 4 m hohe »Salon« mit Galerie, angrenzend an die Dachterrasse. Folgt man der Treppe weiter nach oben, erreicht man die Dachebene, mit dem kreisrunden Pavillon. Auf den einzelnen Ebenen wird der Bezug zwischen innen und außen unterschiedlich thematisiert: Während sich die unteren Räume zum kleinen Garten hin öffnen, bietet der obere Kubus Ausblicke auf die Stadt. Der Dachpavillon im obersten Geschoss lässt lediglich den Blick in den Himmel zu.
Trotz der begrenzten Grundfläche wirkt der Innenraum durch den reduzierten, ganz in weiß gehaltenen Ausbau und den offenen Grundriss großzügig.

Treppenkonstruktion

Verbindendes und gestaltendes Element aller Etagen ist die gefaltete Stahltreppe. Für europäische Maßstäbe unvorstellbar ist eine Steigung von 70 % bei einem Treppenauftritt von nur 15,90 cm. Sie ist an einer stählernen Treppenwange befestigt, die in der Wandebene verschwindet und dort unsichtbar mit der tragenden Stahlstruktur des Gebäudes verschraubt ist. Das Stahlskelett ist mit Sandwichpaneelen als Außenwand verkleidet und einheitlich mit Aluminium-Wellblech umhüllt.

Grundrisse • Schnitte
Maßstab 1:200

1 Terrasse
2 Arbeitszimmer
3 Wohnzimmer
4 Badezimmer
5 Schlafzimmer
6 Esszimmer

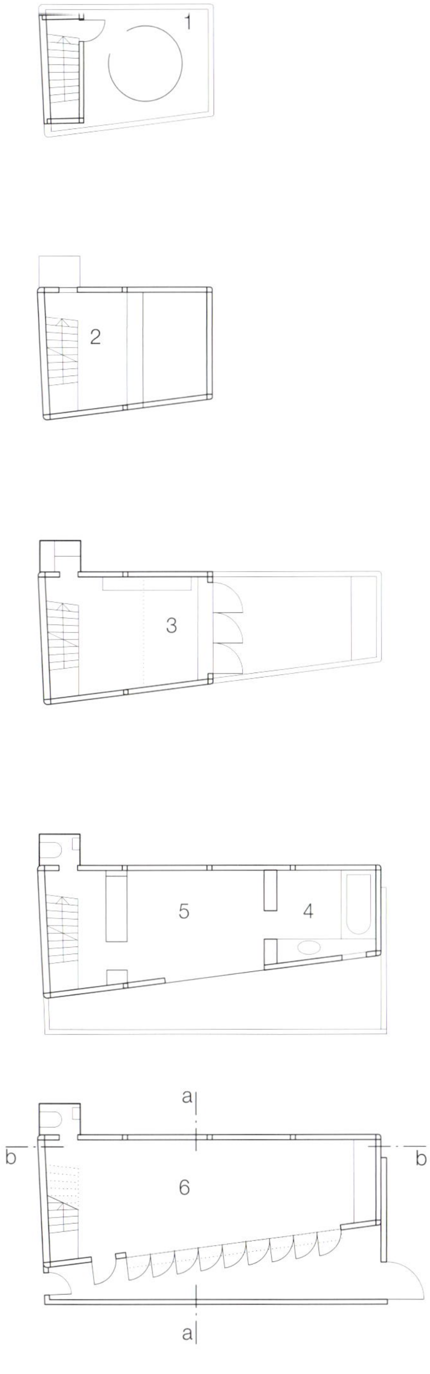

Vertikalschnitt
Maßstab 1:20

1 Stahlblech verzinkt 0,8 mm
Holzwerkstoffplatte 9 mm
Wärmedämmung im Gefälle 120 mm
Holzwerkstoffplatte 9 mm
Dampfsperre, Gipskartonplatte 12,5 mm
2 Abdichtung 2-lagig
Wärmedämmung 30 mm
Dampfsperre
Gefällebeton 150–200 mm
3 Aluminiumblech 0,8 mm
4 Randträger Stahlprofil I 148 mm
5 Wandaufbau:
Wellblech Aluminium 0,8 mm
Stahlblech verzinkt 0,2 mm
Sperrholzplatte 9 mm
Gipskartonplatte 12,5 mm
Wärmedämmung 100 mm, Dampfsperre
Gipskartonplatte 12,5 mm
6 Rahmen Stahlleichtprofil 100/56/1,5 mm
7 Bodenbelag Urethan Anstrich
Heizestrich 80 mm, PE-Folie
Trittschalldämmung 15 mm
Stahlbeton 150 mm

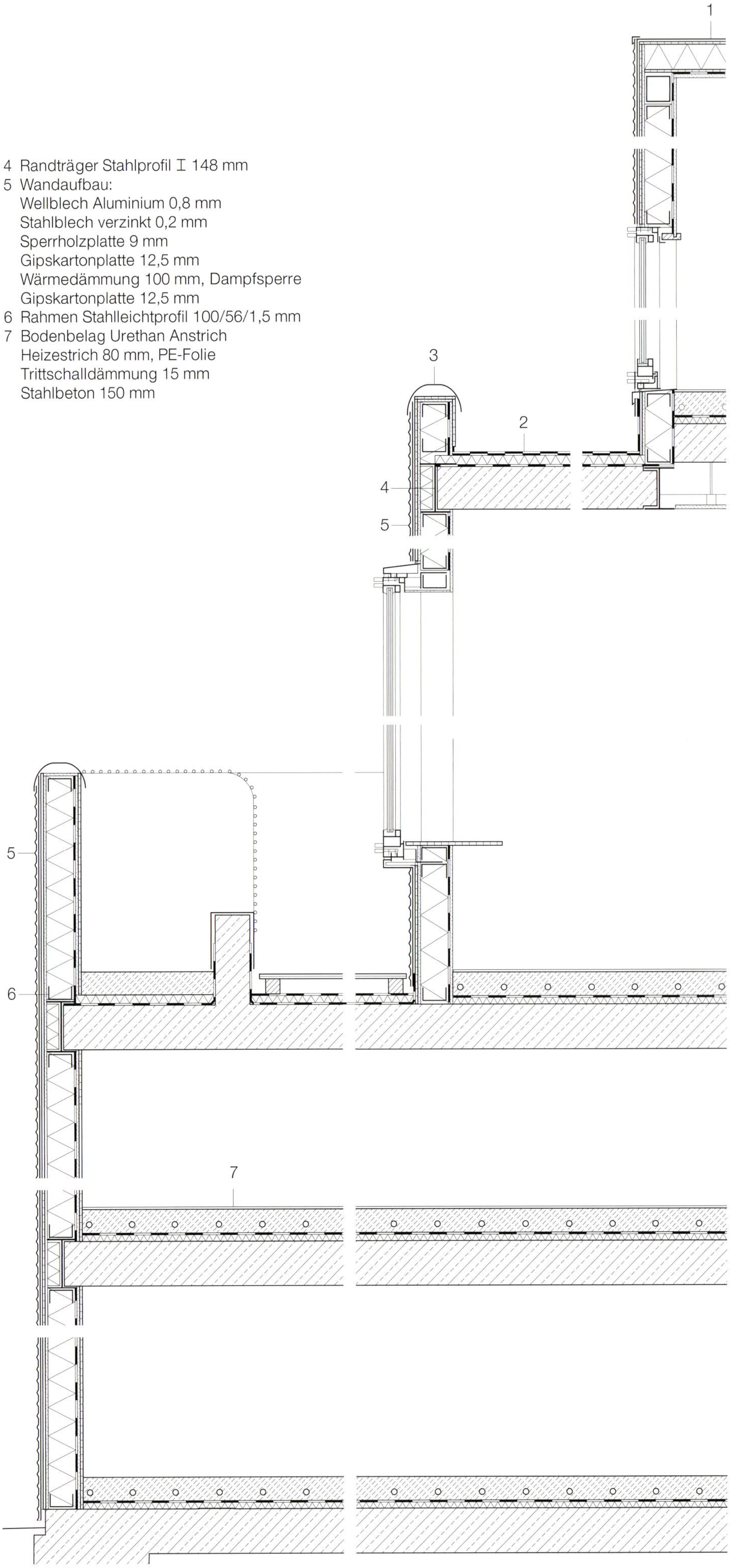

Projektdaten:

Nutzung:	Wohnen feststehend
Konstruktion:	Stahlrahmen
lichte Raumhöhe:	2,275–4,40 m
Bruttorauminhalt:	169 m^3
Bruttogrundfläche:	68 m^2
Grundstücksgröße:	49 m^2
Abmessungen:	11,00 m × 4,50 m
Baukosten:	36 Mio. Yen
Baujahr:	2008
Bauzeit:	10 Monate

Wohnhaus in München

Architekten: meck architekten, München

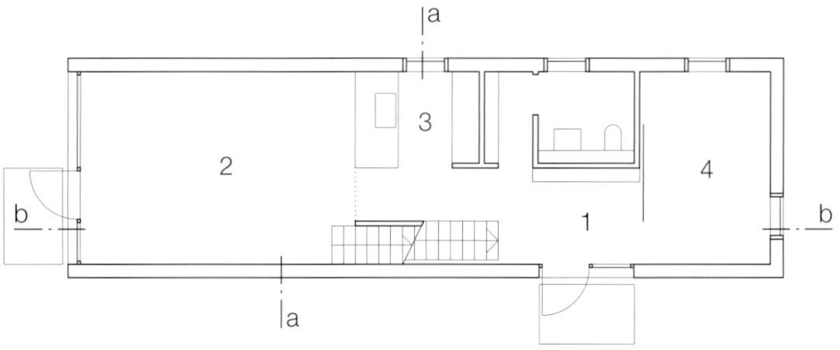

Das schmale Haus mit einer Breite von nur 4,80 m setzt mit seiner dunklen Fassade gekonnt einen Kontrast zu den umgebenden Nachbarhäusern.

Auf dem schmalen Restgrundstück inmitten eines heterogen bebauten Siedlungsgebiets im Münchner Südosten sollte entsprechend dem Wunsch der Bauherren ein kostengünstiges Einfamilienhaus mit einer optimalen Flächennutzung entstehen. Wegen seiner minimalen Größe und der strengen Auflagen – der Bauplatz lässt lediglich ein Baufenster von 4,80 × 16,00 m zu – war die Planung und Realisierung dieses Einfamilienhauses für den Architekten eine besondere Herausforderung.

Effektive Nutzung durch fließende Räume

Das schmale Haus ist maßgeschneidert auf die Lebensgewohnheiten der fünfköpfigen Familie. Architekt und Bauherren erstellten gemeinsam ein Innenraumkonzept, das kleine Rückzugsräume für jedes Familienmitglied zulässt und Gemeinschaftsbereiche ermöglicht, die groß genug für alle sind. Kompakt und nahezu flurlos ist die Organisation der Räume zueinander: Der Eingangsbereich mit Bad und Garderobe geht direkt in die Küche über. Diese bildet wiederum mit Ess- und Wohnbereich eine Einheit, die sich großzügig in den Garten öffnet.
Eine Schiebetür sorgt bei Bedarf für räumliche Abgrenzung des zur Straße orientierten Arbeitsraums. Steht sie offen, bleibt das Erdgeschoss als ganzer Raum erlebbar. Unterschiedliche Raumhöhen gliedern die Zonen des Hauses. Während im Eingangsbereich 2,26 m vorherrschen, öffnet sich der Raum mit einer Höhe von 2,83 m zum Wohnbereich.

Das Obergeschoss wird über eine schmale Treppe vom Wohnraum aus erschlossen. Die erste Etage ist in drei gleich große Kinderzimmer unterteilt, die alle an den zentralen Spielflur, der gleichzeitig Musikzimmer und Bibliothek ist, anschließen. Die zur Unterbringung der umfangreichen Buchsammlung benötigten Regale sind als raumprägende Elemente vom Architekten mitgeplant. Über eine Leiter gelangt jedes Kind in seinen ganz privaten Schlaf- und Rückzugsraum direkt unter dem Dach. Durch die nahtlosen räumlichen Verbindungen wird nicht nur die Wohnfläche effektiv genutzt, sondern auch die Zusammengehörigkeit der unterschiedlichen Lebensbereiche betont.

Platzsparende Konstruktion und Details

Äußerlich hebt sich das schmale Haus durch seine Vertikalverschalung aus drei unterschiedlich breiten Brettern, die roh belassen und ebenholzfarben lasiert sind, von der umgebenden Bebauung ab. Unter der Hülle befindet sich eine Konstruktion aus vorgefertigten Holztafelelementen. Nicht nur wegen der durch Vorfertigung reduzierten Baukosten, sondern auch aufgrund der geringen Wandstärken, die es erlauben jeden Zentimeter auszunutzen, stellt dies die ideale Lösung dar. Die hochgedämmten Wandelemente sind 29,50 cm stark und samt Außenschalung sowie mit sämtlichen Installationen inklusive Aussparungen bis hin zur Innenplatte vorgefertigt. Selbst die Fenster sind bereits in die Wände eingebaut. Auf die Möblierung abgestimmt, lassen sie sich nach außen öffnen, sodass die Fensterbänke in der ganzen Tiefe genutzt werden können.
Die reduzierte Ausführung sowohl im Innenraum als auch außen unterstreicht die besondere Ästhetik des Hauses.

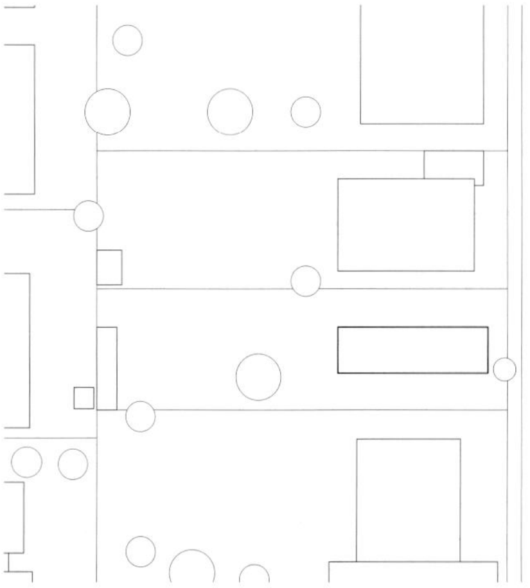

Lageplan
Maßstab 1:1000

Grundrisse
Maßstab 1:200

1 Eingang
2 Ess-/Wohnraum
3 Küche
4 Arbeiten
5 Kinderzimmer
6 Schlafraum
7 Spielflur/Bibliothek

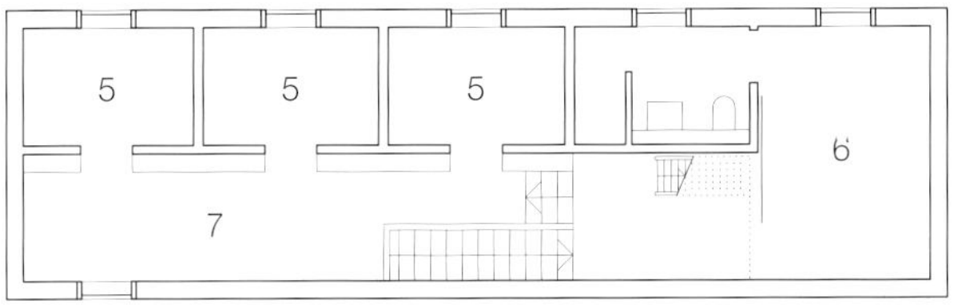
5
5
5
6
7

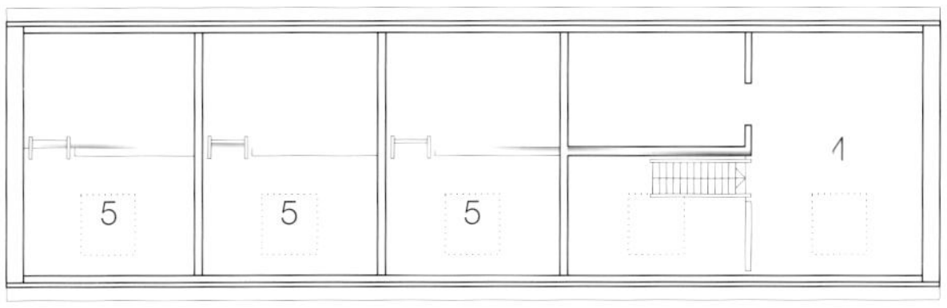
5
5
5
4

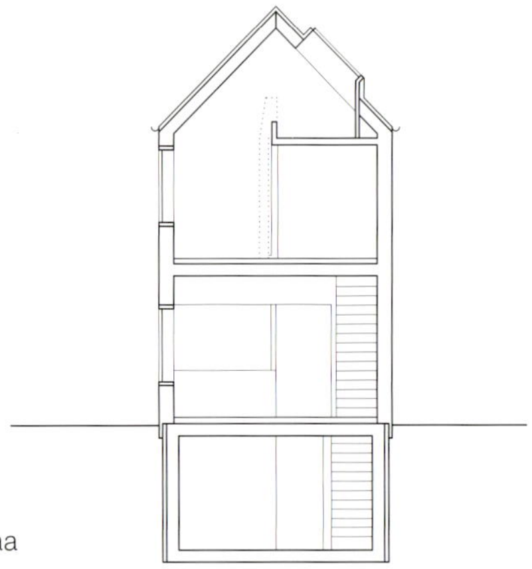

aa

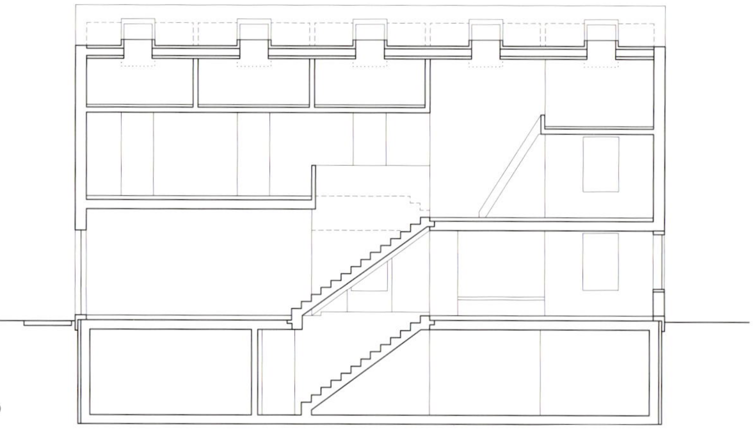

bb

Schnitte
Maßstab 1:200

Vertikalschnitt
Maßstab 1:20

1 Dachaufbau:
Doppelstehfalzdeckung
Titanzinkblech 0,8 mm
Unterspannbahn
Schalung Fichte 27 mm
Sparren Vollholz 280 mm
dazwischen Wärmedämmung
Lattung 24 mm
Gipskarton 12,5 mm
2 Wandaufbau:
Fichtenholz ebenholzfarben lasiert
sägerau in drei Brettbreiten 24 mm
Hinterlüftung, Lattung 30 mm
Windpappe schwarz
Gipsfaserplatte 12,5 mm
Holzständer 200 mm
dazwischen Wärmedämmung
Dampfsperre
Gipsfaserplatte 2× 12,5 mm
3 Fensterelement Fichtenholz
weiß lackiert
4 Bodenaufbau 1. OG:
Heizestrich als Nutzestrich 65 mm
Dämmung 40 mm
Trittschaldämmung 60 mm
PE-Folie
Brettstapeldecke sägerau 180 mm
Lattung 24 mm, Gipskarton 12,5 mm
5 Bodenaufbau EG:
Heizestrich als Nutzestrich 65 mm
Dämmung 120 mm, PE-Folie
Stahlbetondecke 180 mm
6 Sockelelement Stahlbeton 50/400 mm

Projektdaten:

Nutzung:	Wohnen feststehend
Konstruktion:	Keller: Stahlbeton Erdgeschoss/ Obergeschosse: Holzrahmenbau
lichte Raumhöhe:	2,26–2,83 m
Bruttorauminhalt:	775 m³
Bruttogrundfläche:	272 m²
Abmessungen:	4,80 × 16,00 m Traufhöhe: 6 m Firsthöhe: 8,40 m
Baujahr:	2009
Bauzeit:	8 Monate

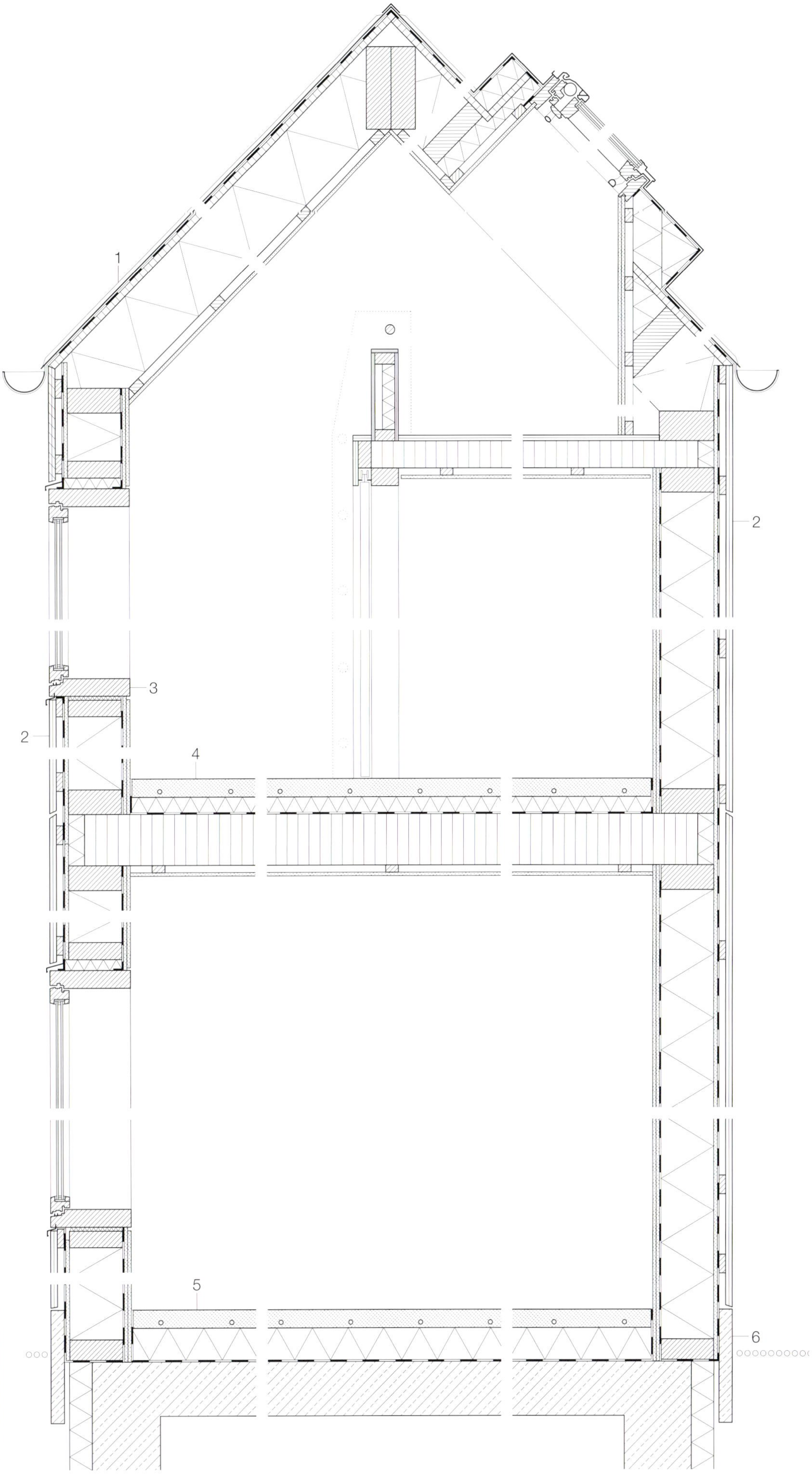
1
2
3
2
4
5
6

Erneuerung von Studentenwohnungen im Olympischen Dorf München

Architekten: arge werner wirsing bogevischs buero, München

Lageplan
Maßstab 1:5000

Zweigeschossige Kleinsthäuser zeigen eindrucksvoll, dass räumliche und architektonische Qualität auch auf engstem Raum möglich ist.

Studentenwohnheime der 1970er-Jahre sind in der Regel geprägt von seriellen Baustrukturen mit langen Gängen und standardisierten Inneneinrichtungen – Eigenschaften, die bei den meisten Architekturbeispielen dieser Epoche nicht unbedingt positiv ins Auge fallen. Eine Ausnahme bildeten die Mini-Reihenhäuser des ehemaligen olympischen Frauendorfs, die der Münchner Architekt Werner Wirsing mit engen Gassen und Plätzen zu einer dichten Teppichstruktur verwoben hatte. Die Aneinanderreihung von 800 identischen Wohneinheiten in Betonfertigteilbauweise führte aber nicht etwa zur Anonymisierung der Bewohner. Die Minihäuser boten mit 24 m² Wohnfläche, einer Galerieebene mit Dachterrasse sowie eigenen Koch- und Sanitärbereiche ausreichend Rückzugsräume und zugleich Entfaltungsmöglichkeiten, die letztendlich ein solch intensives und selbstverständliches Gemeinschaftsleben erst möglich machten.

Erneuerung nach Abriss

Nach fast 40 Jahren Nutzung wiesen die Maisonette-Apartements nun einen erheblichen Sanierungsbedarf auf, und das Studentenwerk München als Bauherr beauftragte 2006 Werner Wirsing gemeinsam mit bogevischs buero, die Häuser im Sinne einer kritischen Denkmalpflege zu erneuern. Konkret bedeutete das den Abriss und Neubau fast des ganzen Areals, aber auch die Möglichkeit zur Neuinterpretation bzw. Weiterentwicklung der Idee des individualisierten Studentenwohnens.

Weiterentwicklung der Grundrisse

Die Wohnanlage entspricht städtebaulich exakt dem Original. Auf den ersten Blick sehen die mit innengedämmtem Sichtbeton ohne Attikableche realisierten Reihenhäuser den Vorbildern zum Verwechseln ähnlich. Allerdings haben die Architekten die Zahl der Wohneinheiten nach Vorgaben des Studentenwerks und öffentlicher Förderrichtlinien auf insgesamt 1052 erhöht, indem sie deren Achsbreite von 4,20 m auf 3,15 m und deren Wohnfläche auf 18 m² verringerten. Die Architekten entwickelten viele einfallsreiche Details, die die Spielräume der Studenten vergrößern und dafür sorgen, dass jeder Quadratzentimeter genutzt wird. Hierzu zählen maßgeschneiderte Einbaumöbel ebenso wie etwa Stauräume in den ersten Stufen der Treppe ins Obergeschoss.
Von Bedeutung sind auch die beiden erdgeschossigen Fenster zur Erschließungsgasse. Diese sind aus Brandschutzgründen zwar festverglast – die Belüftung erfolgt entweder über die Wohnungstür oder durch eine Lüftungsöffnung über der Tür, sie tragen jedoch maßgeblich dazu bei, das Erdgeschoss eng mit dem Außenraum zu verknüpfen. Wer sich vor neugierigen Blicken schützen will, kann die Fensternischen mit undurchsichtigen, leicht einzuhängenden Plexiglasscheiben schließen. Von außen betrachtet entsteht dadurch eine Art Schaufenster, das die ersten Bewohner bereits für Arrangements aus Bierkrügen, Blumen oder Fotos nutzen. Ein wenig erinnert diese Selbstinszenierung an die über und über bunt bemalten alten Reihenhäuser. Und weil Fassadenmalereien noch immer ausdrücklich erlaubt sind, dürfte es nicht allzu lange dauern, bis der alte Geist der Studentensiedlung wieder zurückgekehrt ist. Die Voraussetzungen hierfür sind jedenfalls gegeben.

Grundrisse
Maßstab 1:100

Schnitte • Grundrisse
Maßstab 1:200

A Erdgeschoss 2009
B Obergeschoss 2009
C Erdgeschoss 1972
D Obergeschoss 1972
E Übersicht Obergeschosse
F Übersicht Erdgeschosse

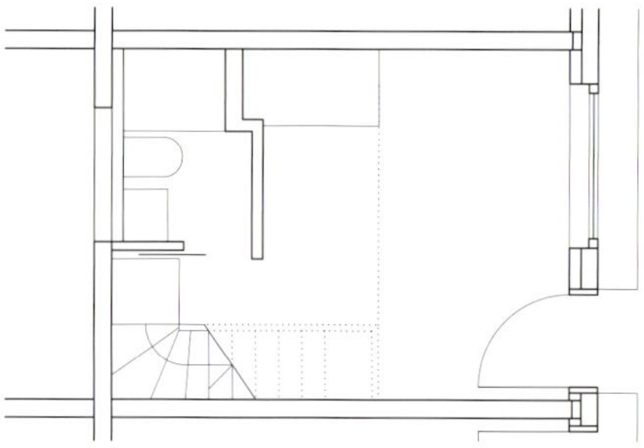
A

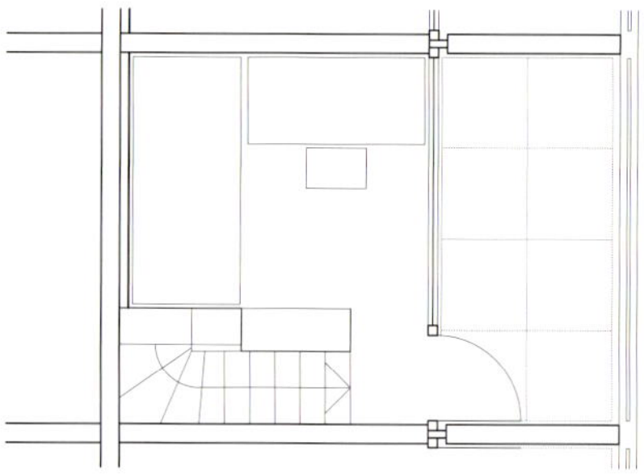
B

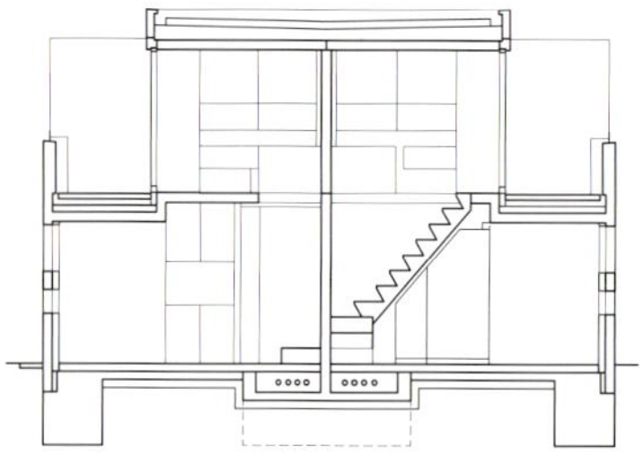
aa

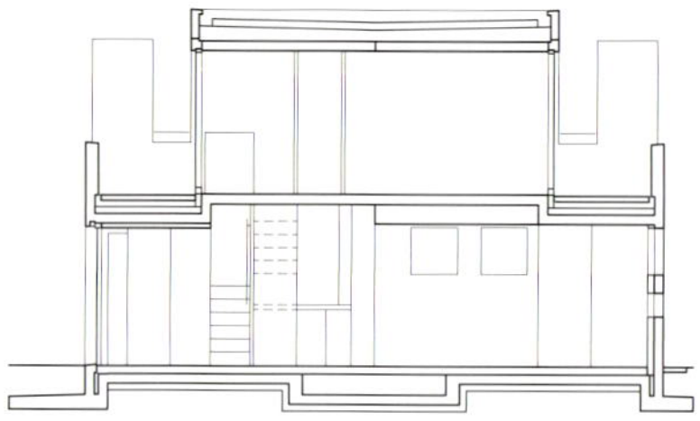
bb

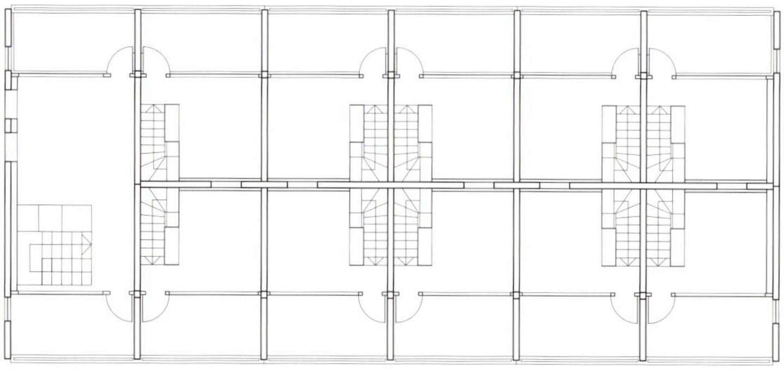
E

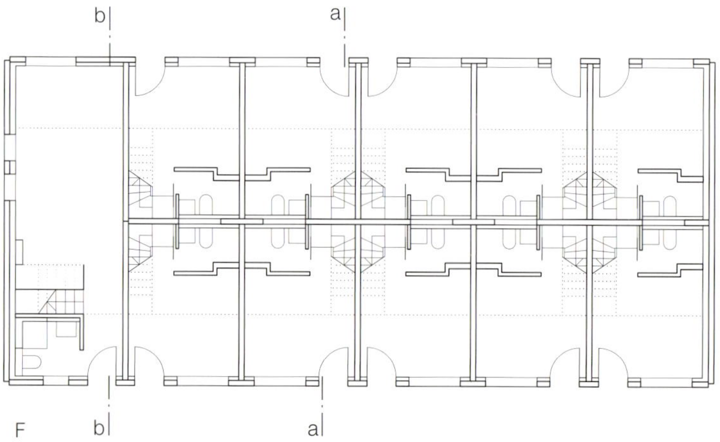

F

Projektdaten:

Nutzung:	Wohnen feststehend
Konstruktion:	Stahlbeton-Fertigteilbauweise
lichte Raumhöhe:	2,10–2,38 m
Bruttorauminhalt:	72,85 m³
Bruttogrundfläche:	32,16 m²
Abmessungen:	4,20 × 3,15 m insgesamt 1052 Einheiten
Baujahr:	2010
Bauzeit:	2008–2010

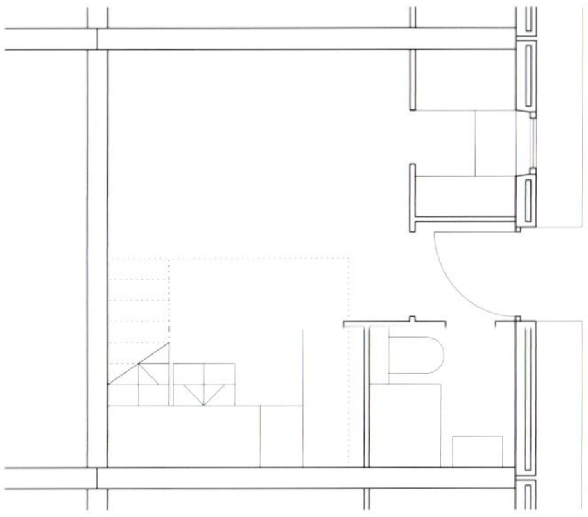

C

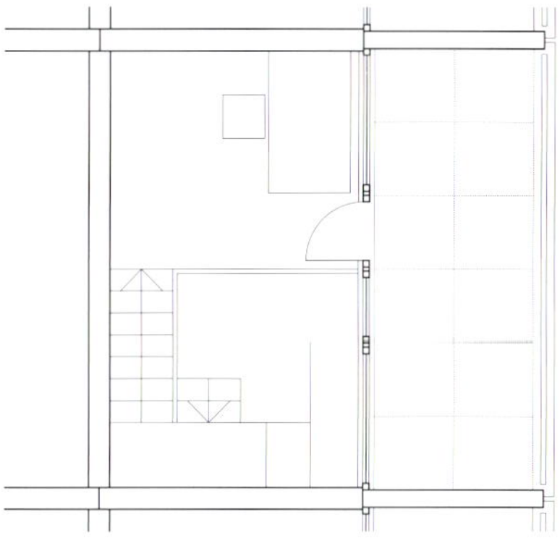

D

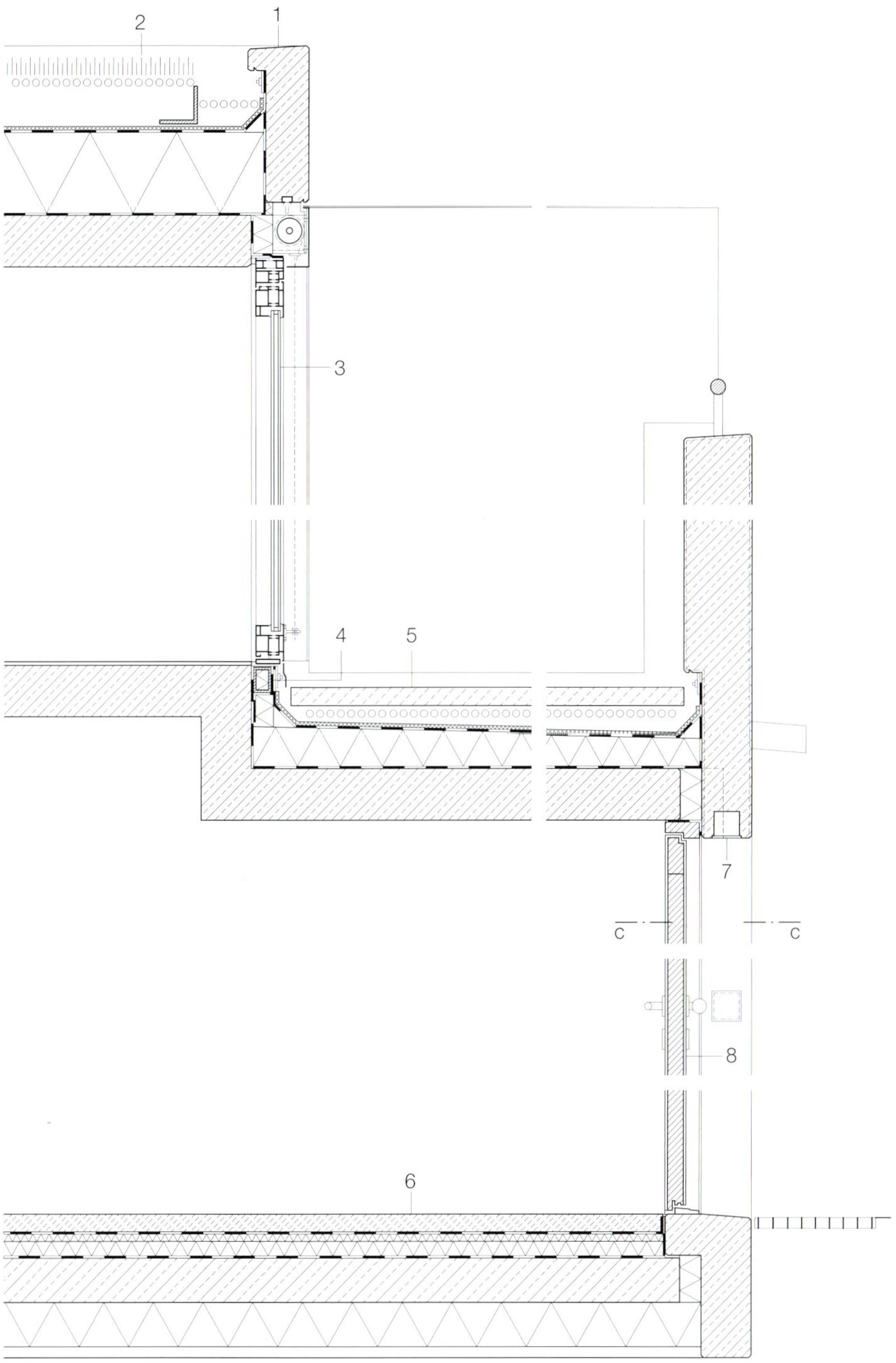

bb

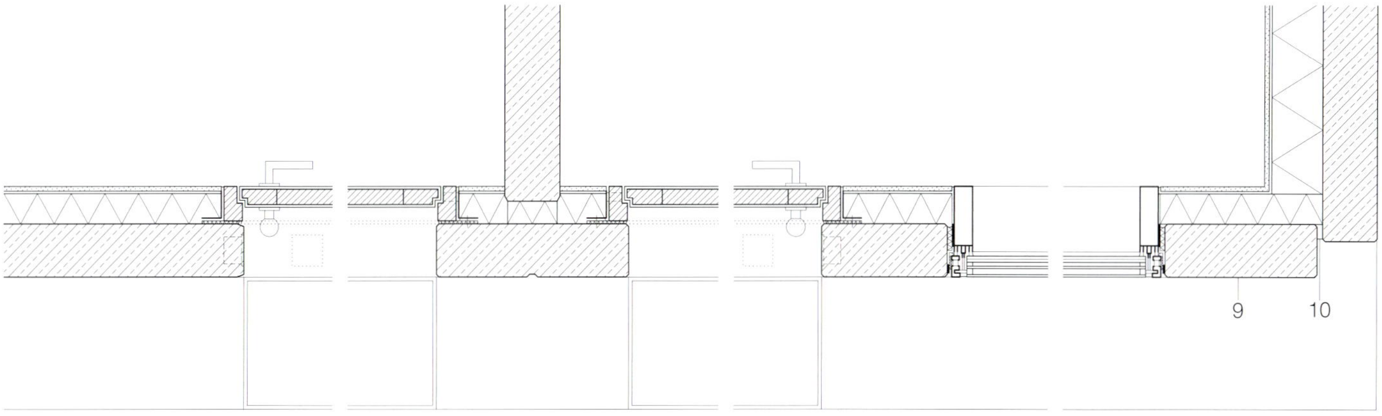

cc

Vertikalschnitt • Horizontalschnitt
Maßstab 1:20

1 Fertigteil Stahlbeton 120 mm
Elementlänge 3,12 m
Befestigung mit zwei Edelstahlwinkel
∟ 20/250/170 mm
2 Dachaufbau:
extensive Begrünung
Wurzelschutzbahn, Abdichtung 2-lagig
Gefälledämmung 180 mm, Dampfsperre
Fertigteildecke Stahlbeton 140 mm
3 Festverglasung 2× ESG-H 6 mm
4 Stahlrohr ▭ 70/50/6 mm
5 Terrassenaufbau:
Betonstein 50 mm, im Splittbett verlegt
Abdichtung 2-lagig
Gefälledämmung 100 mm, Dampfsperre
Stahlbetondecke 140 mm
6 Bodenaufbau:
Beschichtung Epoxidharz 2 mm
Zementestrich 55 mm
Trennlage, Trittschalldämmung
Mineralfaserplatten 20 mm,
Wärmedämmung 40 mm, Abdichtung 5 mm
Bodenplatte Ortbeton 120 mm
Wärmedämmung 120 mm
Sauberkeitsschicht
7 Leuchte mittig im Türsturz
8 Tür Vollholz,
Oberfläche HPL-Schichtstoffplatte 0,8 mm
9 Wandaufbau:
Sichtbeton 140 mm
Wärmedämmung Schaumglasplatten 80 mm
Gipskarton geklebt 12,5 mm
10 Fugenband

Kapselhotel in Kioto

Gesamtkonzept und Produktdesign: Fumie Shibata, Tokio
Grafikdesign: Masaaki Hiromura, Tokio
Innenarchitektur: Takaaki Nakamura, Tokio
Architekt: Sigma Architectural Design, Kioto

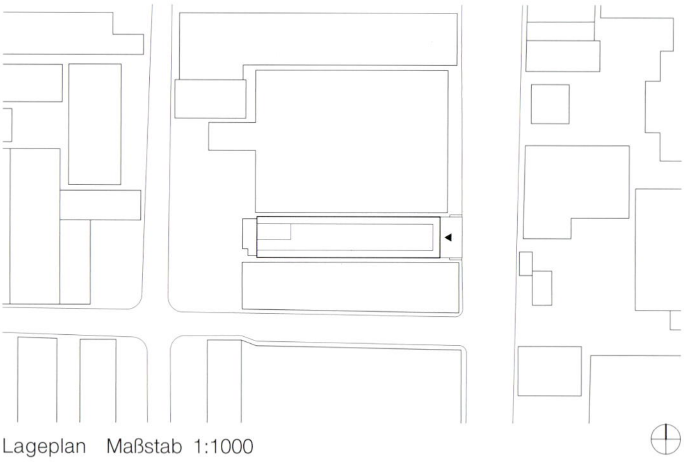

Lageplan Maßstab 1:1000

Das 9hours Hotel bietet seinen Gästen ein innovatives Servicekonzept von der Zahnbürste über Pantoffeln bis zur eigenen Schlafkapsel.

Auf einer nur 6 m breiten Parzelle im Zentrum Kiotos eröffnete im Dezember 2009 ein Kapselhotel, das neue Maßstäbe für diesen typisch japanischen Hoteltypus setzt. In den 1970er-Jahren entwickelt, werden Kapselhotels als preiswerte Unterkünfte in den Großstädten bislang hauptsächlich von Pendlern frequentiert.
Das 9hours-Hotel wendet sich mit innovativer Gestaltung an neue Zielgruppen. Zwar sind die Kapseln mit 1,20 × 2,34 m nicht größer als Standardzellen dieser Hotelform, doch ist das Design hier funktional und ästhetisch zugleich; es will dem Gast trotz der Minimierung des Raums hohen Komfort und eine angenehme Atmosphäre bieten. Die Farbgebung unterstützt die räumliche Differenzierung: vom strahlenden Weiß in Eingang und Lounge über die Grautöne der Waschräume bis hin zu den schwarzgrundigen Fluren in den Schlafbereichen. Diese sind für männliche und weibliche Gäste etagenweise getrennt, mit zugehörigen Duschen, Waschräumen und Kleiderspinden. Die Schlafkapseln bestehen aus glasfaserverstärktem Kunststoff, die einzelnen Zellen liegen auf einer Stahlunterkonstruktion; wie Waben erscheinen sie im Flur. Der Name des Hotels steht für die empfohlene Aufenthaltsdauer: sieben Stunden Schlaf und je eine Stunde für Duschen und Umkleiden. Seiner Funktion als Schlafstätte entsprechend ist das Gebäude introvertiert; es gibt außer den Glastüren des Eingangs keine Fenster.

Das Hotel- und Designkonzept

Das 9hours-Hotel entstand in enger Zusammenarbeit einer Industriedesignerin, eines Grafikers und eines Innenarchitekten. Einfache, klare Piktogramme zeigen den Weg durch das Gebäude und sind gleichzeitig eine Art Gebrauchsanweisung: Der Gast checkt ein, stellt seine Schuhe und Gepäckstücke in die Schließfächer an der Rezeption und nimmt den Lift zunächst zu den Etagen mit den Waschräumen. Dort verbleibt die Kleidung im Spind und man erhält ein Set bestehend aus Pyjama, Pantoffeln, Wasserflasche und Zahnbürste, das mit dem Hotel-Logo verziert ist. Eigens entworfen ist auch das Innere der Schlafkapseln, dessen polierte Gelcoat-Oberfläche seidig schimmert. Ein elegant-minimalistisches schwarzes Steuerpaneel für Beleuchtung und Weckuhr ist am Kopfende bündig eingelassen. In die Decke ist eine dimmbare LED-Leuchte integriert, seitlich sind zwei Nischen als Ablage ausgespart. Die Kapseln haben keine Türen, ein Rollo aus Polyestergewebe bietet zwar Schutz vor Einblick, jedoch nicht vor Lärm. Umso wichtiger für die Entspannung erscheinen so Matratze und Kopfkissen, die mit unterschiedlichen Materialien ergonomisch gestaltet sind. Wie in einem Kokon liegt der Gast und genießt so eine gewisse Privatheit in dieser speziell japanischen Art eines Schlafsaals.

Projektdaten:

Nutzung:	Wohnen feststehend
Konstruktion Kapsel:	glasfaserverstärkter Kunststoff
lichte Höhe Kapsel:	1,08 m
Bruttorauminhalt Kapsel:	2,48 m³
Bruttogrundfläche Kapsel:	2,30 m²
Abmessungen Kapsel:	2,15 × 1,07 m
Baujahr:	2009
Bauzeit:	11 Monate

1 + 7 + 1 = 9h

Shower | Sleep | Rest | 9 hours

1. Registration & Reservation

First register as a member at the 9h website and then make a reservation.

2. Check-In

After checking in, get your locker key and capsule number.

3. Floors

At 9h Ladies and Gentlemen Floors are different and have separate elevators. To reach the Locker Room, take the elevator accordingly.

4. Lockers

Put your luggage in the locker and change into "9h loungewear".

5. Lounge Area

To eat, drink or to use computers, please use the lounge area.
*A "Ladies Only" lounge area is available for the comfort of our female guests.

6. Shower Rooms

Bath towels, shampoo and conditioner are provided, feel free to use them.

7. Amenities

Toothbrush sets and hairdryers are also available for use.

8. Capsules

Rest well with the Sleep Ambient Control System in your capsule unit.

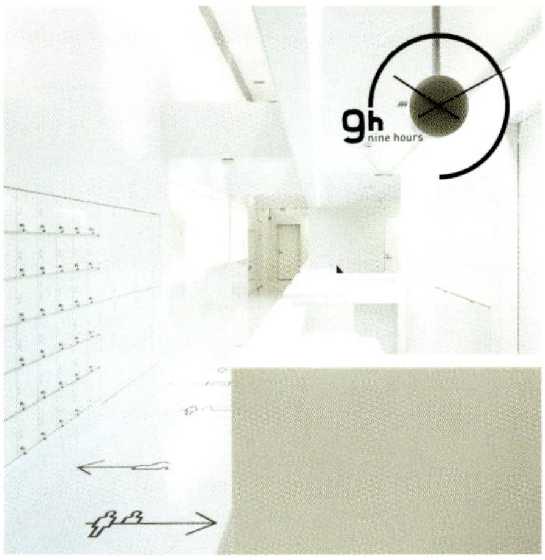

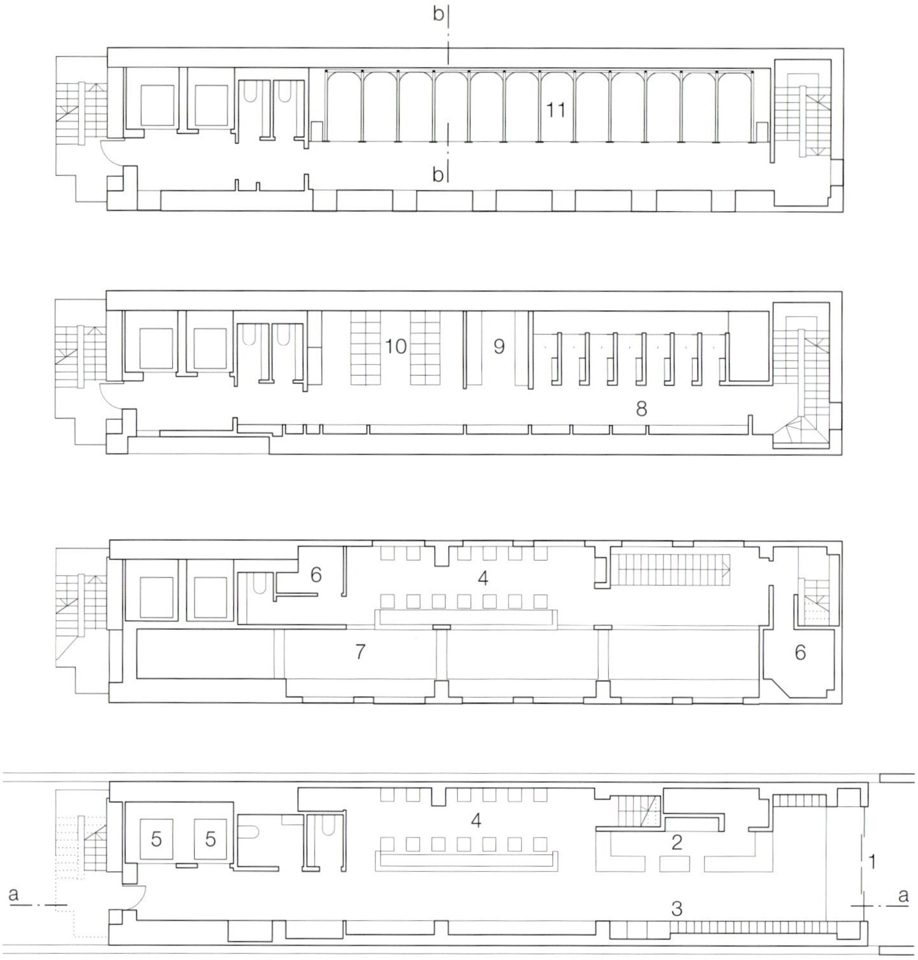

Grundrisse • Schnitt
Maßstab 1:250

1 Eingang
2 Rezeption
3 Schließfächer für Schuhe
4 Lounge
5 Lift
6 Lager
7 Luftraum
8 Duschen
9 Waschraum
10 Kleiderspinde
11 Schlafkapsel

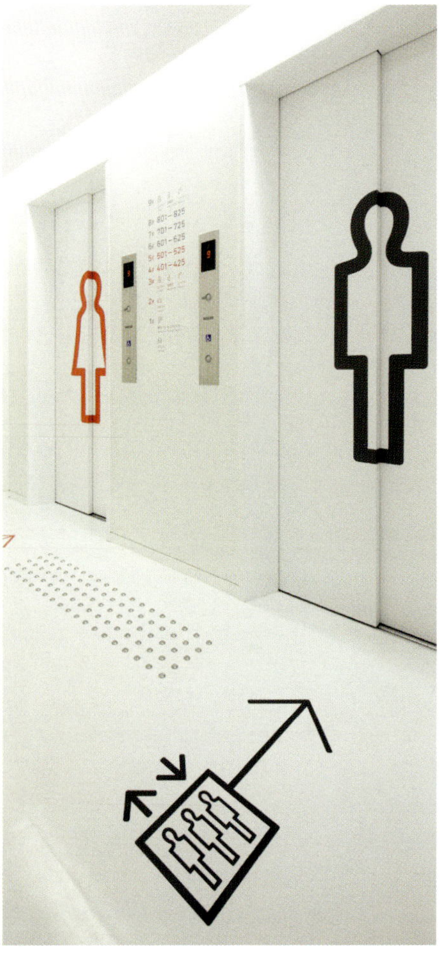

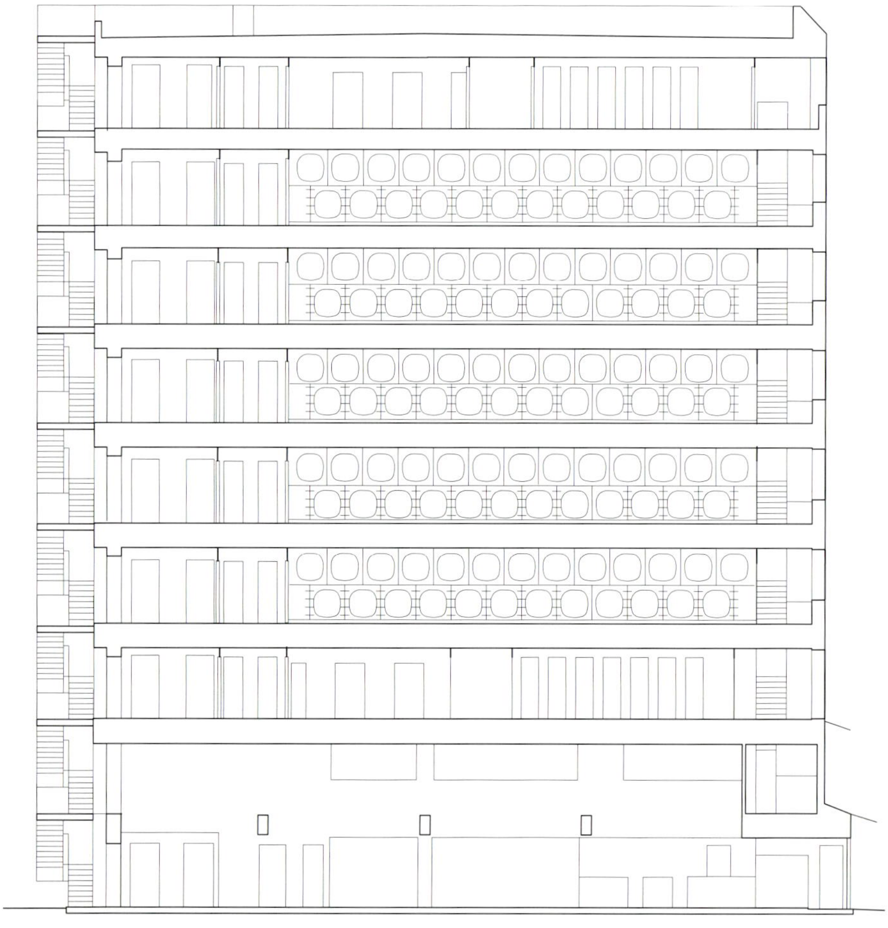

aa

Schlafbekleidung und Sanitärartikel im Hoteldesign; Präsentation der Prototypen in einer Ausstellung

Room Slippers
Slipper bag

Lounge wear with
high desorption

Shampoo / Conditioner /
Body Wash

Toothbrush / Toothpaste

Mineral Water

Towel

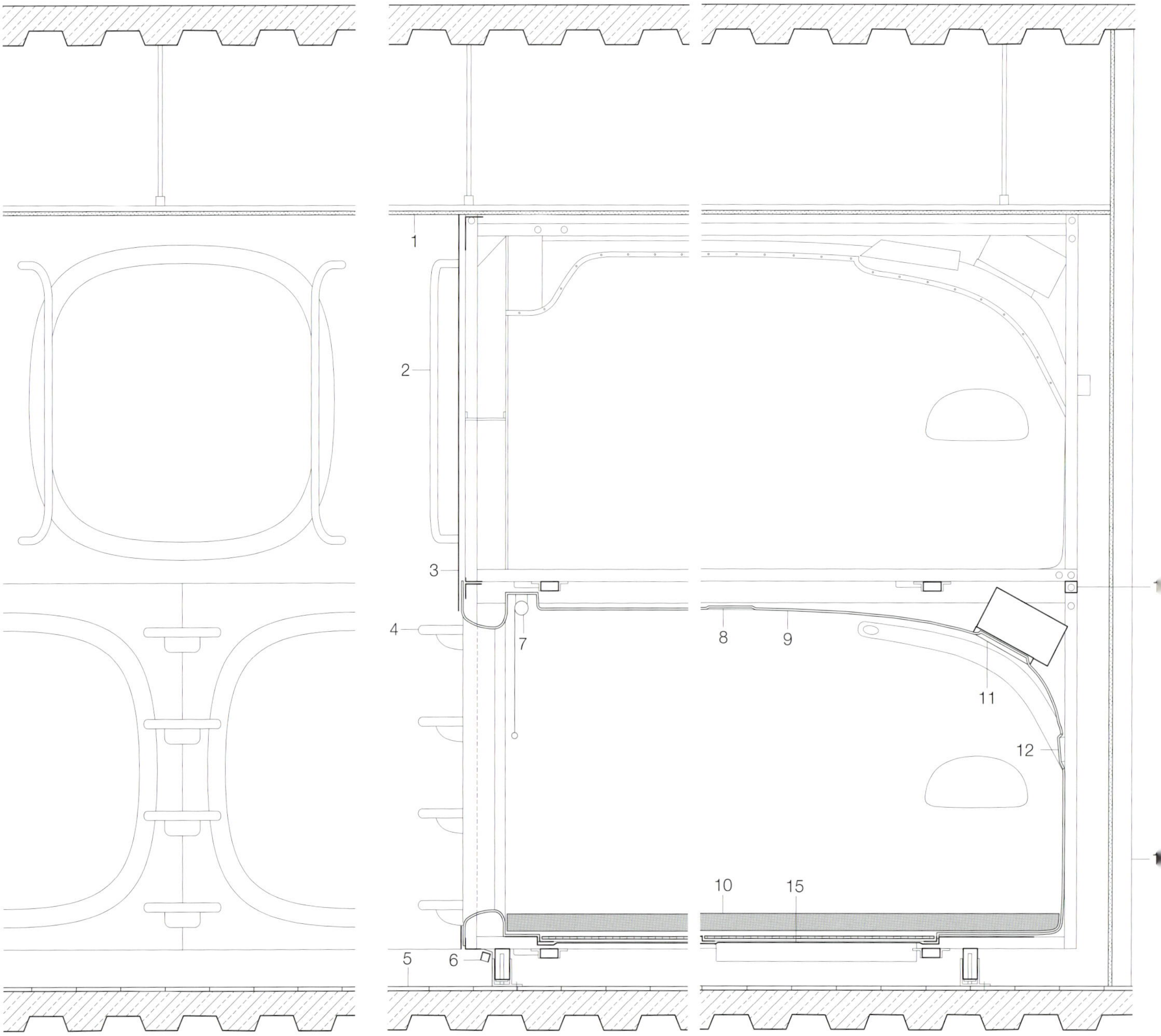

bb

Ansicht • Vertikalschnitt Kapsel
Maßstab 1:20

1 abgehängte Decke Gipskarton weiß beschichtet 12,5 mm
2 Haltegriff Stahlrohr melaminharzbeschichtet, schwarz ∅ 25,4 mm
3 Front Stahlblech melaminharzbeschichtet, schwarz 3,2 mm
4 Trittstufe Aluminiumguss melaminharzbeschichtet, schwarz
5 Gummifliesen 500/500/2,5 mm Beton auf Stahltrapezblech
6 Sockelbeleuchtung LED
7 Sichtschutz Polyestergewebe
8 Rauchmelder
9 glasfaserverstärkter Kunststoff Gelcoat-Beschichtung poliert 4 mm
10 Matratze Polyester
11 Beleuchtung LED mit Abdeckung aus Acrylglas
12 Bedienpaneel Elektronik, glasfaserverstärkter Kunststoff mit Gelcoat-Beschichtung schwarz durchgefärbt 2,4 mm
13 Tragkonstruktion Stahlrohr ⌀ 40/40 mm
14 Stahlleichtbau, Gipskarton 12,5 mm
15 Steuerung Beleuchtung

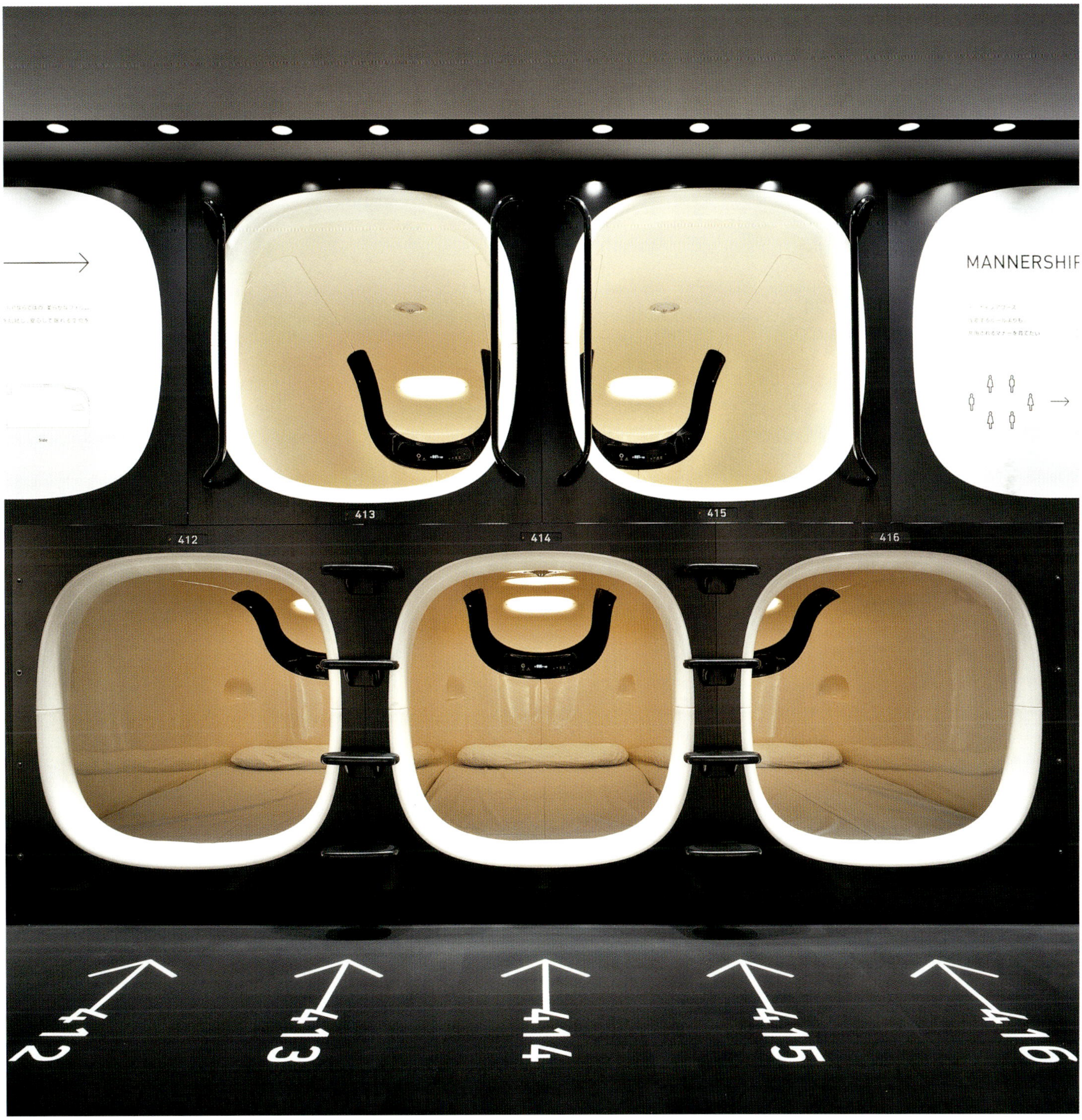

Aussichtsturm an der Mur

Bauherr: Gemeinde Gosdorf Orts- und Infrastrukturentwicklungs KG
Architekten: terrain: loenhart&mayr architekten und landschaftsarchitekten, München/Graz; Klaus K. Loenhart, Christoph Mayr
Tragwerksplaner: osd - office for structural design, Frankfurt/M.; Klaus Fäth, Harald Kloft, Projektleiter: Jürgen Scholte-Wassink
Baujahr: 2010

www.terrain.de; info@terrain.de
www.o-s-d.com; office@o-s-d.com

Klaus K. Loenhart
Geboren 1969 in München; 1994 Diplom FH München; 1999 Master Design, 2000 Master Landschaftsarchitektur Harvard University GSD in Cambridge; seit 2006 Professor/Institutsleiter an der TU Graz.

Christoph Mayr
Geboren 1968 in München; 1993 Diplom FH München; 1998–2000 Partner bei LBGM Architekten; 2000–2002 bei MSP & Partner Architekten in München.

2003 Gründung terrain: loenhart&mayr.

Klaus Fäth
Geboren 1954 in Messel; 1981 Diplom TH Darmstadt; 1991–1998 Stöffler-Abraham-Fäth; 1998–2002 Fäth + Fäth; seit 1998 Professur an der FH Frankfurt am Main

Harald Kloft
Geboren 1963 in Limburg/Lahn; 1990 Diplom und 1998 Promotion TU Darmstadt; 1998–2001 Bollinger + Grohmann; seit 2002 Professur an der TU Kaiserslautern, 2007–2009 an der TU Graz.

2002 Gründung osd - office for structural design.

Gipfelplattform »Top of Tyrol«

Bauherr: Wintersport Tirol AG & Co, Stubaier Bergbahnen KG
Architekten: LAAC Architekten, Innsbruck; Kathrin Aste, Frank Ludin
Mitarbeiter: Thomas Feuerstein
Tragwerksplaner: aste Konstruktion, Innsbruck
Bodenmechanik: Ingenieurbüro Wietek – IBW, Innsbruck
Baujahr: 2008

www.laac.eu
info@laac.eu

Angaben zu ausführenden Firmen:
- Stahlbau: Bitschnau GmbH, Nenzing
- Schlosser: Raggl Metallbau, Völs
- Baufirma: Felbermayr Bau GmbH & Co KG, Imst
- Zimmerer: Zimmerei Haas, Neder im Stubaital
- Helikopter: Heli Tirol, St. Johann im Pongau

Frank Ludin
Geboren 1972 in Weil am Rhein; 2004 Diplom an der Universität Innsbruck; seit 2005 Partner bei astearchitecture.

Kathrin Aste
Geboren 1969 in Innsbruck; 2000 Diplom an der Universität Innsbruck; 2004 Gründung astearchitecture, Innsbruck.

seit 2010 LAAC Architekten.

Temporäre Bambuspavillons

Bauherr: Auswärtiges Amt über das Goethe Institut in China
Architekt: Markus Heinsdorff, München; Installationskünstler und Designer
Beratung Tragkonstruktion: W. G. Schachl, München
Ausführung Statik: Tongji Universität, Architektur und Ingenieurbüro, Shanghai
Ausführung Bau: Oriental Expo Services, Shanghai
Navett-, Diamant-Pavillon
Planerische Umsetzung: Werkhart International, Peking
Baujahr: 2007–2008
Dome-, Konferenz-, Zentral-, Lotus-Pavillon
Planerische Umsetzung: MUDI Architekten, Shanghai mit Tong Lingfeng, Architekt, Shanghai
Beratung Tragkonstruktion: schlaich bergermann und partner, Stuttgart
Baujahr: 2008–2009

www.heinsdorff.de
markus@heinsdorff.de

Markus Heinsdorff
Geboren 1954 in Steinkirchen; 1976–1981 Studium an der Akademie der Bildenden Künste in München; 2007–2010 Gastprofessur an der Southeast University in Nanjing und der University Chongquing; seit 2009 Gastprofessur an der School of Architecture and Urban Planning in Huazhong und der University of Science and Technology in Wuhan.

Wartehäuschen in Darmstadt

Bauherr: Wissenschaftsstadt Darmstadt/Hochbau- und Maschinenamt Darmstadt
Architekten: netzwerkarchitekten, Darmstadt
Mitarbeiter: Uta Varrentrapp, Andrea Weber, Sebastian Meuschke, Thorsten Mergel, Irena Penic, Jan Schipull, Tim Sperling
Tragwerk: ProfessorPfeiferundPartner, Darmstadt
Baujahr: 2005

www.netzwerkarchitekten.de
kontakt@netzwerkarchitekten.de

Thilo Höhne
Geboren 1965 in Ziegenhain; 1995 Diplom an der TU Darmstadt; 1999–2000 Lehrauftrag an der TU Darmstadt.

Karim Scharabi
Geboren 1967 in Berlin; 1997 Diplom, 2002 Assistenz und Lehrauftrag an der TU Darmstadt.

Philipp Schiffer
Geboren 1966 in Heilbronn; 1996 Diplom, 1998–2000 Lehrauftrag an der TU Darmstadt.

Jochen Schuh
Geboren 1966 in St. Wendel; 1995 Diplom an der TU Darmstadt.

Markus Schwieger
Geboren 1967 in Kronberg; 1995 Diplom, 2001 Lehrauftrag an der TU Darmstadt; 2007–2008 Vertretungsprofessur an der Uni Kassel.

Oliver Witan
Geboren 1966 in Freiburg; 1995 Diplom TU Darmstadt; 1999–2002 Assistenz und Lehraufträge TU Darmstadt und HfG Offenbach.

1998 Gründung netzwerkarchitekten.

Marktstände in Augsburg

Bauherr: Amt für Verbraucherschutz und Marktwesen, Augsburg
Architekten: Tilman Schalk Architekten, Stuttgart
Freianlagen: Helleckes Landschaftsarchitektur, Karlsruhe
Tragwerksplanung: Ingenieurbüro Bytow, Königsbrunn
Haustechnikplanung: Wimmer Ingenieure, Neusäß
Elektroplanung: Stadtwerke Augsburg, Augsburg
Baujahr: 2009

www.schalkarchitekten.de
schalk@schalkarchitekten.de

Tilman Schalk
Geboren 1966 in Kirchheim unter Teck; 1995 Diplom an der Universität Stuttgart; 1990–2001 freie Mitarbeit in mehreren Architekturbüros in Deutschland; 1997 Gründung Tilman Schalk Architekten; 2000–2008 Wissenschaftlicher Mitarbeiter an der Universität Karlsruhe.

Theaterpodium in Rotterdam

Bauherr: Rotary Club Rotterdam North, OBR Rotterdam
Architekten: Atelier Kempe Thill architects and planners, Rotterdam; André Kempe, Oliver Thill
Mitarbeiter: David van Eck, Teun van der Meulen, Kingman Brewster, Takashi Nakamura, Frank Verzijden
Tragwerksplaner: ABT, Velp
Baujahr: 2009

www.atelierkempethill.com
office@atelierkempethill.com

Angaben zu ausführenden Firmen:
- Generalunternehmer: J.P. van Eesteren B.V., Barendrecht
- Betonbau: Keijzer Betonwerken B.V., Zutphen
- Spannbeton: Heijmans Beton en Waterbouw B.V., Rosmalen
- Stahlfassade: Konstruktiebedrijf Visser B.V., Veenwouden
- Aluminiumfassade: Gebr. Van den Burg, Rotterdam
- Elektroinstallationen: Endenburg Elektrotechniek, Rotterdam

André Kempe
Geboren 1968 in Freiberg; 1996 Diplom an der TU Dresden; seit 1999 Gastprofessuren an der TU Delft, der Academie van Bouwkunst Arnhem und Rotterdam.

Oliver Thill
Geboren 1971 in Karl Marx Stadt; 1996 Diplom an der TU Dresden; seit 1999 Gastprofessuren an der TU Delft, der Academie van Bouwkunst Arnhem und Rotterdam, dem Berlage Institut Rotterdam.

2000 Gründung Atelier Kempe Thill.

Pavillon am Genfer See

Bauherr: Stadt Genf
Architekten: Bakker & Blanc Architectes, Lausanne; Marco Bakker, Alexandre Blanc
Mitarbeiter: Nuala Collins, Yves Dreier, Thierry Sermet
Tragwerksplaner: Alho Systembau, Wikon
Baujahr: 2008

www.bakkerblanc.ch
info@bakkerblanc.ch

Angaben zu ausführenden Firmen:
- Systembau Stahl: Alho Systembau, Wikon

Marco Bakker
Geboren 1960 in Harlingen; 1979–1983 Hogere Technische School Leeuwarden; 1985–1986 Studium an der EPF Lausanne; 1983–1988 Studium an der TU Delft; seit 2008 Professur an der FH Bern; seit 2009 Gastprofessur an der EPF Lausanne.

Alexandre Blanc
Geboren 1964 in St-Croix; 1982–1986 Collège Calvin Genève; 1986–1990 Studium an der EPF Lausanne; seit 2009 Gastprofessur an der EPF Lausanne.

1992 Gründung Bakker & Blanc Architectes in Fribourg und Biel seit 2003 Bakker & Blanc Architectes in Lausanne, seit 2007 Büro in Zürich.

Pavillon in Zürich

Bauherr: Stadt Zürich
Architekten: phalt architekten, Zürich
Projektleitung: Cornelia Mattiello-Schwaller
Tragweksplaner: Schnetzer Puskas Ingenieure AG, Zürich
Haustechnik: HLS Engineering GmbH, Zürich
Elektroplaner: Walter Salm, Meier & Partner AG, Zürich
Baujahr: 2008

www.phalt.ch
info@phalt.ch

Angaben zu ausführenden Firmen:
- Profilrostmate Stahl feuerverzinkt: IBS GmbH, Bad Vöslau
- Fassadenverkleidung, Dach und Stahlbau: Kaufmann Spenglerei + Sanitär AG, Egg b. Zürich
- Elementbau in Holz, Fenster: Arbos AG, Dinhard

Frank Schneider
Geboren 1976 in Solothurn; 2003 Diplom an der EPF Lausanne; 1999–2007 bei Gigon Guyer Architekten, Herzog & de Meuron und EM2N Architekten.

Mike Mattiello
Geboren 1971 in Solothurn; 1996 Diplom, 1996–1997 Assistent an der FH Burgdorf; 1997–2006 bei Steinmann + Schmid, Stücheli Architekten, Interbrand Zintzmeyer + Lux und W3 Architekten.

Cornelia Mattiello-Schwaller
Geboren 1975 in Solothurn; 2002 Diplom an der EPF Lausanne; 2002–2006 bei EM2N Architekten, Zürich.

2006 Gründung phalt architekten.

Zeitungskioske in London

Bauherr: The Royal Borough of Kensington & Chelsea; Daniel Moylan
Designer: Heatherwick Studio, London
Design Entwicklung: Heatherwick Studio, London mit Nader Mokhtari
Tragwerksplaner: TALL engineers, London
Baujahr: 2008

www.heatherwick.com
studio@heatherwick.com

Angaben zu ausführenden Firmen:
- Hersteller: Manage Ltd & subcontractors
- Subunternehmer Ausstattung: 2D:3D, London
- Subunternehmer Rahmen: Guttridge, Spalding

Thomas Heatherwick
Geboren 1970 in London; 1989–1992 Studium des dreidimensionalen Designs an der Manchester Polytechnic und 1992–1994 am Royal College of Art in London; 1994 Gründung von Heatherwick Studio; Ehrendoktorwürde der Sheffield Hallam University, der University of Brighton, University of Dundee and Manchester Metropolitan University; Vorträge an der Bartlett School of Architecture, dem Victoria and Albert Museum in London und an der Yale University.

Kiosk am Staufensee bei Dornbirn

Bauherr: Roswitha Konstatzky, Dornbirn
Architekten: Wellmann Ladinger, Bregenz; Judith Wellmann, Martin Ladinger
Baujahr: 2005

office@wellmann-ladinger.com

Angaben zu ausführenden Firmen:
- Generalunternehmer: Oberhauser & Schedler, Andelsbuch
- Innenausbau und Möblierung: Tischlerei Metzler, Andelsbuch
- Elektroinstallationen: Elektro Willi GesmbH, Andelsbuch
- Installateur: Dorfinstallationstechnik, Andelsbuch

Judith Wellmann
Geboren 1971 in Bregenz; 1992–1998 technisches Studium an der TU Innsbruck; 1996 École d'Architecture, Paris-Belleville; 1999–2002 bei Baumschlager & Eberle Architekten, Lochau; 2003–2005 wirtschaftliches Studium an der FH Vorarlberg in Dornbirn; seit 2003 bei Dietrich I Untertrifaller Architekten, Bregenz; seit 2003 freie Projekte mit Martin Ladinger.

Martin Ladinger
Geboren 1973 in Zell am See; 1994–2000 technisches Studium an der TU Graz; 1998–1999 Studium an der Donauuniverstität Krems; 2004 Prüfung zum Ziviltechniker; 2000–2003 bei Baumschlager & Eberle Architekten, Lochau; seit 2003 bei Cukrowicz Nachbaur Architekten, Bregenz; seit 2003 freie Projekte mit Judith Wellmann.

Temporäre Bar in Porto

Bauherr: Associação de Estudantes da Faculdade de Arquitectura (AEFAUP)
Architekten: Diogo Aguiar und Teresa Otto
Grafikdesign: Diogo Aguiar und Teresa Otto
Tragwerksplaner und Technik: Acústica F.E.S., Lda – Estruturas, Iluminação e Som, zusammen mit Studenten der AEFAUP
Baujahr: 2008

www.diogoaguiar.com
info@diogoaguiar.com
www.teresaotto.com
info@teresaotto.com

Diogo Aguiar
Geboren 1983 in Oporto; 2006 Auslandsstudium an der Federal University of Rio de Janeiro; 2007 bei UNStudio in Amsterdam; 2008 Diplom an der Oporto University School of Architecture; 2009 bei ADPJMA in Lissabon; 2010 Gründung von LIKEarchitects.

Teresa Otto
Geboren 1983 in Oporto; 2005 Auslandsstudium an der Facoltà di Architettura Valle Giulia, Università La Sapienza in Rom; 2006–2007 Zusammenarbeit mit den Architekten RCR Aranda Pigem Vilalta in Olot; 2008 Diplom an der Oporto University School of Architecture; 2009 bei Zinterl Zt Architekten in Lissabon; 2010 Gründung von LIKEarchitects.

Baumrestaurant bei Auckland

Bauherr: Yellow Treehouse Restaurant
Architekten: Pacific Environments Architects, Auckland; Peter Eising, Lucy Gauntlett
Projektmanager: The Building Intelligence Group, Auckland
Tragwerksplaner: Holmes Consulting, Auckland
Baujahr: 2008

www.pacificenvironments.co.nz
info@pacificenvironments.co.nz

Angaben zu ausführenden Firmen:
- Bauunternehmer: NZ Strong; Citywide Construction Ltd
- Holzlamellen: McIntosh Timber Laminates
- Beleuchtung: ECC Lighting & Furniture
- Kran: NZ Access
- Erdarbeiten: C&L Sorenson
- Holz: Timberworld

Peter Eising
Geboren 1959 in Lower Hutt; 1984 Bachelor der Architektur an der Auckland University; 1988–2006 Direktor bei Architects Patterson, später Patterson Co Partners Architects; seit 2006 Direktor Pacific Environments Architects.

Lucy Gauntlett
Geboren 1981 in Melbourne; 2002 Bachelor der Architektur an der Auckland University; 2002–2005 bei Architects Patterson; 2006 Gründerin der Fotoagentur Lucy G Photography; seit 2006 bei Pacific Environments Architects.

Kapelle St. Benedikt in Kolbermoor

Bauherr: Franz Stettner, Kolbermoor
Architekten: kunze seeholzer architektur & stadtplanung, München
Mitarbeiter: Marta Binaghi
Tragwerksplaner: Stefan Baur Ingenieurbüro für Bauwesen, Berlin
Baujahr: 2007

www.kunze-seeholzer.de
info@kunze-seeholzer.de

Angaben zu ausführenden Firmen:
- Baumeister: Gröbmeier + Spielvogel GmbH, Bad Feilnbach
- Schreiner: Schreinerei Krug, Kolbermoor
- Naturstein: Mario Riedesser, Kempten
- Dachabdichtung: Hans Brummer GmbH, Vogtareuth
- Glaser: Glaserei Moser, Kolbermoor

Stefanie Seeholzer
Geboren 1978 in Düsseldorf; 2003 Diplom an der TU München; seit 2003 freischaffend tätig.

Peter Kunze
Geboren 1965 in Kempten; 1992 Diplom an der FH München; seit 1993 freischaffend tätig.

2003 Gründung kunze seeholzer architektur & stadtplanung.

Kapelle in Lustenau

Bauherr: SC Austria Lustenau
Architekt: Hugo Dworzak, Lustenau
Kunst am Bau: Udo Rabensteiner
Baujahr 2007

www.hugodworzak.at
office@hugodworzak.at

Angaben zu ausführenden Firmen:
- Holzbau: Stephan Muxel, Au
- Sonnenschutz: M. Berthold GmbH, Rankweil

Hugo Dworzak
Geboren 1957 in Feldkirch; 1987 Diplom an der Universität Innsbruck; 1989 Master of Architecture am Pratt Institute in New York; 1990 Gründung Architekturwerkstatt Dworzak; seit 1994 Lehrauftrag an der Universität Innsbruck; seit 1999 Dozent an der Hochschule Liechtenstein.

»Sehstation« in Nordrhein-Westfalen

Bauherr: Europäisches Haus der Stadtkultur e.V. Gelsenkirchen
Architekt: Andy Brauneis, Augsburg
Tragwerksplaner: Ingenieurbüro Christian Schüller, Gersthofen
Hörcollage: Nicolette Baumeister, München
Baujahr: 2008

Angaben zu ausführenden Firmen:
- Holzbau: Bernd Schmid, Augsburg

Andy Brauneis
Geboren 1964 in Neuburg/Donau; 1984–1986 Ausbildung zum Zimmermann; 1994 Diplom Architektur und Stadtplanung an der Universität Stuttgart; 1995 bei Lederer Ragnarsdóttir Oei; 1996–1997 bei Kehrbaum Architekten; seit 1998 eigenes Atelier in Augsburg; seit 2000 Lehrauftrag an der FH Augsburg; 2003–2009 Baukunstbeirat der Stadt Augsburg.

Mobiles Baumstammhaus

Bauherr: Le Lieu Unique, Nantes
Architekten: olgga architectes, Paris
Projektleitung: Guillaume Grenu
Baujahr: 2009

www.olgga.fr
contact@olgga.fr

Angaben zu ausführenden Firmen:
- Holzkonstruktion: Home Bois Distribution, Langon

Alice Vaillant
Geboren 1976 in Saint-Lô; 1995–2002 Studium an der École d'Architecture de Paris-La Villette und Paris-Belleville; 2002 Diplom an der École d'Architecture de Paris-Belleville.

Guillaume Grenu
Geboren 1976 in Mont-Saint-Aignan; 1995–2001 Studium an der École d'Architecture de Normandie und Paris-La Villette; Auslandsstudium an der University of Portsmouth; 2001 Diplom an der École d'Architecture de Normandie.

Nicolas Le Meur
Geboren 1978 in Rouen; 1997–2006 Studium an der École Supérieure d'Art et de Design de Reims; 1998–2006 Studium an der École d'Architecture de Normandie; 2006 Diplom an der École d'Architecture de Normandie; seit 2008 bei olgga architectes.

2006 Gründung olgga architectes.

Transformbox

Architekten: Bernhard Geiger mit Armin Kathan
Baujahr: 2010

bernhard.geiger@holzbox.at
www.transformbox.at

Bernhard Geiger
Geboren 1963 in Serfaus; Architekturstudium in Innsbruck; Mitarbeit im Büro Manzl, Ritsch, Sandtner; 1997 Gründungsmitglied der Holz Box Tirol, seither dort selbstständiger Projektleiter; seit 2008 eigene Entwicklung verschiedener »Transformboxen«.

Armin Kathan
Geboren 1961 in Lech; Architekturstudium an der Universität Innsbruck und der Akademie der Angewandten Künste in Wien; Tätigkeit in Architekturbüros in Österreich und den USA; seit 1993 gemeinsames Büro mit Erich Strolz; 1997 Gründungsmitglied der Holz Box Tirol, dann Geschäftsführer der Holz Box ZT GmbH.

Wandelbarer Pavillon

Bauherr: Elisabeth Montag Stiftung, Bonn
Architekten: Kalhöfer-Korschildgen, Köln
Projektleiter: Stefan Korschildgen
Mitarbeiter: Felix Franke, Marcel Franken, Lei Lei, Miriam Lück
Tragwerksplaner: Vreden, Henneker & Partner, Bonn
Baujahr: 2005

www.kalhoefer-korschildgen.de
mail@kalhoefer-korschildgen.de

Angaben zu ausführenden Firmen:
- Metallbauarbeiten: Trimborn Metallbau GmbH, Bad Honnef
- Polsterarbeiten: Eiting-Räume, Köln

Gerhard Kalhöfer
Geboren 1962 in Wuppertal; Architekturstudium an der RWTH Aachen und der Kunstakademie Düsseldorf; Realisierung einer Vielzahl mobiler Bauten; seit 1998 Professur für Architekturtheorie und Entwerfen an der FH Mainz.

Stefan Korschildgen
Geboren 1962 in Wermelskirchen; 1992 Diplom an der RWTH Aachen; Gaststudium an der University of Washington Seattle und Kunstakademie Düsseldorf; seit 2001 Professur an der Peter Behrens School of Architecture Düsseldorf; 2006 Gastprofessor an der RMIT University Melbourne.

1995 Bürogründung Kalhöfer-Korschildgen, Paris/Aachen; seit 2000 Kalhöfer-Korschildgen, Köln.

Teehaus in Frankfurt am Main

Bauherr: Museum für Angewandte Kunst Frankfurt, Frankfurt am Main
Architekten: Kengo Kuma & Associates, Tokio mit formTL, Radolfzell
Mitarbeiter bei Kengo Kuma: Katinka Temme, Takumi Saikawa
Mitarbeiter bei formTL: Gerhard Fessler, Bernd Stimpfle, Udo Ribbe, Manuel Neidhart
Tragwerksplaner: formTL, Radolfzell
Baujahr: 2007

www.kkaa.co.jp
kuma@kkaa.co.jp
www.form-TL.de
info@form-TL.de

Angaben zu ausführenden Firmen:
- Generalunternehmer Fundament: Takenaka Europe GmbH
- Membranhülle: Canobbio S.p.A.
- Stützluft: Gustav Nolting GmbH, Detmold

Kengo Kuma
Geboren 1954 in Kanagawa; 1979 Master an der University of Tokyo; 1985–1986 Gaststudium an der Columbia University; 1990 Bürogründung Kengo Kuma & Associates; 2001–2008 Lehrtätigkeit an der Keio University; seit 2009 Professur an der University of Tokyo.

Gerd-Michael Schmid
Geboren 1959 in Stuttgart; 1988 Architekturdiplom an der Universität Stuttgart; 1989–1991 Bundesministerium für Forschung und Technik – Forschungsauftrag Photovoltaik auf leichten Flächentragwerken; 1994–1999 Projektleiter, bis 2004 Geschäftsführer von IPL Radolfzell; seit 2004 geschäftsführender Gesellschafter von formTL in Radolfzell; seit 2009 Lehrtätigkeit an der FH Frankfurt.

Aero Haus

Mitwirkende:
TU Wien 1996: Gerhard Abel, Willi Frötscher, Ursula Hammerschick, Silvia Hörndl, Martin Janecek, Birgitta Kunsch, Paul Linsbauer, Christian Lottersberger, Michael Quixtner, Margit Rammer, Helmut Richter, Hannes Schillinger, Andreas Vogler, Anne Wagner, Sakura Watanabe

TU München Wintersemester 2004/05: Proof of Concept Prototype: Richard Horden, Lydia Haack
Studenten: Florian Dressler, Georg Herdt, Matthias Plassmann

TU München Sommersemester 2008: Ausführungsplanung und Herstellung: Richard Horden, Wieland Schmidt
Studenten: Steffen Knopp, Inga Mannewitz

TU München Sommersemester 2009: Innenausstattung: Richard Horden, Moritz Mungenast
Studenten: Frederike Krinn, Catharina Reutersberg

Entwurf: 1996
Baujahr: 2009

www.light.ar.tum.de
sekr.horden@lrz.tu-muenchen.de

Materialsponsoring:
Sika Deutschland GmbH, Bad Urach
Lange & Ritter GmbH, Gerlingen

Angaben zu ausführenden Firmen:
- Carbonkonstruktion: Carbon-Werke Weißgerber GmbH & Co KG, Wallerstein
- Aluminiumteile: Alu Meier GmbH, München

Wüstenzelt »Desert Seal«

Architekten: Architecture and Vision, München/Bomarzo; Arturo Vittori, Andreas Vogler
Tragwerksplaner: Aero Sekur, Aprilia
Baujahr: 2005

www.architectureandvision.com

Angaben zu ausführenden Firmen:
- Herstellung: Aero Sekur, Aprilia
- Modell: Self Group Rivignano
- Flexible Photovoltaikfolie: Flexcell, Yverdon-les-Bains

Andreas Vogler
Geboren 1964 in Lungern; 1994 Architekturdiplom an der ETH Zürich; 1996–2002 Wissenschaftlicher Mitarbeiter am Lehrstuhl für Gebäudelehre und Produktentwicklung Prof. Richard Horden an der TU München; 1995–1999 bei Richard Horden Associates in London; 1998–2005 eigenes Büro in München; 2003–2005 Gastprofessur an der Royal Academy of Fine Arts in Kopenhagen.

Arturo Vittori
Geboren 1971 in Viterbo; 1998 Architekturdiplom an der Università degli Studi di Firenze; 1997–2006 Mitarbeit bei Santiago Calatrava, Jean Nouvel, Francis Design, Future Systems und Anish Kapoor.

2003 Bürogründung Architecture and Vision.

Rucksackhaus

Künstler: Stefan Eberstadt, München
Tragwerksplaner: a.k.a. Ingenieure, München; Thomas Beck
Baujahr: 2004

stefan.eberstadt@stefaneberstadt.de

Angaben zu ausführenden Firmen:
- Stahlbau: Dobetsberger Anlagenbau, Michaelnbach
- Seile, Aufhängung: Teufelsberger Seil, Wels
- Acrylglas: Wolfgang Derschmidt, Alxing bei Grafing
- Sperrholzplatten: WISA, UPM Wood Products, Helsinki

Stefan Eberstadt
Geboren 1961 in Hof/Saale; 1982–1988 Studium Bildhauerei an der Akademie der Bildenden Künste in München und in London; seit 2009 Atelier in Jetzendorf bei München; 1993 Bayerischer Staatspreis und Kunstpreis der Bayerischen Akademie der Schönen Künste; 2007 E.ON-Kulturpreis Bayern. Seine Werke befinden sich in zahlreichen privaten und öffentlichen Sammlungen.

Mobile Dachterrasse in Köln

Bauherr: Ruth Langenkamp, Gerald Schroeder
Architekten: Kalhöfer-Korschildgen, Köln
Projektleiter: Gerhard Kalhöfer
Mitarbeiter: Philip Braselmann
Tragwerksplaner: Jürgen Bernhardt, Köln
Grafik: Kalhöfer & Rogmans, Köln; Marc Rogmans
Baujahr: 2008

www.kalhoefer-korschildgen.de
mail@kalhoefer-korschildgen.de

Angaben zu ausführenden Firmen:
- Stahlbau Treppe mobile Wand: Fröbel Metallbau GmbH, Brühl
- Dachkonstruktion, Dachdeckung: Christian Franzen, Kall
- Fallschutzmatten mit Kunstrasen: Ph Gummitechnik GmbH & Co. KG, Bad Berleburg
- Lichtkuppel: Astroplast Schärdel GmbH, Weiherhammer

Gerhard Kalhöfer
siehe S. 172

Stefan Korschildgen
siehe S. 172

Spiel- und Schlafmöbel

Bauherr: privat
Architekten: h2o architectes, Paris; Charlotte Hubert, Jean-Jaques Hubert, Antoine Santiard
Baujahr: 2009

www.h2oarchitectes.com
contact@h2oarchitectes.com

Jean-Jaques Hubert
Geboren 1974 in Rennes; 1999 Architekturdiplom an der École d'Architecture de Nantes; 2001–2002 bei Jakob + MacFarlane; 2002–2007 bei Bernard Tschumi Architects in Paris; seit 2006 Lehrkraft an der École Supérieure des Arts et Techniques in Paris.

Charlotte Hubert
Geboren 1975 in Chateaubriant; 1999 Architekturdiplom an der École d'Architecture de Paris-Belleville; 1999–2005 bei Bruno Decaris; 2003 Abschluss Denkmalpflege am Centre des Hautes Études de Chaillot.

Antoine Santiard
Geboren 1976 in Beaune; 2001 Diplom an der EPF Lausanne; 2001–2002 bei Jakob + MacFarlane; 2002–2008 bei Bernard Tschumi Architects in Paris; seit 2007 Lehrkraft an der École d'Architecture de Paris-Malaquais; seit 2008 Partner bei h2o architectes.

2005 Gründung h2o architectes.

Gartenlauben in Berlin

Bauherr: Maren Mielke
Architekten: Hütten & Paläste, Berlin; Nanni Grau, Frank Schönert
Tragwerksplaner: Hütten & Paläste, Berlin
Baujahr: 2006

www.huettenundpalaeste.de
info@huettenundpalaeste.de

Nanni Grau
Geboren 1970 in München; 1991–2001 Studium Architektur und Design in Berlin, Sydney und Coburg; Mitarbeit bei Studio Daniel Liebeskind, Eisenmann Architects, East und MacGabhann Architects; seit 2009 Wissenschaftliche Mitarbeiterin am Lehrstuhl für Entwerfen und Baukonstruktion an der UdK-Berlin.

Frank Schönert
Geboren 1968 in Sandhorst; 1990–2004 Studium Architektur und Molekularbiologie in Berlin, Dessau, Münster und Karlsruhe; Mitarbeit bei Foster + Partners, Scholl Architekten und Hamann Pott Architekten; seit 2007 Wissenschaftlicher Mitarbeiter am Lehrstuhl für Entwerfen und Baukonstruktion an der UdK-Berlin.

2005 Gründung Hütten & Paläste.

Strandhäuser in Domburg

Bauherr: Kooper Passenier V.O.F., Mirjam Passenier & Koos Kooper, Westkapelle
Architekten: WTS Architecten, Vlissingen; Glenn de Groot, Don Monfils
Mitarbeiter: Jana Vlasova
Baujahr: 2008

www.wtsarchitecten.nl
wts@wtsarchitecten.nl

Glenn Douglas de Groot
Geboren 1961 in Brisbane; 1979–1981 Bachelor of Design Studies an der University of Queensland; 1973–1984 Bachelor of Architecture an der University of Queensland; 1984–1991 Mitarbeit in diversen Architekturbüros in Australien; 1991–1997 Mitarbeit in diversen Architekturbüros in Rotterdam; 1997–2006 bei WTS Architecten, Vlissingen; seit 2006 Partner bei WTS Architecten.

Don Frédéric Monfils
Geboren 1958 in Vlissingen; 1977–1978 Physikstudium, 1979–1983 Architekturstudium am Institute of Technology in Vlissingen; 1985–1995 Studium an der Academie van Bouwkunst in Rotterdam; 1997 Diplom; 1990–2006 Direktor des Laboratorium voor Architektuur in Middelburg; seit 2006 Partner WTS Architecten in Vlissingen.

Wohnhaus in Tokio

Bauherr: privat
Architekten: Claus en Kaan Architecten, Amsterdam/Rotterdam mit Souhei Imamura/Atelier IMAMU, Tokio
Tragwerksplaner: Shinitsu Hiraoka, Tokio
Baujahr: 2007

www.clausenkaan.com
cka@cka.nl

Angaben zu ausführenden Firmen:
- Generalunternehmer: Maekawa Construction Co., Yokohama

Felix Claus
Geboren 1956 in Arnheim; 1987 Diplom an der Delft University of Technology; Professur an der ETH Zürich; Lehrtätigkeit an der ETSA Madrid; Gastdozent am Berlage-Institut der Delft University of Technology und an der Amsterdam Academy of Architecture.

Kees Kaan
Geboren 1961 in Breda; 1987 Diplom an der Delft University of Technology; seit 1993 Gastdozent an diversen Universitäten; seit 2006 Professur an der Delft University of Technology und Gastprofessur an der RWTH Aachen; 2007 Gastprofessur an der Syracuse University in Florenz.

1987 Gründung Claus en Kaan Architecten.

Wohnhaus in München

Bauherr: Gerhard und Katharina Matzig
Architekten: meck architekten, München; Andreas Meck
Projektleiterin: Francesca Fornasier
Baujahr: 2009

www.meck-architekten.de
office@meck-architekten.de

Angaben zu ausführenden Firmen:
- Generalunternehmer: KOBUS – Hausmanufaktur, Unterreit
- Schreinerei Fenster, Bücherwand, Küche: Schreinerei Reichenberger, Göggenhofen

Andreas Meck
Geboren 1959 in München; 1985 Diplom an der TU München; 1989 Bürogründung in München; 1994–1998 Lehrauftrag an der FH München; seit 1998 Professur für Entwerfen und Baukonstruktion an der FH München; 1998–2000 Büropartnerschaft mit Stephan Köppel.

2001 Gründung meck architekten.

Autoren

Erneuerung von Studentenwohnungen im Olympischen Dorf München

Bauherr: Studentenwerk München
Architekten: arge werner wirsing bogevischs buero, München
Tragwerksplaner: Sailer Stepan und Partner, München
Landschaftsarchitekten: Keller & Damm Landschaftsarchitekten Stadtplaner Partnerschaft, München
HLS-Planer: Ingenieurbüro Konrad Huber, München
Elektroplaner: Rücker und Schindele, München
Abdichtung und Bauphysik: Müller BBM, München
Baujahr: 2009/10

www.bogevisch.de
buero@bogevisch.de

Werner Wirsing
Geboren 1919 in Gmünden; 1949 Diplom an der TH München; seit 1948 eigenes Architekturbüro in München; seit 1967 Lehraufträge in Ulm und München; seit 2009 Ehrenmitglied der Bayerischen Akademie der Schönen Künste.

Ritz Ritzer
Geboren 1963 in Würzburg; 1993 Diplom an der TU München; 1993–1997 bei Hebensperger-Hüther-Röttig Architekten; 1997–2001 Lehrauftrag an der TU München; 2000–2003 Projektgemeinschaft mit Matthias Reichenbach-Klinke.

Rainer Hofmann
Geboren 1965 in Reutlingen; 1993 Diplom an der TU München; 1995 Master an der Iowa State University; 1995–2002 Lehraufträge in London; 1996–2000 Mitarbeit in mehreren Architekturbüros in Deutschland und Großbritannien.

1996 Gründung bogevischs buero.

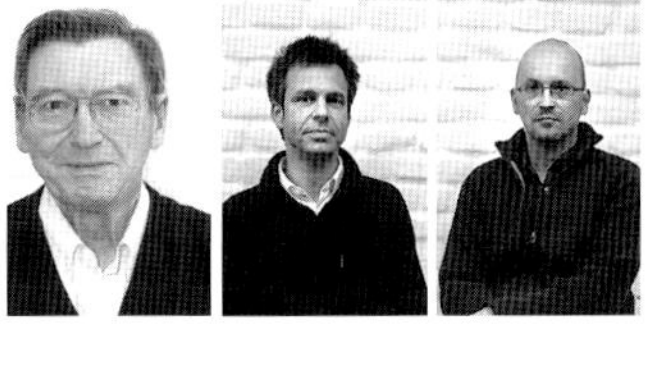

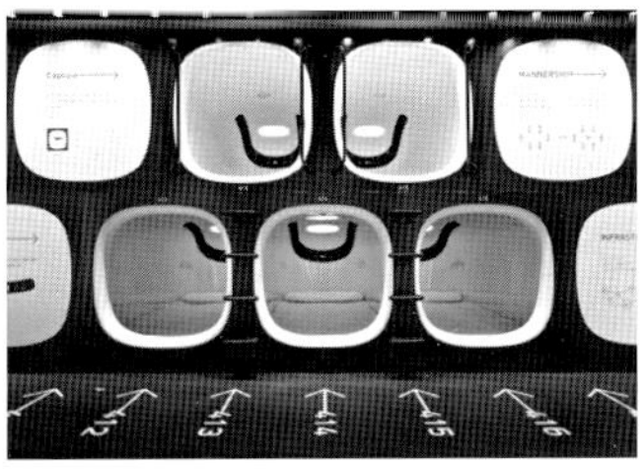

Kapselhotel in Kioto

Bauherr: Cubic Corporation, Tokio
Gesamtkonzept, Produktdesign: Fumie Shibata, Tokio
Grafikdesign: Masaaki Hiromura, Tokio
Innenarchitektur: Takaaki Nakamura, Tokio
Architekten, Tragwerksplaner: Sigma Architectural Design, Kioto
Lichtplanung: Panasonic Denko, Tokio
Baujahr: 2009

www.design-ss.com
info@design-ss.com

Angaben zu ausführenden Firmen:
• Schlafkapsel: www.kotobuki.co.jp

Christian Schittich (Hrsg.)
Jahrgang 1956
Architekturstudium an der TU München;
anschließend sieben Jahre Büropraxis, publizistische Tätigkeit;
seit 1991 Redaktion DETAIL, Zeitschrift für Architektur und Baudetail;
seit 1992 verantwortlicher Redakteur, seit 1998 Chefredakteur;
Autor und Herausgeber zahlreicher Fachbücher und Fachartikel.

Lydia Haack
Jahrgang 1965
Architekturstudium an der Architectural Association London und der FH München;
1996–2004 Wissenschaftliche Mitarbeiterin an der TU München am Lehrstuhl für Gebäudelehre und Produktentwicklung Prof. R. Horden;
seit 2009 Lehrauftrag an der FH Augsburg;
Architektin bei Doris und Ralph Thut, München und Michael Hopkins & Partners, London;
seit 1996 Haack + Höpfner . Architekten BDA.

John Höpfner
Jahrgang 1963
Architekturstudium an der Architectural Association London und der FH München;
1994–1999 Wissenschaftlicher Mitarbeiter an der TU München am Lehrstuhl für Gebäudetechnologie Prof. T. Herzog;
2005–1998 Lehrtätigkeit an der Queens Univeristy Belfast;
Architekt bei Michael Hopkins & Partners, London und Richard Rogers Partnership, London;
seit 1996 Haack + Höpfner . Architekten BDA.

Peter Cachola Schmal
Jahrgang 1960
1981–1989 Architekturstudium an der TU Darmstadt;
Tätigkeit in verschiedenen Architekturbüros in Deutschland;
1992–1997 wissenschaftlicher Mitarbeiter an der TU Darmstadt, Baukonstruktion Prof. Jo Eisele;
1997–2000 Lehrauftrag für Entwerfen II an der FH Frankfurt;
seit 2000 Kurator am Deutschen Architekturmuseum (DAM),
seit 2006 Direktor.

Philipp Sturm
Jahrgang 1976
1997–2004 Studium der Politologie, Soziologie und Neueren Geschichte in Frankfurt am Main;
2004–2006 Volontariat im Kulturamt der Stadt Frankfurt am Main;
seit 2007 freier Kulturmanager;
Koordination zahlreicher Ausstellungen zu Fotografie, Design und Architektur sowie Projekte im öffentlichen Raum.

Andreas Wenning
Jahrgang 1965
Ausbildung zum Tischler, Architekturstudium in Bremen;
Tätigkeit in verschiedenen Architekturbüros in Deutschland und Australien;
2003 Gründung des Architekturbüros baumraum, Realisation von Projekten in Europa, Brasilien und den USA;
Vorträge und Lehrtätigkeit, zahlreiche Veröffentlichungen im In- und Ausland.

Gerhard Kalhöfer
Jahrgang 1962
Architekturstudium an der RWTH Aachen und der Kunstakademie Düsseldorf;
1995 Kalhöfer-Korschildgen Paris/Aachen, seit 2000 Köln;
Realisierung einer Vielzahl mobiler Bauten;
seit 1998 Professor für Architekturtheorie und Entwerfen an der FH Mainz;
Lehr- und Forschungstätigkeit zu mobilen Immobilien.

Oliver Herwig
Jahrgang 1967
Studium der Germanistik, Amerikanistik, Geschichte und Kunstgeschichte in Regensburg, Williamstown, Champaign-Urbana und Kiel;
1994–1997 Redakteur der Germanistik in Tübingen;
seit 1998 freier Journalist in München;
seit 2005 Lehrbeauftragter für Designtheorie in Basel, Karlsruhe und Linz;
regelmäßige Beiträge für die Süddeutsche Zeitung, Neue Zürcher Zeitung und Baumeister.

Abbildungsnachweis

Allen, die durch Überlassung ihrer Bildvorlagen, durch Erteilung von Reproduktionserlaubnis und durch Auskünfte am Zustandekommen des Buches mitgeholfen haben, sagen die Autoren und der Verlag aufrichtigen Dank. Sämtliche Zeichnungen in diesem Werk sind eigens angefertigt. Nicht nachgewiesene Fotos stammen aus dem Archiv der Architekten oder aus dem Archiv der Zeitschrift »DETAIL, Zeitschrift für Architektur«. Trotz intensiver Bemühungen konnten wir einige Urheber der Fotos und Abbildungen nicht ermitteln, die Urheberrechte sind aber gewahrt. Wir bitten um dementsprechende Nachricht.

Von Fotografen, Bildarchiven und Agenturen:

- S. 8:
  Pyot, Laurent, Paris
- S. 10, 16, 23:
  Kletzsch, Sascha, München
- S. 12 oben:
  Wirths, Karsten/wikipedia.de
- S. 13 unten:
  Aerolux Ltd., UK-Blackpool
- S. 14 unten:
  Hirai, Hiroyuki, Tokio
- S. 15 oben:
  Moormann, Nils Holger, Aschau
- S. 15 Mitte:
  Bredt, Marcus, Berlin
- S. 15 unten:
  EDGE Design Institute Ltd., Hongkong
- S. 17:
  Ishimoto, Yasuhiro, Tokio
- S. 18 oben:
  Demange, Francis/gamma, Paris
- S. 18 Mitte, unten:
  Novaki, Zoran, München
- S. 20 unten, 149:
  Ano, Daici, Tokio
- S. 21, 29 unten:
  Sumner, Edmund/ view/arturimages
- S. 24:
  Berg, Anders Sune/ The Danish & Nordic Pavilions, 2009/La Biennale di Venezia
- S. 25:
  Eirich, Juliane, München/ New York
- S. 26 oben links:
  akg-images, Berlin
- S. 26 unten links:
  Giedion-Archiv, Zürich
- S. 27 links:
  Malagamba, Duccio, Barcelona
- S. 27 rechts:
  Heinsdorff, Markus, München
- S. 28 unten, 134:
  Kaltenbach, Frank, München
- S. 29 oben:
  Guttridge, Nick/view/arturimages
- S. 30 unten:
  Hill, Christopher, London
- S. 32:
  Garve, Roland, Lüneburg
- S. 34 unten rechts, 35 oben, unten links, 36:
  Jardine, Alasdair, Bremen
- S. 35 unten rechts:
  Döring, Michael
- S. 38:
  Dürr, Michael, Wien
- S. 40 unten:
  Dechau, Wilfried, Stuttgart
- S. 42 Mitte, unten:
  Bereuter, Adolf, A-Dornbirn
- S. 43 oben:
  Holzenleuchter, Jürgen, Berlin
- S. 43 unten:
  Leppert, Quirin, München
- S. 44 oben:
  Lenzo, Massimo, Pisa
- S. 45 oben rechts, 118–121:
  Gliese, Carsten, Köln
- S. 46 unten:
  lbertram/flickr.com
- S. 47 unten links:
  Lange, Jörg, Wuppertal
- S. 48:
  Ishida, Richard/flickr.com
- S. 49:
  Franz, Christoph/raumlaborberlin, Berlin
- S. 50:
  Heinrich, Michael, München
- S. 52:
  Alessi S.P.A., I-Crusinallo
- S. 53:
  Knoll, Walter, Herrenberg
- S. 54 Mitte, unten:
  Hoberman, Chuck, New York
- S. 55 oben links:
  Schäfer, Hans Günter, Köln
- S. 55 oben rechts:
  Schäfer, Hana, Köln
- S. 55 unten, 152–154, 155 oben, 156, 174 unten rechts:
  Holzherr, Florian, München
- S. 56 oben:
  Leistner, Dieter/arturimages
- S. 56 unten:
  Speller, Steve/ spellermilnerdesign.co.uk
- S. 57 oben:
  Sönnecken, Eibe, Darmstadt
- S. 58 oben:
  Otto, Frei, Warmbronn
- S. 58 Mitte:
  Habermann, Karl J., München
- S. 58 unten:
  Koch Membranen, Rimsting
- S. 62, 65 unten:
  Lins, Marc, New York
- S. 63:
  Hamm, Hubertus, München
- S. 64 Mitte, unten:
  archive_terrain.de, München
- S. 74–77:
  Hempel, Jörg, Aachen
- S. 78–81:
  Engel, Christoph, Karlsruhe
- S. 82–84:
  Schwarz, Ulrich, Berlin
- S. 90–93:
  Wehrli, Dominique Marc, CH-Regensdorf
- S. 94, 95, 96 oben rechts, unten:
  Palma, Cristobal/CL-Providencia, Santiago
- S. 96 oben links:
  Schittich, Christian, München
- S. 97, 98:
  Baisch, Nina, Lindau
- S. 100, 101:
  Neto, Sandra, und Aguiar, Diogo
- S. 105, 106 oben, 107:
  Averwerser, Jann, München
- S. 109:
  Geiger, Harald, A-Lustenau
- S. 110, 111 links:
  Hoernig, Robert, Dortmund
- S. 112, 113:
  Delafraye, Fabienne, Paris
- S. 122:
  Martin-Peláez, Maria
- S. 123, 125 unten:
  Dettmar, Uwe
- S. 124 oben:
  MAK Frankfurt
- S. 124 Mitte, unten, 125 oben:
  Schmid, Gerd
- S. 126, 128, 129:
  Krier, Yves, München
- S. 130, 132 oben rechts:
  Mattioli, Mauro, I-Viterbo
- S. 131, 132 unten:
  Laurière, Céline, Toulouse
- S. 133:
  Koch, Silke, Leipzig
- S. 135:
  Bach, Claus, Weimar
- S. 136–138:
  Hempel, Jörg, Aachen
- S. 139, 141:
  Chalmeau, Stéphane, Nantes
- S. 143:
  Angelmaier, Claudia, Leipzig
- S. 148, 151:
  Richters, Christian, Münster
- S. 150 oben:
  Ohashi, Tomio, Tokio
- S. 150 Mitte
  Zwarts, Kim, Maastricht
- S. 155 Mitte, unten:
  Müller-Naumann, Stefan, München
- S. 158–161:
  Masmann, Jens, München
- S. 162–164, 167:
  Nacása & Partners Inc., Tokio
- S. 165, 166:
  Yoshida, Akihiro/9h, Kioto
- S. 170 unten links:
  Franco, David
- S. 171 drittes von links:
  Gibbs, James, New York

Aus Büchern und Zeitschriften:

- S. 13 oben:
  Aicher, Otl, Die Küche zum Kochen, Berlin 1994, S. 13
- S. 26 unten rechts:
  Chan-Magomedow, Selim O., Pioniere der sowjetischen Architektur, Dresden 1983, S. 213

Artikel- und rubrikeinführende s/w-Aufnahmen:

- S. 8:
  Flexible Forschungsstation Ikos; Gilles Ebersolt, Paris
- S. 10:
  »micro compact home«; Horden Cherry Lee Architects, London/ Haack und Höpfner . Architekten, München
- S. 24:
  Installation shot from »The Collectors«/The Danish & Nordic Pavilions, 2009/53rd International Art Exhibition, La Biennale di Venezia
- S. 32:
  Baumhaus der Korowai in Neuguinea
- S. 38:
  »turnOn« in Bewegung; AllesWirdGut, Wien
- S. 50:
  »Iris Dome«, Hannover, Expo 2000; Hoberman Associates, New York
- S. 60:
  Temporäre Bambuspavillons; Markus Heinsdorff, München

Schutzumschlag:
Zeitungskioske in London
Designer: Heatherwick Studio, London
Foto: Cristobal Palma, CL-Providencia, Santiago

Die Angaben zu den Projektdaten stammen von den jeweiligen Architekten. Der Verlag übernimmt für deren Richtigkeit keine Gewähr.